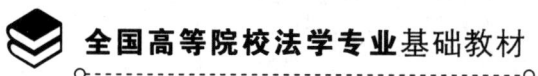

全国高等院校法学专业基础教材

民法总则

主　编　陈训敬　曹艳春　冯瑞琳

撰稿人　（以撰写章节先后为序）

陈训敬　万志前　文林清

冯瑞琳　黄　俊　黄文发

张　红　李　文　周素英

耿　芸　董玉鹏　曹艳春

王　贞　喻亚平　白晓梅

中国政法大学出版社

2010·北京

出 版 说 明

　　法学是集理论性与实践性于一体的社会科学。然而，现行的法学本科教材普遍存在"重理论、轻实践"的现象，这既不适应应用型法学人才的培养，也与司法考试、研究生考试和公务员考试严重脱节，致使其实用性大打折扣。

　　鉴于此，由全国独立学院法学教育协作机制秘书处和中国政法大学出版社发起，成立了"全国高等院校法学专业基础教材"编委会，旨在编写适应法学专业应用型人才培养要求的"厚基础、重实务"的系列教材。中南财经政法大学、西南政法大学、华中师范大学、湖北大学、中南民族大学、江汉大学、重庆大学、湖北经济学院、武汉科技大学中南分校、西南大学育才学院、南开大学滨海学院、海南大学三亚学院、福州大学阳光学院、浙江大学宁波理工学院、中国石油大学胜利学院、南京师范大学泰州学院、黄河科技学院、中南财经政法大学武汉学院、中南民族大学工商学院、华中科技大学武昌分校、华中师范大学汉口分校、华中科技大学文华学院、武汉科技大学城市学院、河北工程大学文学院、燕山大学里仁学院、贵州民族学院人文科技学院、东莞理工学院城市学院、江汉大学文理学院、湖北大学知行学院、湖北经济学院商贸学院、福建江夏学院、河南师范大学新联学院等全国三十多所高等院校的百名法学专业教师共同参与了这套教材的编写工作。

　　本套教材在内容设计上充分考虑了与司法考试和公务员考试的接轨，注重基础理论阐述和实务能力培养的有机结合，力求展现以下特点：

　　第一，基础性。本套教材的编写内容定位于对基本理论、基本概念、基本知识的阐释和对基本法律实务技能的培养。

　　第二，简洁性。本套教材以各学科成熟的理论体系为主，不涉及太深奥的法律问题；以通俗和主流观点为主，除核心观点、理论有简要论证之外，避免过多论述有争议的观点或作者个人观点。

　　第三，实用性。本套教材充分突出实用性，主要服务于法学专业学生参加司法考试和考公务员的目标，教材内容及结构与最新司法考试大纲保持一致，大量引入司法考试、公务员考试真题和案例。

第四，新颖性。本套教材力求突出形式设计上的新颖性。根据各教材的不同特点，有的在每章开头有简短的案例导入，使相关知识点、重点及难点一目了然；有的在正文中穿插案例或合理设置图表，以方便学生阅读，符合学生应试要求；有的在每章结尾处设置思考题和案例分析题，以供学生参考使用。

本套法学教材涵盖了法学专业教育指导委员会确定的16门法学主干课程和14门实务性较强的非主干课程，共30种。本套教材由于编写作者较多，涉及内容广泛，教材的编写统稿难度较大，更囿于水平有限，挂一漏万在所难免，恳请各位专家、同行及广大读者批评指正，帮助我们在后续的工作中加以完善。

《全国高等院校法学专业基础教材》编委会
2009 年 8 月

编写说明

　　民法是具有中国特色的社会主义法律体系中的一个重要的法律部门，民法学是法学专业教育的核心课程之一。多年来，多数高等法学院校逐步由大民法教学发展到分科民法教学。我一直尝试把庞大、复杂、难掌握的民法学转化为简明易懂的民法学，曾多年进行"十篇论"体系试验，包括民法总论即民事法律规范论、民事法律关系论、民事法律事实论及民事法律责任论等四论，和民法分论即物权法论、债权法论、知识产权法论、人身权法论、继承权法论及侵权行为法论等六论，并取得了良好的教学效果。现在全国高等法学教育基础教材编委会委托我与曹艳春、冯瑞琳三位教授共同主编《民法总则》教材，由于参编院校很多，参编教师踊跃，只得将《民法总则》细分为现在的"四编十五章"的体系。我们在写作中努力做到体系设计全面完整、法理阐述简明扼要、文字表述通俗易懂、案例与法理紧密结合，还努力与全国统一司法考试有机衔接，使《民法总则》这本教材和教学工作联系更密切、实务性更强。这是我们15位撰写者共同的心愿和目标，但由于编写时间较紧，加上我们水平有限，能否实现这一目标难以保证，期望同仁们在使用该教材时提出宝贵意见。

　　本教材由陈训敬、曹艳春、冯瑞琳三教授主编，先由陈训敬教授负责对第一编民事法律规范论、第四编民事法律责任论各章进行统稿，由冯瑞琳教授负责对第二编民事法律关系论进行统稿，由曹艳春教授负责对第三编民事法律事实论进行统稿，最后由陈训敬教授对全书进行统稿和审定，由周素英老师负责全书的计算机技术处理，力求全书协调统一。

　　全书共设置四编十五章，各章具体撰稿人如下：

　　陈训敬（福州大学阳光学院教授）：第一、十二章，第十四章第二节；

　　万志前（武汉科技大学中南分校讲师）：第二章；

　　文林清（南开大学滨海学院讲师）：第三章；

　　冯瑞琳（河北工程大学文学院教授）：第四章；

　　黄　俊、黄文发（西南大学育才学院讲师；在职硕士研究生）：第五章；

张　红（贵州民族学院人文科技学院副教授）：第六章；

李　文（华中师范大学汉口分校讲师）：第七章；

周素英（福州大学阳光学院民商法硕士研究生）：第八章；

耿　芸（南京师范大学泰州学院讲师）：第九章；

董玉鹏（浙江大学宁波理工学院讲师）：第十章；

曹艳春、周素英（燕山大学文法学院教授，阳光学院老师）：第十一章；

王　贞（中国石油大学胜利学院讲师）：第十三章；

喻亚平（湖北大学知行学院讲师）：第十四章第一、三、四节；

白晓梅（黄河科技学院讲师）：第十五章。

编　者

2009 年 12 月

目 录

第一编 民事法律规范论

第二编 民事法律关系论

第三编　民事法律事实论

第四编　民事法律责任论

第一编

民事法律规范论

第一章

民法概论

◆　【案例导入】

为什么民事纠纷变成行政官司?

1998 年元月初,福建省宁化县物资局业务员谢某到河南省巩义市先后委托李太和等人采购固体烧碱。其中李太和购得烧碱 28 吨,宁化县物资局经验收合格后依约定将 5 万元货款汇入李太和指定的永固五金配件厂的 010 - 169 账号上。但该镇村民王光先,以李太和经手给宁化县物资局发去的 78 吨烧碱至今未收到货款为由,于元月 29 日向巩义市工商局报案,该局于 2 月 10 日认定"福建谢某违法倒卖烧碱",作出"罚没款划拨通知书",并将宁化物资局汇给永固五金厂账号上 5 万元货款作为罚没款划入王光先账号。对此,李太和不服,向郑州市中院提起诉讼,郑州市中院于 2000 年 12 月 12 日以李太和不具备原告资格为由,裁定驳回起诉;李太和不服上诉至河南省高院,高院以一审裁定事实不清,证据不足撤销一审裁定,发回重审。郑州市中院经重审,于 2002 年 7 月 1 日以巩义市工商局罚没款行为不属具体行政行为为由,驳回李太和的起诉;李不服又向省高院上诉,省高院审理认为一审认定不能成立,且程序违法,于 2002 年 10 月 9 日再次撤销一审裁定,驳回再次重审。郑州市中院于 2004 年 8 月 9 日仍以李太和诉讼主体不合格为由,第三次驳回李太和起诉;李太和再次上诉,河南省高院经审理认为,郑州市中院三次裁定驳回,认定事实错误,程序违法,于 2004 年 11 月 24 日再次撤销裁定,并指定平顶山市新华区法院审理。新华区法院经审理认为,宁化物资局谢某委托李太和购买烧碱,双方货款两清,符合法律规定,永固五金厂账号上的 5 万元货款应属李太和所有,王光先认为宁化物资局收到烧碱未付货款,应向当地法院主张权利;巩义市工商局以罚没款将李太和的货款划入王光先账号,属错误的具体行政行为,侵害了李太和的合法权益,遂判决要求王光先返还款项,支付利息,赔偿损失。

☞　【分析提要】

1. 本案发生了哪些法律关系,都属于什么性质,应由哪些法律规范调整?平顶山市新华区法院认定巩义市工商局罚没款划拨属错误的具体行政行为,并作出撤销、返还、赔偿等判决,其法律依据是什么?

2. 本案本是一个小小的民事纠纷却演变为行政官司，而且经历先后6年和7次诉讼才最后结案，这一案例具有典型性。请结合本章的理论学习，以现代法治理念分析本案，从依法行政、公民维权和公正司法等视角谈谈它给了我们哪些法治思考和启示？

第一节　民法概述

一、民法的概念和特征

（一）民法的概念

1. 民法的语源。在具有几千年悠久历史的中华法系中，一直实行的是"诸法合一、刑民不分"的立法体例，在秦律、汉律、唐律等各朝律令中，虽然包含有实质意义的民法，但却无"民法"的称谓。所谓民法语源，是指民法一词的来源，最早是指罗马法中的市民法，即主要是规定罗马城邦市民之间商品交换关系的法律规范，因为罗马市民也称为罗马人，故罗马法也称为罗马私法或罗马民法。后来大陆法系国家制定民法典时都采用"民法"这一概念。我国最早《尚书·孔传》有文记载"咎单，臣名主土地之官，作《明居民法》一篇，亡"。但这里所称"民法"并无真正的法律意义。真正法律意义上的"民法"是日本学者津田真道将荷兰语"Burgerlyk Regt"译为日文称"民法"，并为日本立法部门所采用。因为和中国人一样，日本人习惯把市民称为"城里人"，把农民称为"乡下人"，所以称为民法更切合实际。我国清朝末年，清法律馆聘用日本专家协助制定民法典，按传统习惯仍然称作《大清民律》，而不称为《大清民法》。真正意义上使用"民法"一词是1929年南京国民政府颁行的《中华民国民法》正式使用的"民法"概念。因此，有学者认为，我国"民法"词源是"清季变法，抄自东瀛"。

2. 民法概念的不同表述。中外学者一直对民法的概念众说纷纭。在西方国家，民法是市民社会里规定私人（市民）相互之间关系的普通法，也就是规定私人之间的身份关系和财产关系的普通法。[1] 私有制（大陆法系）国家立法和学术上多从"私法"的角度定义民法。如1811年《奥地利民法典》规定："民法为规定人民私的权利义务之法典"；1917年《巴西民法典》规定："本法典为规定私的权利义务，即人、物及其关系之法典"。而在德国的民法理论中，民法被认为是平等适用于所有市民的法律部门，是私法的核心部分，而私法是指"调

---

[1] 谢怀栻：《外国民商法精要》，法律出版社2002年版，第3页。

整以平等与自决（私人意思自治）为基础关系的那部分法律规范"。日本学者和旧中国及现今我国台湾地区的学者一般地也将民法定义为"规定私人间一般社会关系之私法规范"〔1〕马克思主义认为："民法不过是所有制发展的一定阶段，即生产发展的一定阶段的表现。"〔2〕"民法的准则只是以法律的形式表现了社会的经济生活条件。"〔3〕而在公有制国家，民法概念多从民法调整对象的角度下定义。如前苏联《民事立法纲要》规定，民法是"调整财产关系以及与财产关系有关的人身非财产关系"的规范。在1986年《中华人民共和国民法通则》（以下简称《民法通则》）颁布之前，我国民法学界受前苏联民法理论影响，一直用"两个一定范围"表述民法调整对象，把民法定义为"调整一定范围的财产关系和人身非财产关系的各种法律规范的总称"〔4〕我国《民法通则》颁布后，该法对民法的调整对象作了明确规定，此后民法学界对民法定义的认识趋于一致，认为民法是调整平等主体的公民之间、法人之间、公民和法人之间的财产关系和人身关系的法律规范的总称。这一定义较之"两个一定范围"更为科学、严谨，使法学界、法律界对民法概念有了一个统一的认识。

（二）民法的特征

以上民法的概念，尽管各自表述不尽相同，但仔细研究，可以看出它们有许多共同的法律特征，使它们与相近的法律部门有着鲜明的不同。

1. 民法的法律特征。

（1）民法调整的主体具有平等性。民法作为商品经济、市场经济的基本法律。为了保证商品经济、市场经济正常运转并产生良好的社会秩序，首先应确认参与商品活动的民事主体的平等法律地位。马克思主义认为："商品自己不会跑到市场上去，它是由商品所有者或持有者把它带到市场上去，在交易那一时刻，其所有者或持有者所承认交易对方和自己是平等，这样交易才能正常、顺利地进行。"〔5〕因此，平等性是作为商品经济基本法——民法最本质的法律特征。据此，我国《民法通则》第3条就明确规定："当事人在民事活动中的地位平等"。

（2）民法的调整对象具有民事性。民法作为具有中国特色的社会主义法律体系的重要法律部门，它有自己独立的调整对象。1986年，随着我国《民法通则》的施行，民法的调整对象从"两个一定范围"到"平等主体之间的财产关

---

〔1〕　马克昌：《比较民法学》，武汉大学出版社2000年版，第4页。
〔2〕　《马克思恩格斯全集》第4卷，人民出版社1958年版，第87页。
〔3〕　《马克思恩格斯全集》第4卷，人民出版社1958年版，第197页。
〔4〕　佟柔主编：《民法原理》，法律出版社1985年版，第11页。
〔5〕　《马克思恩格斯全集》第23卷，人民出版社1972年版，第102～103页。

系和人身关系"的变化，使得民法的调整对象更加明确清晰、科学严谨。因为财产关系和人身关系是各种法律部门共同调整的对象，民法仅仅调整其中的一部分。所谓财产关系，是指人们在物质资料生产、交换、分配、消费过程所产生的社会关系。这些财产关系内容丰富，范围广泛，由各个法律部门从不同角度加以调整。民法仅调整平等民事主体之间的财产关系，其具有平等性和民事性，如财产归属关系、财产利用关系、财产交易关系、财产继承关系等等。所谓人身关系，是指与民事主体的人身有密切关系，不直接具有财产内容的社会关系。人身关系同样包括很广的内容和范围，由各个法律部门分别予以调整。民法仅调整平等民事主体之间的人身关系，包括人格关系和身份关系，如生命、身体、健康、姓名（名称）、肖像、隐私、名誉、荣誉、信用等人格关系和婚姻、家庭、亲属、亲子、监护等身份关系。这使民法具有非常独特的调整对象，集中反映了民法的基本特征。

（3）民法的调整方法具有私法性。民法的典型私法性质，是由其调整主体、调整对象的本质特性所决定，应该采取与之相适应的调整方法。有学者归纳了民法调整方法的五个特点：①确立和维护主体的平等地位；②尊重民事主体的意志自由，以当事人意思自治为民事法律关系产生和变更以及赋予当事人民事权利义务的基本依据；③以保障主体的民事权利为本位，运用民事法律关系规范民事社会关系；④以具有补偿性和可协商性的民事责任救济民事权利；⑤以民事行为模式和民事责任救济手段调整民事社会关系，为法律对社会关系的调整提供了最为完整的逻辑范式。[1]

（4）民法的表现形式多具法典性。大陆法系国家和地区多以编纂民法典为民法的表现形式，无论是以"三分法"为特色的法国民法，还是以"五分法"为特色的德国、日本民法典以及我国台湾地区"民法"，以及以"多分法"为特色的意大利、前苏联等国民法典，都是以编纂式民法典为特点，具有完整的体系、严谨的逻辑和全面的内容。我国正在制定民法典，从 2002 年 12 月提交第九届全国人大常委会审议的《中国人民共和国民法》（草案）可以看出，我国从当前实际情况出发，并未采取编纂民法典的做法，而是采取"组合式"方法，由九篇单行民法分别审议、颁行并组合而成民法体系。目前已审议、颁行的有《中华人民共和国物权法》（以下简称《物权法》）、《中华人民共和国合同法》（以下简称《合同法》）、《中华人民共和国婚姻法》（以下简称《婚姻法》）、《中华人民共和国收养法》（以下简称《收养法》）、《中华人民共和国继承法》（以下简称《继承法》）等

---

〔1〕　韩松：《民法总论》，法律出版社 2006 年版，第 12～14 页。

五部单行民法,还有《民法总则》、《人格权法》、《侵权责任法》、《涉外民事法律关系法律适用法》等四部单行民法尚待逐一审议、颁行。我国离完成民法典立法步骤的目标逐渐接近,指日可待。

2. 民法与相近法律的关系。

(1) 民法与商法。民法与商法都属于私法范畴,都是规范市场经济关系的基本法律,都处于基础性地位。实行民商合一立法体例的国家,民法是普通法、商法是民法的特别法;实行民商分立立法体例的国家,民法与商法都是各自独立的普通法,都是法律体系中基本的法律部门。这是因为:①两者都有各自独立的调整对象。民法是调整私人利益关系的法律规范;而商法是调整商事关系的法律规范。②两者只是私法性有所差异。民法是典型私法,商法虽也属于私法,但随着社会发展的需要,公法化的趋势越来越明显。

(2) 民法与经济法、行政法。民法与经济法、行政法都是市场经济的基本法律,都是法律体系的重要法律部门,都以经济关系(财产关系)为其调整对象。但它们之间的区别在于:①在调整主体上,民法调整平等民事主体之间关系;经济法、行政法调整国家行政机关、经济管理机关与民事主体之间的管理与被管理关系。②在调整对象上,民法调整横向经济关系和平等主体之间的人身关系;经济法调整纵向的经济关系,即经济管理关系;行政法调整行政管理关系,包括行政经济管理关系。③在调整方法上,民法通过民事方法调整各种民事法律关系,具有突出的意思自治性;经济法是通过民事、行政以及刑事等综合方法实现其调整的目的;行政法则是运用行政手段、行政方法实现其调整目标。④在表现形式上,民法多采取法典式立法体例;经济法、行政法除1964年捷克斯洛伐克颁布经济法典外,各国均采取单行法律、法规式的立法形式。⑤在规范功能上,民法是通过制定各项市场规则实现对市场运行机制的规范;经济法是通过制定各项宏观调控法律制度实现对市场经济秩序的维护和保障;行政法则是通过制定各项行政法律、法规,以实现对社会秩序的有效行政管理。

(3) 民法与社会法。两者都是调整市场经济的基本法律,都属于中国特色的社会主义法律体系的重要法律部门。从法律发展史角度看,在近代民法中,作为劳动法主要调整对象的劳动关系(雇佣关系)是民法的重要内容,由民法加以规范和调整。但随着社会的发展和社会关系特别是劳动关系的复杂化,民法无法对其予以全面地规范和调整,因此,劳动法逐步从民法中独立出来,并成为一个独立的法律部门。由此两者具有明显的区别:①在调整主体上,民法调整的民事主体在民事活动中法律地位平等;社会法调整的各类社会主体的地位貌似平等,但实质上不平等。②在调整对象上,民法的调整对象是平等主体之间的财产关系和人身关系;社会法的调整对象是劳动关系、社会保障关系以及特殊群体的社会关系，这些社会关系具有特殊性，亟须国家给予干预和扶持。③在调整方法上，民法强调以意思自治为主要方法；社会法更注重依靠国家强制力保障其施行。④在法律性质上，民法是典型的私法；社会法被划为公法、私法之间衍生出来的第三法域，是兼具公法、私法属性的新的法律部门。

二、民法的性质和本质

对于民法，人们可以从不同视角进行观察和认识。从社会层面来认识民法的自然属性，即民法的本质，我们会更深刻地认识民法，更正确地适用民法。

（一）民法的性质

1. 民法是人法、权利法、私法。从罗马法到法国民法典，它们都把民事主体的法律地位作为民事立法的核心，集中体现民法是以人为基础的法，也是以人为核心、以人为目的的法。所以，这种立法体例的法律都单独规定"人法"一编，具体确立作为民事主体的自然人、法人的法律地位。我国《民法通则》、《合同法》也具体规定了公民（自然人）、法人和其他组织作为民事主体的法律地位，并确立其在民法意义上的抽象的人格和地位，为整个私法关系奠定了基石，也为规范市场经济主体进行了基础性工作。所以说民法是人法、民事主体法一点也不为过。同时，民法规定民事主体依法享有民事权利，因此，民法学界历来都把民法称为"民事权利法"。我国《民法通则》第五章具体规定了物权、债权、知识产权、人身权、继承权五种民事权利，也充分体现了民法权利法的属性。此外，民法作为调整市民社会的法律，是规范私权利和私人利益的法律。其强调在法律没有限制性规定时，民事当事人进行民事活动，以尊重当事人意思表示为发生法律行为的要件，公权力除非必要，无权干涉当事人的自主意思。这就是民法作为私法的集中体现。

2. 民法是实体法、普通法、市场经济的基本法。民法规定民事主体依法享有民事权利，承担民事义务，为当事人提供了明晰的行为规则、自由行为的范围以及越界的后果和责任，从而为建立良好的市场秩序奠定了基础，也成为法院处理民事纠纷的裁判规则，这种民事规范被称为实体法。法律有普通法与特别法之分，民法也不例外。从我国目前民事立法看，《民法通则》应属普通法，《物权法》、《合同法》、《婚姻法》、《继承法》等应属于特别法。我国实行民商合一的立法体例，故《公司法》、《票据法》、《海商法》、《保险法》等商法单行法也是民法的特别法。民法是随着商品经济的发展而发展的。因此，民法具体规定了商品经济、市场经济活动的各项规则、制度，要求各民事主体应当在法律规范范围内活动，从而确保市场经济有序地运行。因此，民法是商品经济、市场经济最重要的基本法律。

3. 民法是国内法、制定法，是法律体系中仅次于宪法的二级基本法。当今世界，不存在国际民法。民法都是各国立法机关制定的国内法，所谓国际私法是规定各国民法的冲突和法律适用的冲突规范，而不是国际民法。我国民法由我国立法机关制定，适用于我国各类民事主体以及在我国领域内的外国人与无国籍人，以及我国确认的外国法人。涉外民事法律关系的法律适用规定，虽属于冲突法范围，但仍是由我国立法机关制定的，仍应属于国内法。从而可以看出，民法应属国内法、制定法。民法是市场经济的基本法律，这就决定了在实行商品经济、市场经济体制的国家或地区，民法在其法律体系中都是仅次于宪法的二级基本法地位。

（二）民法的本质

对于民法的本质，许多学者在其专著、教材中，与民法的性质并无严格区分。但从严格意义上讲，马克思主义关于法的本质的理论，仍然适用于对民法的本质的表述。也有许多学者坚持民法的本质是上层建筑反映了经济基础并反过来服务经济基础的观点。他们认为，恩格斯在揭示民法本质时说过："民法的准则只是以法律的形式表现了社会的经济生活条件。"[1] 甚至更明确地说民法是"将经济关系直接翻译为法律原则的"[2] 因此，有的学者认为，"因为民法与一定社会赖以建立的经济基础有着特殊的密切联系，所以，从历史和现状来看，民法在世界各国法律体系中都居于重要的地位，为统治阶级和法学家所重视。"[3] 因此，从社会层面看，认识和确认民法的本质是十分必要的。

三、民法的历史沿革、任务和地位

（一）外国民法的历史沿革

民法是一门十分古老的法律，是商品经济、市场经济产生和发展的产物。从民法产生和发展的历史过程来看，外国民法大体经历可以为以下三个阶段：

1. 第一阶段是资本主义前商品经济时期——民法的鼻祖：罗马法，通说是指公元前 5 世纪至公元 12 世纪之间，在罗马帝国漫长历史过程中逐渐形成的罗马奴隶制国家法律规范的总称。它由《查士丁尼法典》、《学说汇纂》、《法学阶梯》及《新律》四个法律文件汇编而成，被称为《国法大全》。其特点表现为：

（1）内容十分庞杂。其包括国家法、刑法、私法、诉讼法等内容，但以私法为主，故也称为罗马私法。

（2）私法体系完备。其规定有人法、物法、诉讼法等，概括了所有私法内容。

---

〔1〕《马克思恩格斯选集》第 4 卷，人民出版社 1958 年版，第 248～249 页。

〔2〕《马克思恩格斯选集》第 4 卷，人民出版社 1958 年版，第 484 页。

〔3〕佟柔主编：《民法原理》，法律出版社 1985 年版，第 1 页。

（3）结构错综复杂。其不仅诸法混杂，而且实体法和程序法不分。

（4）影响深远，评价很高。恩格斯评价罗马法是"商品生产者社会的第一个世界性的法律"[1]，"罗马法是简单商品生产即资本主义前的商品生产的完善的立法"，"它对简单商品所有权的一切本质的法律关系（如买主与卖主、债权人和债务人、契约、债务等）都作了无比正确的规定"[2]"罗马法是纯粹私有制占统治的社会的生活条件和冲突的十分经典性的法律表现，以致一切后来的法律都不能对它做任何实质性的修改。"[3] 罗马法的立法典范，对发展商品经济的一切资本主义国家的民事立法都产生了重大的影响，并成为法国及其他西欧国家民事立法的蓝本。

2. 第二阶段是资本主义自由竞争时期——典型民法：《拿破仑法典》。14 世纪西欧产业革命的成功和 18 世纪法国资产阶级民主革命的胜利，为资本主义商品经济的发展奠定了基础。为适应资本主义自由竞争时期商品经济发展的需要，在拿破仑称帝时期，自 1801 年至 1807 年先后颁行了《法国民法典》、《法国商法典》、《法国民事诉讼法典》、《法国刑法典》、《法国刑事诉讼法典》等五部法典。尤其是 1804 年颁行的《法国民法典》，拿破仑对其情有独钟，他亲自主持制定民法典，而且这 3 年期间进行的 102 次民法典草案讨论会议中，他亲自参加并主持了半数以上的会议，保证了法典的顺利制定，为此，1807 年这部法典被命名为《拿破仑法典》。其突出特征表现为：

（1）内容全面。《法国民法典》内容十分全面，包括民事主体制度、物权制度、债权制度、继承权制度、时效及占有制度等。

（2）体系完整。该法典分 3 卷、35 编、126 章、2283 条，包括人法、财产法及对于所有权的各种变更、取得财产的各种方法。基本概括了民法的所有原则、制度。

（3）时代特点突出。该法典规定的自由和平等原则、所有权原则及契约自治原则等三大原则集中体现了资本主义自由竞争时期商品经济发展和近代民法的时代要求，反过来又起到了促进和保障资本主义自由竞争时期的商品经济的发展和巩固资本主义经济制度的重要作用。

（4）评价极高和影响深远。《法国民法典》是资本主义商品经济充分发展的产物，恩格斯给予很高的评价，认为它是"典型的资产阶级社会的法典"，[4]

---

[1]《马克思恩格斯全集》第 4 卷，人民出版社 1958 年版，第 248 页。
[2]《马克思恩格斯全集》第 21 卷，人民出版社 1965 年版，第 454 页。
[3]《马克思恩格斯全集》第 4 卷，人民出版社 1958 年版，第 248 页。
[4]《马克思恩格斯全集》第 4 卷，人民出版社 1958 年版，第 484 页。

"世界各地编纂法典时当作基础来使用的法典"。在《法国民法典》的巨大影响下，比利时和卢森堡照搬适用，至今仍然把它当作自己的法典；德国、瑞士、丹麦、意大利、西班牙、葡萄牙与智利、阿根廷、巴西等国家以及加拿大和美国某些州，在制定民法典时，有的以《法国民法典》为基础，有的在不同程度上也吸纳该法典的立法精神、原则和有些条款，都把法国民法典当作立法样板加以学习，掀起各资本主义国家编纂民法典的热潮。

3. 第三阶段是资本主义进入垄断发展时期——市场经济下的《德国民法典》。有学者认为，《德国民法典》是帝国主义时代资本主义世界第一部最重要的法典，是近代欧洲法学科学研究成果的集成，是现代民法的一个典范，对世界民法立法影响很大，其突出特点表现为：

（1）结构科学、体系完整。该法典设置 5 编、25 章、2385 条。除民法总则外，还包括物权、债权、亲属权、继承权等分则内容，涵盖了所有民事社会关系范畴，突破了查士丁尼法典以来法典框架范围，创造了"五分法"立法体例模式，为后来日本、奥地利、泰国等国家所沿用。

（2）概念创新、字义准确。《德国民法典》大量吸纳了 19 世纪民法学的研究成果，不仅创造了诸如法人、法律行为等大量新的法律概念、规则，而且许多概念表述科学、准确、严谨，是一部很有特色的法典。

（3）确立了现代民法的新原则。《德国民法典》为适应帝国主义垄断时期市场经济发展的客观要求，在承继近代民法的基本原则基础上，确立了具体民事主体人格、财产所有权的限制、对私法自治的限制及社会责任等原则，为世界现代民法制度创立了新的模式。

（二）中国民法的历史发展

1. 中国古代民事立法。在中国古代，渊源数千年的中华法系，其法制史是一部以刑为主、礼法不分的历史，基本上没有独立的民事立法，除《户婚篇》对户籍、婚姻家庭有所规定外，其余有关钱、债、田、土等民事法律关系都附在其他律令中加以规定。

2. 中国近代民法形成。在晚清时代，随着列强的侵略，也带来了资本主义商品经济的影响，清王朝鉴于内外压力，1907 年派沈家本、俞廉三等人任修律大臣，聘请日本法学家志田钾太郎、松冈正义帮助编订《大清民律草案》。该草案共设 5 编、33 章、1569 条，是中国历史上第一部民法典草案，但还没颁行，清王朝就灭亡了。1925 年，北洋政府在《大清民律草案》基础上，完成了《中华民国民律草案》，这是中国第二部民法典草案，但仍未正式颁行，仅在内部援用。南京国民党政府成立后，由立法院设立民法起草委员会，以前两部民法典草案为基础，于 1929 年至 1930 年先后颁布了民法总则、债、物权、亲属、继承等共有 5 编、29 章、1225 条，并于 1931 年 5 月施行，成为中国第一部正式颁行的民法典，至今我国台湾地区仍在沿用。

3. 新中国民法立法的历史发展。新中国成立后，由于经济体制等原因，民法立法经历了十分曲折而复杂的过程。建国初期，首先颁行了《婚姻法》、《土改法》等单行民事法律。1954 年宪法颁行后，开始了第一次民法典起草工作，1956 年完成了征求意见稿，内容为 5 编、525 条，后因 1957 年反右斗争运动而搁置。1962 年 3 月又开始第二次民法典起草工作，1964 年拿出草拟征求意见稿，内容包括总则、所有权、财产流转 3 编、24 章、262 条，后来又因文化大革命而夭折。第三次民法起草是 1979 年 11 月由全国人大常委会法制委员会组织，历时 3 年，至 1982 年 5 月，先后完成 4 个民法草案试拟稿，以 1982 年第四稿为例，共设置 8 编、465 条。其内容包括：民法的任务和基本原则；通则、公民、法人、作为民事主体的国家、代理，财产所有权，合同，智力成果权，财产继承权，侵权损害民事责任及其他规定。但最后仍因"时机不成熟"而中断。此后，全国人大总结民法立法的经验、分析了当时的经济形势后，确立新的立法方针、政策，即"成熟一个，制定一个"，先后于 1981 年制定《经济合同法》，1982 年颁布《商标法》，1984 年颁布《专利法》，1985 年颁布《涉外经济合同法》、《继承法》，1986 年颁布《民法通则》。此后，又先后颁布《技术合同法》、《著作权法》、《合伙企业法》、《农村土地承包法》、《合同法》、《担保法》、《物权法》、《侵权责任法》等各个单行民事法律，初步形成了以《民法通则》为龙头，各个单行法相配套的现代民法体系的雏形。新世纪前后，民法典编纂工作开始启动，至 2002 年 12 月全国人大常委会启动了审议《中华人民共和国民法典（草案）》程序，并决定采取分编审议的方法完成民法典创建工作。我们期盼不久的将来，一部新型民法典将应运产生，为中国特色的社会主义法律体系增添异彩。

（三）民法的任务

民法作为私法、商品经济、市场经济基本法律的性质，这些共性的特征是否表明世界各国民法所担负的任务都是一样的，不存在不同的阶级性？按照马克思主义法学观点，资产阶级国家民法从其产生的那一天起，就明确它是建立在资本主义私有制经济基础之上，调整的是资本主义商品经济、市场经济关系，其任务是保护和巩固资本主义经济制度，这是资本主义民法的本质所决定的。而我国社会主义民法的本质也决定了我国民法担负着与资本主义民法不同的任务，这从我国民法的立法宗旨、目的可以清楚地看到。我国《民法通则》第 1 条明确规定："为了保障公民、法人的合法的民事权益，正确调整民事法律关系，适应社会主义现代化建设事业发展的需要，根据宪法和我国实际情况，总结民事活动的实践经验，制定本法。"由此，《民法通则》确定了我国民法的立法宗旨和所担负的任务。

1. 民法的本质任务是充分、全面地保护民事主体的合法权益。民法是人法，是市民社会的法律，是规范私权利和私人利益的法律，这决定了民法的任务首先应当充足地、全面地保护公民、法人和其他组织的合法民事权益，这不仅是我国社会主义社会本质的具体体现，也有利于纠正我国社会经济生活中长期存在的一些不正常的漠视民事权益的现象，如计划经济体制下"一大二公"、"刮共产风"现象、文化大革命时期"打、砸、抢"、"驱赶下农村"、"随意没收"现象，以及改革开放进程中所出现的"暴力拆迁"现象、"拖欠农民工工资"现象等等。这些现象都集中反映了政府、企业、群众对他人的民事权益的漠视，这既是一种思想观念问题，更是一种法律问题。因此，在我国建设社会主义法治国家的进程中，更要重视通过民法以及其他部门法充分、有效地保护民事权益，这也是我国宪法保护人权原则的根本要求。

2. 全面调整民事法律关系。法律是社会关系特殊的调整器，在所有的社会关系中，民事法律关系是最广泛、最基本的社会关系，它不仅表现商品交换关系，而且也反映社会家庭生活的各个方面。对于民事法律关系的调整直接关系着市场经济秩序、社会生活秩序的正常运行、和谐社会的建设，如处理不当，调整不力，造成民事法律关系混乱，甚至民事纠纷、矛盾激化，同样会产生严重的社会问题。我们应该充分认识到民事法律关系是最基础的社会关系，民事法律关系规范好了，整个社会经济秩序、生活秩序趋于稳定，其他社会关系也就比较容易规范。可见，民法在社会生活中担负着何等重要的任务。

3. 促进社会主义现代化建设的不断、持续的发展。这是我国宪法确定的，民法和其他各个法律部门所应该担负的共同的基本任务。在这里，民法是起基础性作用的。民法具体规定民事主体的资格和地位，民事权利的范围，民事行为的规则以及市场交易的各种原则、规则和制度。这对于保证市场经济的正常运行和良好秩序以及物质生产持续发展都具有积极意义。同时，民法还具体规定了婚姻家庭的基本制度，特别是面对我国这样一个世界人口大国，如何规划、维持人口生产和物质生产相适应这个现实而棘手的问题，也是民法的重要任务。所以，民法的任务事关社会主义事业的目标，所以必须站得高、行得实，把基础的社会关系调整、规范好了，加上其他法律部门的配合，民法必将在建设繁荣、昌盛的社会主义事业中发挥更大作用。

（四）民法的地位

所谓民法的地位，是指我国民法在社会主义市场经济体制中、在社会主义法制事业中以及在具有中国特色的社会主义法律体系中所处的位置，这也是我们应当认识、把握和应用民法的重要问题。

1. 民法是我国建立和完善社会主义市场经济体制的基本法律，这表明了民法在市场经济中的重要地位。市场经济是自由经济，也是法制经济。市场经济首先是允许和保障所有市场经济主体平等、自主地参与各种市场活动，为自己谋取最大的利益。为了保证市场经济的各个经济人（经营者）之间、经营者与消费者之间以及国家管理机关与经营者、消费者之间正常有序的经济协作关系和经济管理关系，亟须法律给予规范、协调和保障。首先是通过民法制定各项市场交易规则和制度，把各类市场主体的市场活动都纳入民法规则之中，以确保市场经济正常、有序地运行。因此，民法作为我国社会主义市场经济的基本法律，对我国社会主义市场经济的正常运行起着基础性规范的作用。没有民法，市场经济是无法正常运转的。同时，经济法、社会法发挥着宏观调控和社会保障的作用，同样是市场经济体制下不可缺少的重要法律部门；民法同这些法律部门相辅相成，在宪法统领下构成社会主义市场经济体制下具有中国特色的社会主义法律体系。

2. 民法是我国社会主义法制事业的重要组成部分。我国社会主义法制是我国整个社会主义事业的不可缺少的要素和内容。我国社会主义法制按不同标准又涵盖很多内容和范围，如按不同主体可分为政府法制、民事法制、刑事法制、劳动法制等等。在这里，作为民事法制建设的基本法律依据——民法就处于非常重要的地位。因为，民事法制关乎社会经济生活、社会家庭生活的方方面面，作为社会上的人，实际上就是民法意义上的人，在其社会生活中，一生都要面对着衣食住行玩、生老病死葬，油盐酱醋茶、婚嫁交易商，这些都与民法有着极为密切的关系。把这些民事法律关系都按照民事法制处理妥当了，社会就和谐、安定了，整个法制建设也就有了巩固的基础。所以，也可以这样说，民事法制是社会主义法制的基石，基石牢靠了，法制大厦也就稳固了。

3. 民法是具有中国特色的社会主义法律体系中仅次宪法的二级基本法。在我国不同的历史时期，各个法律部门在我国法律体系中排序是不同的。虽然我们尚不多见立法部门或政府权威机关对法律体系的明确排序，但根据学者的著作或有关出版的教材可见一斑。如在建国初期，阶级矛盾尖锐或社会很不稳定的时期，刑法往往排在宪法之后，居于领先地位；在我国长达30年的社会主义计划经济体制下，所谓计划经济，实质上就是政府经济，因此，行政法就排在宪法之后的第二位。只有在我国确立了建立和完善社会主义市场经济体制之后，根据市场经济的客观规律要求，必须建设完备的民法制度以直接调整和规范各种市场经济运行规则和制度，市场经济才能得以正常、有序地运行。因此，不仅要求尽快制定和完善民法法律部门，而且还要提升民法在法律体系中的地位。为此，2002年全国人大常委会"中国特色的社会主义法律体系"课题组经过几年的调查研究，最终提出具有中国特色的社会主义法律体系是由我国宪法和民商法、行政法、经济法、社会法、刑法、诉讼法及非诉程序法共七个法律部门有机组成的整体。经全国人大常委会审议，形成一个最权威的我国法律体系方案，此后所有论著、出版物都以此为标准，作为确定我国法律体系的表述依据。这一方案确定了我国民法部门在我国的社会主义法律体系中是居于宪法之后第二个排序地位，这正确体现了我国社会主义市场经济体制对民法的客观要求，也充分表明了社会主义市场经济体制下民法在社会主义法律体系中的重要地位。

第二节 民法的体系和内容

一、民法的理论上体系

民法学研究与民法立法素来是有着密切的关系。实践证明，民法立法往往给民法学理论研究提供源泉和素材，而民法学理论上研究的成果又反过来有力地指导民法的立法并丰富民法的内容。以罗马法为例，罗马法即《国法大全》，由《查士丁尼法典》、《学说汇纂》、《法学阶梯》和《新律》四部分法律文件汇编组成，其中《学说汇纂》和《法学阶梯》就是法学（特别是民法学）研究成果。前者是著名法学家的著作、学说和法律解答的汇集编纂；后者是由法学家著述，供法律学校使用的一种法学教科书。查士丁尼皇帝任命法学家组织十人委员会，负责编纂法典，在他指示和支持下，不仅编纂了《查士丁尼法典》和《新律》，甚至把《学说汇纂》、《法学阶梯》也收编在一起，使之与国家法律浑然一体，成为《国法大全》重要组成部分。[1]《德国民法典》更是集德国民法学家法学研究成果之大成。因此，从民法理论研究成果中，了解外国和中国民法学理论上的体系和内容，对于我们进一步认识和理解中外民法立法体系和内容的差异具有重要意义。

（一）国外民法理论上的体系和内容

1. 德国民法理论上的体系和内容。举世闻名的《德国民法典》，诠释其理论的民法学有很多，可惜能查到的，以邵建东等先生翻译的《德国民法总论》、《德国民法通论》为蓝本，均不见分论内容。这里仅介绍德国民法总论的体系，包括：导论；第一编"人"；第二编"法律关系与权利"；第三编"权利客体与财产"；第四编"法律行为"（法律行为概说、合同、代理他人所为的法律行为、权利表见责任是法律行为责任的扩充）；第五编"关于期间、期日和担保的规定"。

---

〔1〕 周枏、吴文翰、谢邦宇编：《罗马法》，群众出版社 1983 年版，第 40～46 页。

2. 苏联民法的体系和内容。以格里巴诺夫和科尔涅耶夫主编的《苏联民法》为例，该书是根据《苏联和各加盟共和国民事立法纲要》的内容撰写的，并作为前苏联法学专业大学生的教科书。其体系与苏俄民法典是一致的，全书共 8 编、53 章，分上、下两册。其体系和内容包括：

第一编"民法绪论"，共 5 章，包括：民法是苏联的一个社会主义部门法；苏联的民事立法；苏维埃民法学；其他社会主义国家民法概述；资产阶级民法和商法概述。

第二编"民事法律关系"，共 11 章，包括：民法法律关系的概念；作为民事权利主体的公民；作为民事权利主体的苏维埃国家；法人；民事权利客体；与财产权利无关的人身非财产权利；对这种权利的保护；代理；民事法律关系的发生、变更和消灭的根据；民法中的期限；民事权利的行使和保护。

第三编"所有权"，共 6 章，包括：所有权一般原则；社会主义国家所有权；集体农庄、其他合作社组织以及它们的联合组织所有权；工会和其他社会团体所有权；个人所有权；共有权。

第四编"债法一般原则"，共 6 章，包括：债法与债；合同的一般原则；债的履行；履行债的担保；苏联民法的责任；债的终止。

第五编"合同债"，共 15 章，包括：买卖；交换；赠与；供应；国家对集体农庄和国营农场农产品的收购；借贷；财产租赁、住房租赁、无偿使用财产；承揽、基本建设包工；国家保险；结算和信贷关系；委托；行纪；保管；合伙；悬赏征求。

第六编"合同以外的债"，共 3 章，包括：因致人损害而发生的债；因抢救社会主义财产而发生的债；由不当取得财产或不当聚积财产而发生的债。

第七编"对由创作活动发生的关系的民法调整"，共 3 章，包括：著作权；发现权；发明权。

第八编"继承权"，共 4 章，包括：继承的一般原则；法定继承；遗嘱与遗嘱继承；遗产的分割和处理。[1]

（二）我国台湾地区民法理论上的民法体系和内容

我国台湾地区民法理论研究沿袭旧中国的民法理论研究，成果较为丰硕。老一辈有史尚宽、胡长清等先生，新生代有王泽鉴等先生，其专著或教材，基本上是以《中华民国民法》为蓝本，进行解释和演绎的。以下以史尚宽先生的"民法巨论"和以王泽鉴先生的"民法新论"为代表分别予以介绍。

---

〔1〕〔前苏联〕格里巴诺夫、科索涅耶夫主编：《苏联民法》，中国社会科学院法学研究所译，法律出版社 1984 年版。

1. 史尚宽先生的民法巨论。所谓"民法巨论"不仅指史尚宽先生参与了"中华民国民法典"的立法全过程，而且指他的民法论著十分丰硕，他先后著作出版"民法巨论"有六大部、四百三十多万言，可谓中国之最，世界罕有。其"民法六论"有 55 章，基本上按照《中华民国民法》五篇体系建构其巨论的体系和内容。具体摘要如下：

第一部"民法总论"，分绪论和本论两个部分，共 17 章。绪论包括：法、私法与公法；民法与民法法典；民法之法源；民法法规之种类；民法之效力；民法上之权利义务；民法学（民法之解释）；民法与其他法之关系；我国民法立法之经过；新民法之特色与立法精神。本论包括：法则；权利主体；物；法律行为；期日及期间；消灭时效；权利之行使。

第二部"物权法论"，共 11 章，包括：总论；物权之变动；所有权；地上权；永佃权；地役权；抵押权；质权；典权；留置权；占有。

第三部"债法总论"，共 3 章，包括：通则；债的发生；债之标的。

第四部"债法各论"，共 12 章，包括：买卖；互易；交互计算；赠与；租赁；借贷；雇佣；承揽；出版；委任；经理人及代办商；居间。

第五部"亲属法论"，共 8 章，包括：概说；亲属关系；婚姻；父母子女；监护；扶养；家；亲属会议。

第六部"继承法论"，共 4 章，包括：序说；继承人、应继分及继承权；遗产继承之开始及其效果；遗嘱。[1]

2. 王泽鉴先生的民法新论。王泽鉴教授，毕业于台湾大学法律系，获德国慕尼黑大学法学博士，长期从事法学教育和研究，成果颇丰。从 1982 年起，先后出版《民法总则》、《民法债编》、《民法物权》、《民法概要》等系列专著，形成了十分鲜明的民法新论体系。第一编"绪论"，共 4 章，包括：民法的意义与性质；民法与私法；民法的法源及民法的解释适用；台湾社会变迁，民法基本原则及私法秩序的发展。第二编"民法总则"，共 7 章，包括：绪论；人：权利主体；权利客体；权利的变动；期日与期间；消灭时效；权利的行使等内容。第三编"债（一）：债之通则"，共 7 章，包括：债编的体系构成及债之关系；债之发生；债之标的；债之效力；多数债务人与债权人；债之移转；债之消灭。第四编"债（二）：各种之债"，共 7 章，包括：总说；让与财产权的契约；以物供

─────────────

〔1〕　史尚宽之"民法巨论"包括：第一部分：《民法总论》第三版，正大印书馆 1980 年版；第二部分：《物权法论》第五版，荣泰印书馆 1979 年版；第三部分：《债法总论》第五版，荣泰印书馆 1978 年版；第四部分：《债法各论》第五版，荣泰印书馆 1981 年版；第五部分：《亲属法论》第四版，荣泰印书馆 1980 年版；第六部分：《继承法论》第四版，荣泰印书馆 1980 年版。

他人使用或收益的契约；劳务及工作给付契约；具共同团体性的契约；债权的有价证券化；承担风险的契约。第五编"物权"，共6章，包括：总论；物权变动；所有权；用益物权；担保物权；占有。第六编"亲属"，共9章，包括：概说；亲属关系；婚约；结婚；父母子女；监护；扶养；家；亲属会议。第七编"继承"，共5章，包括：继承法的"宪法"基础及结构原则；遗产继承人；遗产的继承；遗嘱；继承法的体系构成及实例解说。[1]

（三）我国大陆民法理论体系和内容

我国大陆的民法理论研究是和我国民法的立法同呼吸、共命运的。新中国成立60年来，前30年实行高度集中的社会主义计划经济，商品经济受到压抑，这也直接影响到我国大陆的民法立法，表现为民法立法十分迟缓、零碎。党的十一届三中全会以后，实行改革开放，发展商品经济、市场经济，民法立法也迎来了春天，民法学理论研究也十分活跃，显现百家争鸣的新局面。特别在1999年之后《中华人民共和国民法典》起草期间，学者们在民法专著或教材中讨论和表述民法理论体系和立法体系，更是众说纷纭。有徐国栋的"二元说"，有梁慧星、王利明、王家福等的"多篇论"，还有"法典说"、"组合说"、"邦联说"，等等，呈现百家争鸣、百花齐放的新局面。以下选择几个典型代表的民法理论体系作一介绍。

1. 佟柔教授主编的《民法原理》的体系和内容。这是改革开放后法学百花园中开放的第一朵民法学之花，作为一本部定统编试用教材，具有很高的权威。该书共设35章，其体系和内容对其后的民法学研究具有深远的影响。

第一编"民法总论"，共9章，包括：绪论；中华人民共和国民法的概述；民事法律关系；公民；法人；物；法律行为；代理；时效。

第二编"所有权"，共7章，包括：所有权的一般原理；国家所有权；劳动群众集体所有权；个体劳动者生产资料所有权；公民生活资料所有权；共有；相邻关系。

第三编"债"，共13章，包括：债的概述；因侵权行为所生之债；因不当得利和无因管理所生之债；因合同所生之债；买卖合同、互易合同、赠与合同；承揽合同；租赁合同；借贷合同、借用合同；运送合同；保管合同；合伙合同；委托合同、信托合同、居间合同；保险合同。

第四编"智力成果权"，共5章，包括：智力成果权的概述；著作权；发明权和发现权；专利权；商标权。

---

〔1〕 王泽鉴：《民法概要》，中国政法大学出版社2003年版。

第五编"继承权"，共 4 章，包括：继承权概述；法定继承；遗嘱继承；继承的其他问题。[1]

2. 江平教授主编的《民法学》的体系和内容。江平先生是资深的民法学教授，编著的民法学专著和教材甚丰。尤其是 2000 年出版的部定教材和 2007 年出版的"十一五"国家规划教材，这两部《民法学》代表着当代民法研究水平，其民法理论体系和内容更具有特色。现以"十一五"国家级规划教材《民法学》为代表，观察其体系和内容，其结构设置为五大部分，共 14 编、59 章、112 万字。

第一部分"总则"，共 3 编、11 章，包括：民法绪论（民法概述，民法的基本原则，民事权利通论）；民事主体及其法律属性（民事主体概述，自然人，法人，无权利能力的社团与合伙）；法律事实（法律事实概要；法律行为；法律行为的代理；民法上的时间）。

第二部分"物权"，共 4 编、17 章，包括：物权一般理论（物权概述，物权法及其基本原则，物权的变动，物权法中的占有）；所有权（所有权通论，不动产所有权，共有，所有权的取得方式）；用益物权（用益物权总论，土地承包经营权，建设用地使用权，宅基地使用权，地役权）；担保物权（担保物权总论，抵押权，质权，留置权）。

第三部分"债权"，共 3 编、15 章，包括：债的一般原理（债的概述，债的一般效力，债的保全，债的债权性担保，债的移转，债的消灭）；侵权行为之债（侵权行为之债概述，侵权行为的法律要件，侵权行为的抗辩事由，一般侵权行为，特殊侵权行为，侵权行为的效力）；因其他原因所生之债（因无因管理所生之债，因不当得利所生之债，因其他原因所生之债）。

第四部分"合同法"，共 2 编、10 章，包括：合同法总论（合同的一般原理）；合同法分论（转移标的物所有权合同，转移标的物用益物权的合同，完成工作的合同，给予信用的合同，提供服务的合同，雇佣合同，提供智力成果的合同，合伙合同，射幸合同）。

第五部分"亲属法与继承法"，共 2 编、6 章，包括：亲属法（亲属与亲属法，婚姻法，亲子关系法）；继承法（继承法绪论，遗产的法定移转，遗产的意定移转）。[2]

3. 寇志新教授主编的《民法学》的体系和内容。寇志新教授有厚实的民法理论功底和认真的创新研究精神，在民法学理论研究上很有建树，创建了"十论

---

〔1〕　佟柔主编：《民法原理》，法律出版社 1985 年版。
〔2〕　江平主编：《民法学》，中国政法大学出版社 2007 年版。

民法理论架构"新体系，作出了很大贡献。以 1998 年的跨世纪法学系列教材《民法学》为代表，它对比较和探讨民法的体系和结构很有价值和意义。

上卷：民法总论，共 4 编、4 论、24 章。

第一编"民法部门论"，共设 7 章，包括：民法概论（民法概述，民法的调整对象和调整方法，民法的基本原则，民法与其他法律的区分，民法的编纂）；民法的适用和调整功能（民法的法源、解释和适用，民法的调整）。

第二编"民事法律关系论"，共 5 章，包括：民事法律关系概述（民事法律关系通论，民事法律关系的产生、变更、消灭及其意义）；民事法律关系构成要素各论（民事法律关系主体，民事法律关系的一般客体：物，民事法律关系的内容——民事权利和民事义务）。

第三编"民事法律事实论"，共设 6 章，包括：民事法律事实综述（法律事实及其内涵）；法律行为（法律行为通论，法律行为要件各论，法律行为的附款——附条件、附期限）；代理论和时效论（代理，时效）。

第四编"民事责任论"，共 6 章，包括：民事责任一般理论（民事责任概述，民事责任分类，民事责任的构成和形式，民事责任的免除）；民事责任的总括制度和具体制度（民事责任的多重性与同一性和总括制度，各基本民事权利制度和民事责任具体制度）。

下卷：民法各论，共 6 编、6 论、95 章。

第一编"物权法论"，共 20 章，包括：物权总论（物权概述，物权的种类和分类，物权的变动，物权制度的基本类型与历史沿革）；所有权（所有权概述，所有权法律关系，所有权的取得和丧失，共有，相邻关系，我国财产所有权的类型）；他物权（他物权概述，用益物权，我国现行法律规定的各种用益物权，担保物权，物权保护概述，物权保护方法）；占有（占有概述，占有的主体、客体和效力，占有的成立、取得、变动和消灭，占有的保护）。

第二编"债权法论"，共 10 章，包括债权法总论：债的概述（债与债权）；债的法律关系（债的主体和债的客体与标的，债的发生，债的移转，债的消灭）；债的效力，债的保全和债的担保；债的运作（债的履行）；债不履行民事责任（债不履行民事责任及其构成，各债不履行民事责任）。

第三编"债权法各论"，共 33 章。第一分编：意定之债。合同总论（合同之债的一般原理，法律未规定的合同和合同解释）；合同各论（转移财产所有权的合同，转移财产使用权、收益权的合同，给付劳务的合同，担保类合同，保险合同，合伙合同和和解合同，智慧成果合同，涉外合同）；第二分编：法定之债（无因管理和不当得利之债，侵权损害之债）。

第四编"人身权法论"，共 5 章，包括：人身权总论（人身权概述，人身权法律关系）；人身权各论（人格权，身份权）；人身权保护（人身权的法律保护）。

第五编"知识产权法论"，共16章，包括：知识产权总论（知识产权通论）；著作权；专利权；商标权；科技成果权；知识产权的国际保护等。

第六编"继承权法论"，共设11章，包括：继承法总论；继承权各论（法定继承，遗嘱继承）；继承过程的运作等。[1]

二、外国民法的立法体系和内容

两大法系在民法立法上采取不同的立法体例。英美法系各国均未建立起真正的民法体系，其民法实质上是由判例法和单行民事法律组成；大陆法系（即罗马法系）采取成文法立法体例，并真正形成了民法体系。但由于各国在经济体制和发展水平上的差异以及传统习惯和法律文化上的不同，决定了各国采取不同的立法体例，并由此产生不同的民法体系和内容。归纳起来，比较突出的有"三分法"、"五分法"、"多分法"民法立法体系。

（一）"三分法"民法体系和内容

1. 罗马法。所谓罗马法，是指公元前5世纪~公元12世纪期间罗马帝国、罗马共和国形成的罗马"国法大全"的称谓。它由《查士丁尼法典》、《学说汇纂》、《法学阶梯》和《新律》等四部分法律文件构成。虽然其内容包括国家法、刑法、诉讼法、私法等，但还是以私法为主。其体系分为人法、物法和诉讼法三部分，而重点还是以人法、物法为主，因此罗马法也被称为罗马私法或罗马民法。为此，有学者认为罗马法剔除诉讼法之后，实际上属于民法内容的仅为人法和物法两部分，称罗马法为"三分法"立法体系，不如称"两分法"立法体系更为科学。其体系和内容为：[2]

第一编"人法"，包括：自然人（市民，拉丁人，外国人，奴隶，准奴隶）；法人（法人的种类，法人的能力，法人的成立和消灭）；婚姻家庭法（亲属关系、亲系和亲等、亲属会议，婚姻：婚约、结婚、婚姻的终止、姘居，夫妻关系：夫妻人身关系、夫妻财产关系，家长权和父母子女：家长权的内容、家子的地位、家长权的取得和丧失、父母和子女间关系，监护和保佐）。

第二编"物法"，包括以下三章。

第一章"物权法"，包括：所有权（所有权的种类和取得，所有权保护和消灭）；占有（占有的取得，保护及丧失）；他物权（役权，永佃权，地上权，担保物权）。

---

〔1〕 寇志新：《民法学》，陕西人民出版社1998年版。

〔2〕 周枏、吴文翰、谢帮宇编：《罗马法》，群众出版社1983年版。

第二章"债法",包括:法律行为(法律行为的有效条件、附条件、期限和负担的法律行为,法律行为的解释和无效、代理、期日和期间);债权法(债的客体、种类,债的产生与消灭);债的发生(契约:要物契约、口头契约、文书契约、合意契约、无名契约,准契约:无因管理、不当得利、其他准契约,私犯,准私犯);债的担保(违约金契约,定金,副债权契约,连带债,保证);债的消灭(清偿,提存,更改,抵销,免除,混同,其他债的消灭原因)。

第三章"继承法",包括:罗马继承法(概括继承,资产占有制);法定继承(法定继承的原则,自由人的继承制,解放自由人的继承制);遗嘱继承(遗嘱的方式、能力,遗嘱继承人的指定和补充,遗嘱的效力和限制);遗产的继承与拒绝(继承的接受,继承的效力,继承权的保护,继承的拒绝);遗赠与信托(遗赠,信托,遗赠与信托的统一)。

第三编"诉讼法",包括:法院组织、诉讼原则、法律诉讼程序、程式诉讼程序、非常诉讼程序、诉讼种类和诉讼时效。(详细内容从略)

2.《法国民法典》。又称为《拿破仑法典》,它是 1804 年拿破仑皇帝主持制定的"典型的资产阶级社会的法典"。该法典其设置总则 6 条、3 编、35 章、2281 条,其体系和内容为:[1]

"总则",包括法律的公布、效力及适用,计 6 条。

第一编"人",共 11 章,包括:民事权利的享有及丧失;身份证书;住所;不在;结婚;离婚;父母子女;收养与非正式监护;亲权;未成年、监护及亲权的解除;成年、禁治产及裁判上的辅助人。

第二编"财产及对于所有权的各种限制",共 4 章,包括:财产分类;所有权;用益权、使用权及居住权;役权或地役权。

第三编"取得财产的各种方法",共 20 章,包括:继承;生前赠与及遗嘱;契约或合意之债的一般规定;非因合意而发生的债;夫妻财产契约及夫妻间的相互权利;买卖;互易;租赁;合伙;借贷;寄托及论争物的寄托;赌博性的契约;委任;保证;和解;民事拘留;质押;优先权及抵押权;对于债务人不动产的强制执行及债权人间受分配的顺位;时效。

(二)"五分法"民法体系和内容

以 1896 年颁布、1900 年实施的《德国民法典》为典范。该法典共 5 编、35 章、2385 条。其体系和内容为:[2]

第一编"总则",共 7 章,包括:人(自然人、法人);物;法律行为;期

<hr>

[1] 李浩培、吴传颐、孔鸣岗译:《拿破仑民法典(法国民法典)》,商务印书馆 1979 年版。
[2] 上海社会科学院法学研究所译:《德意志联邦共和国民法典》,法律出版社 1984 年版。

间和期日；消灭时效；权利的行使、自卫和自助；提供担保。

第二编"债权"，共 7 章，包括：债的关系的内容；因契约而产生债的关系；债的关系的消灭；债权的移转；债务的承担；多数债务人和债权人；各种债的关系（买卖、互易，赠与，使用租赁、用益租赁，使用借贷，消费借贷，劳务契约，承揽契约和与其类似的契约，居间契约，悬赏广告，委任，无因管理，寄托，向旅店主处携入的物，合伙，共有，终身定期金，赌博、打赌，保证，和解，债务约束，债务承认，指示证券，无记名证券，物的提示，不当得利，授权行为）。

第三编"物权"，共 9 章，包括：占有；关于土地的权力的通则；所有权；地上权；役权；先买权；土地负担；抵押权、土地债务和定期金债务；动产质权和权利质权。

第四编"亲属法"，共 3 章，包括：民法上的婚姻；亲属关系；监护。

第五编"继承法"，共 9 章，包括：继承顺序；继承人的法律地位；遗嘱继承；继承契约；特留份；丧失继承权；继承的抛弃；继承证书；遗产买卖。

（三）"多分法"民法体系和内容

1. 《苏俄民法典》的体系和内容。1964 年颁布，共设置 8 编、42 章、569 条。其体系为：总则；所有权；债权；著作权；发现权；发明权；继承权；外国人和无国籍人的权利能力、外国法、国际条约和国际协定的适用。[1]

2. 《意大利民法典》的体系和内容。1942 年公布，共设置 6 编、2969 条。其体系为：一般原则；人与家庭；继承；所有权；债；劳动；权利的保护。[2]

3. 《越南民法典》的体系和内容。1995 年颁布，共设置 7 编、33 章、838 条。其体系为：总则；财产权和所有权；民事义务和民事合同；继承；关于土地使用权转让的规定；知识产权和技术转让；涉外民事法律关系。[3]

三、中国民法的体系和内容

（一）《大清民律》的体系和内容

1911 年完成编制《大清民律》（草案），共 5 编、33 章、1569 条。其体系为：总则；债权；物权；亲属；继承。完全承继德国民法典和日本民法典的立法例，但它却是开创我国独立民事立法先河的第一部民法草案。[4]

（二）《中华民国民法典》的体系和内容

《中华民国民法典》是 1929～1930 年颁布，共 5 编、29 章、1225 条。其体

〔1〕　中国社会科学院法学研究所民法研究室编：《苏俄民法典》，中国社会科学出版社 1980 年版。
〔2〕　费安玲、丁玫译：《意大利民法典》，中国政法大学出版社 1997 年版。
〔3〕　米良译：《越南民法典》，云南大学出版社 1998 年版。
〔4〕　杨立新主编：《大清民律草案·民国民律草案》，吉林人民出版社 2002 年版。

系和内容为：

第一编"总则"，共 7 章，包括：法例；人；物；法律行为；期日和期间；消灭时效；权利之行使。

第二编"债"，共 2 章，包括：通则；各种之债（规定有 24 种契约）。

第三编"物权"，共 10 章，包括：通则；所有权；地上权；永佃权；地役权；抵押权；质权；典权；留置权；占有。

第四编"亲属"，共 7 章，包括：通则；婚姻；父母子女；监护；扶养；家；亲属会议。

第五编"继承"，共 3 章，包括：遗产继承人；遗产之继承；遗嘱。[1]

（三）现行我国民法的体系和内容

党的十一届三中全会以来，我国民法立法走上正常轨道，采取"成熟一个，制定一个"的立法方针、政策，实行制定各个单行民法的做法，经过 30 年的努力，初步形成了以《民法通则》为统帅，以各个单行民法为配套的我国社会主义民法体系的雏形。其体系和内容为：①《民法通则》1986 年颁布，共 9 章、156 条；②《物权法》2007 年颁布，共 5 编、19 章、247 条；③《合同法》1999 年颁布，共 3 编、23 章、428 条；④《担保法》1995 年颁布，共 7 章、96 条；⑤《商标法》1982 年通过，经过 1993 年和 2001 年两次修订，共 8 章、64 条；⑥《专利法》1984 年通过，1992 年、2000 年和 2008 年三次修订，共 8 章、76 条；⑦《著作权法》1990 年通过，2001 年修订，共 6 章、60 条；⑧《婚姻法》1980 年通过，2001 年修订，共 6 章、51 条；⑨《收养法》1991 年通过，1998 年修订，共 6 章、34 条；⑩《继承法》1985 年通过，共 5 章、37 条。

此外，按照民商合一立法体例，我国又先后颁布作为民法的特别法的《公司法》、《票据法》、《海商法》、《证券法》、《破产法》、《保险法》等商法内容，使民法体系更趋于完备。

（四）《中华人民共和国民法典（草案）》设计的体系和内容

在 1999 年 3 月 15 日全国第九届人民代表大会第二次会议通过《中华人民共和国合同法》之后，全国人民代表大会常委会法制委员会确定兵分两路，同时开始了《物权法》和《民法典》的起草工作。经过三年多的紧张起草、论证工作，2002 年 12 月 17 日法制工作委员会向第九届全国人大常委会第三十一次会议提请审议《中华人民共和国民法（草案）》。从该民法典（草案）的体系可以看出，在过去 30 年民法立法的巨大成果基础上，根据我国实际，将 9 个单行民事法律

_____

[1] 陶百川：《最新六法全书》，三民书局 1989 年版。

规范有机组合成为我国民法典，在条件成熟后再编纂为统一的民法典。这一切实可行的民法立法举措的具体施行，有利于尽快地实现具有中国特色的社会主义法律体系的伟大目标。该民法（草案）的体系和内容主要有：[1]

第一编"总则"，共9章，包括：一般规定；自然人；法人；民事法律行为；代理；民事权利；民事责任；时效；期间。

第二编"物权法"，共5编、19章，包括：总则（基本原则；物权的设立、变更、转让和消灭；物权的保护）；所有权（一般规定；国家所有权和集体所有权、私人所有权；业主的建筑物区分所有权；相邻关系；共有；所有权取得的特别规定）；用益物权（一般规定；土地承包经营权；建设用地使用权；宅基地使用权；地役权）；担保物权（一般规定；抵押权；质权；留置权）；占有。

第三编"合同法"，共3编、24章，包括：总则（一般规定；合同的订立；合同的效力；合同的履行；合同的变更和转移；合同的权利义务终止；违约责任；其他规定）；分则（买卖合同；使用电、水、气、热力合同；赠与合同；借款合同；租赁合同；融资租赁合同；承揽合同；建设工程合同；运输合同；技术合同；保管合同；仓储合同；委托合同；行纪合同；居间合同；保证合同）；附则。

第四编"人格权法"，共7章，包括：一般规定；生命健康权；姓名权、名称权；肖像权；名誉权、荣誉权；信用权；隐私权。

第五编"婚姻法"，共6章，包括：总则；结婚；家庭关系；离婚；救助措施与法律责任；附则。

第六编"收养法"，共6章，包括：总则；收养关系的成立；收养的效力；收养关系的解除；法律责任；附则。

第七编"继承法"，共5章，包括：总则；法定继承；遗嘱继承和遗赠；遗产的处理；附则。

第八编"侵权责任法"，共10章，包括：一般规定；损害赔偿；抗辩事由；机动车肇事责任；环境污染责任；产品责任；高度危险作业责任；动物致人损害责任；物件致人损害责任；有关侵权责任主体的特别规定。

第九编"涉外民事法律关系的法律适用法"，共8章，包括：一般规定；民事主体；物权；债权；知识产权；婚姻家庭；继承；侵权。

以上9编，其中《中华人民共和国物权法》、《中华人民共和国合同法》、《中华人民共和国婚姻法》、《中华人民共和国收养法》、《中华人民共和国继承

───────────────

〔1〕 全国人大常委会：《中国人民共和国民法（草案）》（内部资料）。

法》等五部法律已颁行，尚有民法总则、人格权法、侵权责任法及涉外民事法律
关系法律适用法等四部法律正在审议过程，还未颁行。

【思考与练习】

◎问答题

1. 民法具有哪些特征？由此决定其与经济法、行政法有哪些区别？
2. 怎样认识民法的性质与本质？
3. 我国民法的立法体系有哪些特色？
4. 简述我国民法的基本原则。
5. 怎样正确适用民法？

◎选择题

1. 下列选项中不属于民法调整的社会关系的是（　　）。

    A. 甲与乙签订一份水泥买卖合同形成的关系

    B. 甲因侵害乙的肖像权而形成的赔偿关系

    C. 申请人向工商局申请营业执照而形成的关系

    D. 因保险事故的发生，受益人向保险公司请求索赔而形成的关系

2. 下列社会关系中属于民法调整的对象是（　　）。

    A. 张三与李四之间订立的房屋买卖合同

    B. 张三与李四之间缔结的婚姻关系

    C. 某市政府与某电脑公司之间订立的电脑买卖合同

    D. 某学校与某建筑公司订立的建设教学楼的合同

3. "民法"一词最早起源于（　　）。

    A. 古罗马的市民法与万民法

    B. 中国古代法

    C. 日耳曼法

    D. 古罗马市民法

4. 平等主体间的财产关系的特征是（　　）。

    A. 全体民事主体的法律地位是平等的

    B. 当事人的意思自由

    C. 等价有偿

    D. 与人身关系密不可分

5. 形式意义上的民法是指（　　）。

    A. 经立法程序系统编纂的民法典

B. 由最高人民法院作出的民法的解释性文件

C. 由民法学专家编写的著作

D. 法律出版社出版的民法大百科全书

◎**案例分析题**

独行侠与天涯女通过网络聊天认识。因意气相投，相互倾慕，遂互留电话和地址，互递照片，并决定交友，但双方一直没有见面。1 年后，独行侠发信息给天涯女，邀请她于 2008 年 2 月 14 日在独行侠所在 A 市玫瑰餐厅见面。天涯女接受了独行侠的邀请。天涯女十分重视与独行侠的约会，为了此次约会，专门到美容店美容美体，到时装店购置了高级时装，在约定的时间赶赴 A 市，依约到了玫瑰餐厅。但天涯女苦等了一整天，也没能见到独行侠的影子。天涯女十分恼怒，便按照地址找到独行侠，质问对方为何失约，双方为此发生争执。得知独行侠有妻儿之后，天涯女怒而诉至法院，要求独行侠赔偿其因此而支付的美容费 800 元、服装费 1200 元、交通费 500 元、住宿费 400 元以及精神损失费10 000元。

问：本案中，天涯女的诉讼请求可否得到法院的支持？

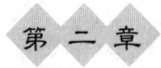

民法的适用

◆　【案例导入】

本案法院判决适用什么法律规定?

原告曾某（男）离婚后通过征婚，与也曾离异的贾某（女）相识。经过短暂几个月的接触，双方登记结婚。因两人均系再婚，为慎重起见，2000年6月，夫妻俩协商签署了一份"忠诚协议书"。其中规定了"违约责任"：若一方在婚期内由于道德品质的问题，出现背叛另一方的不道德行为（婚外情），要赔偿对方名誉损失及精神损失费30万元。协议签订后，在婚姻存续期间，贾某发现曾某与其他异性有不正当关系。2002年5月，曾某向法院提出离婚诉讼，与此同时，贾某以曾某违反"夫妻忠诚协议"为由提起反诉，要求法院判令曾某支付违约金30万元。上海市闵行区法院经审理，依据双方达成的忠诚协议，判决曾某支付对方违约金30万元。

☞　【分析提要】

1. 民法的适用主要涉及民法适用的范围、民法适用的原则、民法适用的方法、涉外民事法律关系的法律适用等内容。

2. 本案区法院判决曾某应支付对方违约金30万元是否正确适用了民法?

第一节　民法适用的概念、范围和原则

一、民法适用的概念

民法适用有广义、中义和狭义之分。就广义而言，民法的适用既包括民事诉讼程序或仲裁程序中执法者运用民法规范解决当事人之间民事纠纷的实践，又包括自然人、法人在民事活动中运用民法规范解决矛盾、冲突，协调双方或多方民事法律关系的实践。[1]　就狭义而言，民法的适用是指国家司法机关根据法定的职权和程序，具体运用民事法律规范解决民事纠纷的专门活动。由于此类活动以国家名义行使司法权，故又称之为"民事司法"。就中义而言，除狭义外，还包

---

〔1〕　李开国：《民法基本问题研究》，法律出版社1997年版，第438页。

括人民调解委员会与仲裁机关解决民事纠纷时，依据民事法律规范所进行的调解和仲裁活动。也有学者从另一视角研究民法的适用。认为民法作为仅次于宪法的二级基本法，是规范市场经济和社会家庭生活的重要法律，要确保其正确适用或实施：①必须严格遵循民法的基本原则；②应当充分认识民法的渊源；③应当注意运用民法的解释；④应当全面掌握民法的效力。本章主要从狭义上阐述民法的适用，来展开民法适用中有关渊源、解释、效力等问题，基本原则另章表述。

民法的适用与民法的实施不同。民法的实施是指民事法律在社会现实生活中的具体运用和实现。它包括两方面的内容：一方面要求国家司法机关、行政机关及其公职人员严格执行、适用民事法律规范，保证民事法律规范的实现；另一方面要求一切国家机关、社会组织和个人都要遵守民事法律规范。民法的实施包括执法、司法、守法等几个方面，民法的适用只是民法实施的一种形式。

民法的适用不同于民法的执行。民法的执行不仅包括司法机关具体适用民法法律规范的活动，而且包括国家行政机关在法律规定的职权范围内，按照法定程序对社会所进行的组织和管理活动，如按照我国《民法通则》的规定，企业法人在设立、变更、终止时必须依法办理的登记手续，工商行政管理部门依法所进行的登记活动，都属于民法的执行。

二、民法适用的范围

民法的适用范围，是指民法的效力范围。民法的效力受到人、空间、时间和适用事项的限制。因此，民法的适用范围专指民法对何人、在何地、于何时、对何事发生效力。

（一）民法对人的适用范围

民法对人的适用范围，是指民事法律规范对哪些人具有法律约束效力。这里所说之"人"是指民事主体，应包括自然人、法人和其他组织。民法对人的适用主要有两种主张：一种是"属人主义"，即凡是具有一国国籍的人不问其在何处，适用国籍国法；另一种是"属地主义"，即凡居住或置身于该国领域内的人不问其国籍，均受该国法支配。多数国家基于国际交往的实际，一般都在坚持一个标准的基础上，进行必要的变通。[1]

我国民法对人的适用范围，采取属地主义为主，属人主义为辅的原则。《民法通则》第8条规定："在中华人民共和国领域内的民事活动，适用中华人民共和国法律，法律另有规定的除外。本法关于公民的规定，适用于在中华人民共和国领域内的外国人、无国籍人，法律另有规定的除外。"

---

〔1〕 龙卫球：《民法总论》，中国法制出版社2002年版，第77页。

我国民法对人的适用范围有以下例外：①对不在我国境内的中国人，或者对不在中国境内的外国人、无国籍人，原则上适用居住国民法，但根据我国缔结或者参加的国际条约、我国认可的习惯及国际私法规则，应适用中国民法时，仍应适用之。②在中国境内的中国人、外国人或无国籍人，同样也可能因国际私法原则，适用外国法或国际惯例，而排除中国民法的适用。如外国驻中国的享有外交豁免权的外交人员，不属中国民法的适用范围，除非其放弃管辖豁免自愿接受中国民法的管辖。

（二）民法在空间上的适用范围

民法在空间上的适用范围，是指民法于何领域内发生法律效力。遵循主权原则，民法在空间上的适用范围原则上只能在本国领域内适用。一般而言，我国民法适用于中华人民共和国的领土、领海、领空以及根据国际法视为我国领域的驻外使馆和航行于公海和外国领域的我国船舶、飞行于我国领空以外的我国飞行器等。

民事法律法规因颁布的机关不同，其空间上的适用范围亦有差别。一般而言，民事法律、法规在空间上的适用范围与其制定颁布机关的管辖范围相一致。全国人民代表大会及其常委会制定颁布的民事法律、国务院制定公布的民事法规在全国范围内有效，但法律法规中明确规定仅适用于特定地区者除外；地方性的民事法规、民族自治地方的民事法规、经济特区的民事法规、特别行政区的民事法规，适用于制定者所管辖的区域之内。如当事人双方分属两个行政区域，且这两个行政区域的地方性民事法规的有关条款又相互抵触时，当事人如事先约定，且不违反国家法律禁止性规定，不与国家法律相冲突的，应适用当事人所选择的地方性民事法规；当事人事先未约定的，在发生纠纷后，可依据我国《民事诉讼法》关于案件管辖地的规定确定适用之法。理论上，法院所在地的地方性民事法规应优先予以适用。

（三）民法在时间上的适用范围

民法在时间上的适用范围，即民法在时间上的效力，是指民法生效时间和失效时间，以及生效民法对其生效前发生的民事行为是否具有溯及力。

1. 民法的生效时间，根据法律的具体性质和实际需要来确定。从我国目前民事立法实践来看，主要有以下三种：①自法律公布之日起生效。如我国《中外合资经营企业法》第 16 条规定："本法自公布之日起生效。"②由法律规定具体的生效时间。如我国《民法通则》第 156 条规定："本法自 1987 年 1 月 1 日起施行。"我国《合同法》第 428 条规定："本法自 1999 年 10 月 1 日起施行。"③以某一法律实施的时间为参照决定生效时间。如我国《企业破产法（试行）》第 43 条规定："本法自全民所有制工业企业法实施满 3 个月之日起试行。"

2. 民法的失效时间，即民法终止其效力的时间。主要有两种，①明示废止，即在新法中明文规定废止旧法。如我国《合同法》第428条规定："本法自1999年10月1日起施行，《中华人民共和国经济合同法》、《中华人民共和国涉外经济合同法》、《中华人民共和国技术合同法》同时废止。"②默示废止，即新法在公布和施行时并不明确规定对旧法废止，但根据新法优于旧法的原则，旧法与新法相抵触时应适用新法，旧法实际被废止。

最高人民法院对我国民事法律、法规所作的司法解释的失效时间，一般有以下两种情形[1]：①因法律或法律的具体条文本身作了修改或废止，依照该法律或法律条文所作司法解释当然无效。②因颁布了新的司法解释，原司法解释或其中的有关规定失效。如2000年9月最高人民法院在《关于适用〈中华人民共和国担保法〉若干问题的解释》第134条规定，最高人民法院在《担保法》施行以前作出的有关担保问题的司法解释，与《担保法》和本解释相抵触的，不再适用。

3. 民法的溯及既往效力。民法的时间效力还包括溯及力问题，即指新的民事法律规范对其生效前的事件和行为是否适用。例如，甲和乙在订立合同时新《合同法》尚未施行，但双方在履行中发生纠纷，起诉到法院时，新《合同法》已经施行，这就存在一个法律是否有溯及力的问题。如果适用新法，说明这一民事法律规范具有溯及力；如果不适用新法，就说明无溯及力。

法律不溯及既往，历来为罗马法所公认，即"不能要求人们遵守未来的法律"。民法原则上无溯及力。如果用新的民事法律规范评价人们该法生效前的民事行为，无异于要求人们遵循当时尚不存在的法律规范，这不仅会侵犯民事主体的合法权益，而且会使法律的预期功能丧失殆尽。

我国民事立法坚持民法无溯及力的原则。但亦有例外，如最高人民法院《关于贯彻执行〈中华人民共和国继承法〉若干问题的意见》（以下简称《继承法意见》）第64条第2款规定："人民法院对继承法生效前已经受理、生效时尚未审结的继承案件，适用继承法"。依照这一司法解释，《继承法》具有溯及力。最高人民法院《关于适用〈中华人民共和国合同法〉若干问题的解释（一）》（以下简称《合同法解释（一）》）第3条规定，人民法院确认合同效力时，对合同法实施以前成立的合同，适用当时的法律合同无效而适用合同法合同有效的，则适用合同法。这一解释体现了《合同法》的溯及力。

（四）民法对事项的效力范围

民法对事项的效力范围，与民法的调整范围是一个问题。我国《民法通则》

---

〔1〕　马俊驹、余延满：《民法原论》（第二版），法律出版社2005年版，第1105页。

第 2 条规定了民法调整对象为平等主体之间的财产关系和人身关系。一般情况下，民法调整事项的效力范围，应与民法的调整对象范围相同，但是，由于民法有普通民法与特别民法之分，前者适用一般的或普通的事项，后者则适用个别的或特殊的事项。

三、民法适用的原则

(一) 上位法优于下位法原则

所谓上位法优先于下位法，是指效力较高的规范性法律文件与效力较低的规范性法律文件相冲突时，应适用效力较高的规范性法律文件。在我国，民法的法源，有宪法、法律、行政法规、地方性法规、有权解释、习惯法等。从法律规范的效力来看，宪法的效力高于法律，法律的效力高于行政法规，行政法规的效力高于地方性法规和规章。上位法优于下位法的原则，只是在级别不同的法律规范对同一问题的规定有冲突时才适用。如果下位法与上位法不相冲突，是为了贯彻执行上位法而就同一个问题或是就上位法尚未涉及的领域作出的更具体、更详细的规定时，则应同时适用上位法和下位法。

应注意的是，为了克服地方保护主义和部门保护主义的弊端，促进社会主义市场经济的发展，《合同法解释 (一)》第 4 条规定："合同法实施以后，人民法院确认合同无效，应当以全国人大及其常委会制定的法律和国务院制定的行政法规为依据，不得以地方性法规、行政规章为依据"。

(二) 特别法优于普通法原则

根据民法适用范围的不同，民法可分为民事普通法与民事特别法。详言之，以适用的地域划分，适用于本国一切地域的法律为普通法，适用于特定地域的法律为特别法；以适用的对象划分，适用于一切民事主体的规定为普通法，适用于特殊主体的规定为特别法；以适用的事项为标准，关于一般民事法律关系的规定为普通法，关于特别民事法律关系的规定则为特别法。当然，普通法与特别法的划分是相对的，如公司法是民法的特别法，但其相对于保险法关于保险公司之规定，公司法则属于普通法。在民法适用上，以特别法优于普通法为原则，即对于某一事项有特别法时应适用特别法；反之，则适用普通法。

特别法优于普通法原则，只是在特别法所规定的法律效果排斥普通法规定的法律效果时才产生。若两者所规定的法律效果并不排斥，如普通法只有原则性规定，而特别法又有具体规定时，则两者同时适用。该原则适用的前提条件是，特别法和普通法应属同一效力层次的法律，或是同一立法机关制定或授权其他立法机关制定的法律。否则，应适用上位法优于下位法原则。

(三) 新法优于旧法原则

新法优于旧法原则，是指对于同一事项，先后有两部以上的法律予以调整时，原则上应适用后颁布的法律。新法优于旧法原则是对于同一级的法律规范而言的，如果是不同级别的法律规范发生冲突，则适用上位法优于下位法原则，而不适用新法优于旧法原则。

我国《立法法》第83条规定："同一机关制定的法律、行政法规、地方性法规、自治条例和单行条例、规章，……新的规定与旧的规定不一致的，适用新的规定。"新法优于旧法有两种情形：①如果新法颁布后，旧法已被废止，则自然应当适用新法；②新法颁布后，旧法未被废止，则旧法继续有效。如果两部法所涉及的内容相同或相似，则应适用新法。

（四）强行法优于任意法原则

法律规范根据其强制性的强弱不同，可分为强行法与任意法。强行法是指排除当事人的意思自由而必须加以适用的法律规范。例如，我国《民法通则》中关于民事能力、诉讼时效的规定即是强行法，民事主体不得排除其适用；基于物权法定的原则，关于物权类型、内容及变动的规定，当事人不得创设或变更。任意法是指在法律许可的范围内可由当事人自由选择的法律规范。依合同自由原则，合同规范则多为任意法规范。在民法适用上，以强行法优于任意法为原则，凡对该事项有强行法规定的，应适用强行法。例如，我国《劳动合同法》第3条规定，订立劳动合同，应当合法、公平遵循平等自愿、协商一致、诚实信用的原则。但同时，该法第20条规定了试用期的最低工资标准。前者为任意性规范，后者为强行性规范，按强行法优于任意法，用人单位不得利用合同自由与劳动者订立低于当地最低工资标准的劳动合同。

（五）例外性规定排除一般性规定原则

无论是普通法还是特别法，往往既有一般性规定，又有例外性规定。例外规定在立法中多体现为"但书"规定。如《民法通则》第11条第1款规定，18周岁以上的公民具有完全民事行为能力，为原则规定。但该条第2款规定，16周岁以上不满18周岁的公民，以自己劳动收入为主要生活来源的，视为完全民事行为能力人，则为例外规定。在民法适用上，例外规定应优于一般规定，即民法有例外规定的情形，应适用例外规定。

（六）成文法优于不成文法原则

成文法是指由国家机关制定和公布，以成文的形式出现的法律，故又称之为制定法。不成文法是指由国家认可其具有法律效力的非成文的行为规范。一般而言，不成文法只有补充成文法的效力。在成文法与不成文法相冲突时，适用成文法；在成文法与不成文法对同一行为均有规范时，应适用成文法；在成文法未有规定，或者规定不明确时，才适用不成文法。

第二节 民法的适用方法

在具体审判实践中，民事纠纷要得到正确处理，需具备两个条件：①案件事实准确、清楚；②要正确适用法律规范。民事案件的处理过程是一个先认定案件法律事实，再适用民事规范进行裁判的过程，其结果有三种情形：①法律条文明确具体，完全可以直接适用；②法律虽有规定，但不够明确具体，需借助民法解释加以明确；③根本无可适用的法律规范，需法官进行漏洞补充。在第一种情况下，法官可以直接适用法律。其法律适用的过程就是直接以法律的规定作大前提、案件的确定事实为小前提、最后得出判决。但在第二种和第三种情况下，需通过解释和补充加以适用。

一、民法的直接适用

法的适用离不开逻辑推理，"以事实为依据，以法律为准绳"，正是将待决案件事实置于法律规范构成要件之下以获得特定判决的一种逻辑思维过程，此为典型的三段论演绎推理。民法直接适用的一般程序是：先认定案件法律事实，然后寻找适用的法律，最后以被选择适用的民法规范为大前提，以认定的案件法律事实为小前提进行逻辑推理，作出裁判。

（一）认定案件事实

案件事实是适用法律的事实依据，法条适用于具体案件时，实际的案件事实已成为过去。因此，法律适用阶段出现的事实，是以法律适用为目的，依司法程序陈述出来并予以整理的案件事实，是对实际发生的案件事实的反映。[1] 在民事诉讼中，认定案件事实是对当事人争议事项的真伪加以判断，并对认定的真实事项给予法律评价，进行定性，为案件的法律适用做好寻法的准备。

1. 判断争议事项的真伪。判断事项真伪是原、被告双方当事人就所陈述的诸事项是否真实可靠加以审查和评判的过程。真实性是法律评价的基础。一个扭曲的裁判，往往是建立在事实不清基础上的。因此，判断争议事项的真伪是案件审理的基础。

判断者如何确定实际发生的事件，非常复杂，这涉及到民事诉讼的程序和证据问题。有关法律建立了一系列诉讼规则和方法，作为法官认定事实所必须遵守的形式规则，以保障被确定的案件事实与实际发生的事实尽量一致。对法官而言，这就存在一个查明事实的问题。法官确定的案件事实是依司法规则推断产生

---

〔1〕〔德〕拉伦茨：《法学方法论》，陈爱娥译，台湾五南图书出版公司1996年版，第181页。

的，是一种司法拟制的产物。法律适用的合理与否，依赖拟制事实与实际事实的相符程度。在实务中，或事过境迁难以取得证据，或出现证据矛盾，或当事人拒绝陈述甚至为不实陈述等，而致难以发现真相。[1]

民事诉讼实行"谁主张、谁举证"的原则，举证责任由主张事项存在的一方当事人承担。但是，这并不意味着法官对判断争议事项没有责任。当事人提出的证明材料是否真实可靠、合法有效，需由法官进行核实；其证明材料能否证明所主张事项，也需要法官从逻辑上加以判断。有时对事关案件判决的重要事项，如仅依当事人的陈述和证明材料不能判断真伪的，法官有必要通过调查研究查明真伪。

2. 案件事实的法律评价和定性。法律评价是在判断案件争议事项真伪的基础上，对已作认定的真实事项的法律意义所作的评价。如果说判断真伪在于查清事实，那么法律评价则在于明确案件事实的法律性质。查明的真实事项，是否具有法律意义，是否能作为法律适用的法律事实，以及能作为何种法律事实适用法律等等，则是法律评价所要完成的任务。

法律评价的目的在于剔除案件事实中不具有法律意义的成分，认定其中能引起一定民事法律效果的法律事实。对民事案件事实进行法律评价，应以民法规范及民法原理为标准，与民法规范规定的法律要件进行比较，其内容主要包括：①评价案件事实是否具有民事法律意义。如对一个请求适用定金罚则的合同纠纷案，被告方是否有违约行为、合同是否有违约定金的约定以及是否交付了定金等案件事实具有民事法律意义，而违约是否造成了原告的损失等案件事实则无民事法律意义。②评价案件事实的法律特征，并根据其法律特征加以概括，使之类型化，与民法规范中的事实构成要件对比，按图索骥，寻找案件适用的法律。[2]

（二）寻找案件适用的法律规范

民法规范，是指民法针对某一具体民事问题而制定的行为规则。当民事主体之间发生纠纷时，民法规范同时又是法官解决当事人纠纷的裁判规则。民法规范视其解决的民事问题的繁简程度，在制定法上或者表现为一项法律规定，或者表现为相关联的数项法律规定。

寻找法律是一个以案件法律事实为基础，寻找法律条文，反复比较、尝试的过程。其大体可分为三个环节：①预测，即根据案件法律事实预测本案适用的法律；②法条整合，即将不完整的、不规则的法条整合为完整的、规则的法律规定，以清楚表述法律规定的主项和谓项，形成完整的逻辑判断；③逻辑涵摄，即

---

〔1〕 龙卫球：《民法总论》，中国法制出版社 2002 年版，第 81 页。

〔2〕 李建伟：《民法 61 讲》，人民法院出版社 2008 年版，第 5 页。

用已整合的法律规定的主项——法律要件，与案件法律事实进行对比，确定案件法律事实能否为法律要件所涵摄。

（三）推论与裁判

在完成前两个步骤的基础上，则进入民法直接适用的最后阶段，即推理与裁判阶段。前两个阶段的目标集中于案件事实和法律规定的要件，分析案件事实能否被某法律要件所涵摄。而进入推论、判断阶段，则须将目标转移到法律效果上，使被选择适用的法律规定的法律效果归属于系争案件，得出具体的法律后果。

二、民法的解释与适用

如果法律虽有规定，但其过于抽象，还需借助法律解释，在明确其内涵和外延后方可适用。民法的解释就显得十分重要，其解释的方法主要有如下几种：

（一）文义解释

文义解释，又称语义解释，是指按照法律条文用语的文义及通常使用方式，以阐述法律的意义内容。法律以法条形式出现，法条由文字词句所构成。解释法律必须先从文义解释入手，确定其所用词句的意义。例如，我国《继承法》第2条规定："继承从被继承人死亡时开始。"但法律对"死亡"一词的外延未作明确界定。《继承法意见》第1条规定"继承从被继承人生理死亡或宣告死亡时开始"，这显然是通过司法解释的方式将"死亡"解释为"生理死亡或宣告死亡"，此为文义解释。文义解释要尊重法律条文，以维护法律的尊严及其安全性价值。

（二）体系解释

体系解释，是指将需要的法律条文与其他法律条文联系起来，从该法律条文与其他法律条文的关系、该法律条文在所属法律文件中的位置、有关法律规范与法律制度的联系等方面入手，系统全面地分析该法律条文的含义和内容。法律条文并非孤立的。有疑义的法律条文，可从其法律体系上的位置及与前后条文的关联，阐明其意旨。如我国《民法通则》第122条关于产品侵权责任的规定，属过失责任抑或无过失责任，仅依文义解释，难以判断，但采体系解释方法，考虑立法者在规定过失责任的一般侵权行为的第106条第2款之外，对产品侵权责任设特别规定，及该条前后均为无过失责任的特殊侵权责任，因此断定该条应为无过失责任。由于体系解释主要是依据法律体系的逻辑关系，但立法者在制定法律时对法律结构体系的安排并不总是符合严密的逻辑，因而该解释方法有其局限性。在为体系解释时，应同时参酌其他解释方法如法意解释、目的解释得出解释结论。[1]

（三）法意解释

法意解释，又称历史解释，是指探求立法者或准立法者在制定法律时所作的价值判断及其所欲实现的目的，以推知立法者的意思。因此也称立法解释或沿革解释。法律草案、立法理由书等是法意解释的主要依据。如我国《铁路法》第13条所谓"提供饮水"，依文义解释既可解释为"有偿提供"，亦可解释为"无偿提供"。而采法意解释方法，依《铁路法》起草、审议、通过的整个立法过程的有关资料，即可判断法律条文中所谓的"提供饮水"应为"无偿提供"饮水。

（四）扩张解释

扩张解释，是指法律条文的文义失之过窄，不足以表示立法真意，于是扩张法律条文的文义，以求正确阐释法律意义内容的一种解释方法。扩张解释虽扩张文义范围但仍在条文可能文义的范围之内，其重点在于将法律条文与立法真意相比较。文义失之过狭，无法表明立法真意，故对法律条文的涵义加以扩张，以明立法者之真意。例如，我国《民法通则》第63条规定："公民、法人可以通过代理人实施民事法律行为。"显然，该条文的文义过窄，应扩张为"公民、法人或其他组织可以通过代理人实施民事法律行为"。

（五）限缩解释

限缩解释，又称缩小解释，是指法律条文的文义失之过宽，不符合立法真意，乃限缩法律条文的文义，以正确阐释法律意义的解释方法。例如《民法通则》第16条规定，未成年人的父母已经死亡或者没有监护能力的，由下列人员中有监护能力的人担任监护人：……兄姐，此处的"兄姐"显然过于宽泛，应当缩小解释为"成年兄姐"。

（六）当然解释

当然解释，是指法律虽无明文规定，但依规范目的衡量，其事实较法律规定的情形更有适用的理由，而迳行适用该法律规定的一种解释方法。当然解释之法理依据是所谓的"举重以明轻，举轻以明重"。如公民下落不明，符合宣告死亡的条件，但利害关系人只申请宣告失踪，可否宣告失踪？法律对宣告死亡的条件要求更为严格，利害关系人对较为严格的宣告死亡都有权提出申请，更何况宣告失踪？故最高人民法院《关于贯彻执行〈中华人民共和国民法通则〉若干问题的意见（试行）》（以下简称《民通意见》）第29规定："宣告失踪不是宣告死亡的必须程序。公民下落不明，符合宣告死亡的条件，……但利害关系人只申请

---

〔1〕　梁慧星：《民法总论》（第三版），法律出版社2007年版，第284页。

宣告失踪的，应当宣告失踪的。"此即为当然解释。

（七）目的解释

目的解释，是指以法律规范的目的为根据，阐释法律疑义的一种解释方法。无论采用何种解释方法，都须考虑立法目的，否则将无法实现立法者的立法目的。如《民法通则》第58条规定，限制民事行为能力人依法不能独立实施的民事行为无效。那么，如果限制民事行为能力人以欺骗手段使对方相信自己为完全民事行为能力人，而后再主动宣称自己为限制民事行为能力人而主张民事行为无效。这是否合理？该条的目的在于保护限制民事行为能力人的合法权益，如限制民事行为能力人竟然会采用欺诈手段，则表明其智力不浅，实无保护必要。因此，依目的解释，限制民事行为能力人以欺诈手段实施民事行为，不得主张其无效。

（八）合宪性解释

合宪性解释，是指依宪法及位阶较高的法律规范解释阶位较低的法律规范的法律解释方法。宪法作为国家位阶最高的法律规范，法律不得与宪法相抵触，法规不得与法律抵触。在位阶不同的法律规范之间，可利用位阶较高的法律规范解释阶位较低的法律规范，使上下位阶法律规范价值判断和立法目的保持一致。如用人单位为避免女职工在孕期、产期、哺乳期影响工作而在劳动合同规定："女职员在本单位工作期间不得结婚。"对于该条款之效力，可依据合宪性加以解释。该条款显然是对女职工的歧视性条款，有悖宪法关于男女平等的规定，应解释为无效条款。

（九）比较法解释

比较法解释，是指引用外国立法例及判例学说以阐释本国法律意义内容的一种解释方法。如《民法通则》第148条规定："扶养适用与被扶养人有最密切联系的国家的法律。"那么，该条是否适用于抚养与赡养呢？我国《婚姻法》将扶养、抚养和赡养三者加以区分，但无实质性区别，只是对不同辈分而言。从其他国家的立法来看，这三者并不加以区分，统称为"扶养"。因此，依比较法解释，该条应同样适用于我国法律所称的抚养、赡养关系。最高人民法院在解释该条时认为："父母子女相互之间的扶养、夫妻相互之间的扶养以及其他有扶养关系的人之间的扶养，应当适用与被扶养人有最密切联系国家的法律。"

三、民法漏洞的补充与适用

任何法律，无论其体例如何完备，规定如何周密，难免有所缺漏，而在私法领域，法官又不得借口法无明文规定而拒绝裁判。这样，在审理民事案件时，如发现无可适用的法律规范，便需对法律漏洞加以补充。其方法大致有三：①依习惯补充；②依法理补充；③依判例补充。

（一）依习惯补充

习惯在个人和社会生活中的作用甚大，按照习惯行事会带来一定程度的确定性、连续性和安全感，因此，民法往往规定习惯对法律的补充作用。例如，我国台湾地区"民法"第1条规定："民事，法律所未规定者依习惯；无习惯者，依法理。"《瑞士民法典》第1条规定："本法未规定者，审判官依习惯法；无习惯法者，依自居于立法者地位时，所应行制定之法规，裁判之。"我国《民法通则》中未明确规定习惯对法律的补充适用，但其第7条关于"民事活动应当尊重社会公德，不得损害社会公共利益"之规定，可认为已认可了公序良俗对法律的补充适用。

（二）依判例补充

在英美法系国家，判例法为民法的主要法源。在大陆法系国家，民法典和其他成文法为其主要法源，原则上法院在审理案件时不受既往判例约束。但实际上，法院一旦对某类案件作出判决以后，再遇到同类案件，如果无特别反对的理由，一般会作同样的判决，以补充法源。在我国司法实践中，最高法院针对个别案件所作的批复、解答或判决，对法院审理案件有事实上的影响力。法院在无明确法律可适用时，判例便成为重要的补充法源。

（三）依法理补充

所谓法理，指法律之原理，即由法律的根本精神演绎而获得的法律一般原则。但应注意的是，在实务操作中，须将法理具体化，从法理中获得具体的规范才能作为裁判依据。这须依赖学说和法官的努力，如法官在处理民事纠纷中遇到现行实在法毫无依据之情形，根本不知援用学说探知法理，仅凭一己之见，肆意判决，或虽援用学说，但在学说见解不一致时没有能力分辨选用，都会影响判决的妥当性。[1] 我国台湾地区"民法"第1条、《瑞士民法典》第1条第2项、《意大利民法典》第3条第2项等均承认法理为法律的补充法源。

第三节　涉外民事法律关系的法律适用

一、涉外民事法律关系的法律适用概述

（一）涉外民事法律关系的法律适用的概念

涉外民事法律关系，是指民事法律关系的主体、客体或引起民事法律关系发生、变更、消灭的法律事实诸因素至少有一个要素涉及外国的一种民事法律

---

〔1〕 杨仁寿：《法学方法论》，中国政法大学出版社1999年版，第143页。

关系。

涉外民事法律关系的法律适用，是指确定涉外民事法律关系应当以何国法律为依据来调整当事人之间的民事权利义务。涉外民事法律关系的法律适用有广义、狭义之分。广义说既包括当事人之间确定民事权利义务应当以何国法律为依据，又包括法院或仲裁机构处理涉外民事法律关系应当以何国法律为依据；狭义说仅指后者。这里仅以狭义说进行诠释。

因涉外民事法律关系涉及两个或两个以上国家的法律，这些国家的法律规定往往因政治制度、经济制度、文化传统、风俗习惯等存在较大差异而不同，同时各国法律又都有域内效力和域外效力之分，因而就产生了法律冲突。涉外民事法律关系的法律适用，就是从这些相互冲突的国家的法律中选择某一国家的法律来调整某种涉外民事法律关系，从而解决法律纠纷。因此，涉外民事法律关系法律适用的规定，又可称为冲突规范。我国《民法通则》第八章专门规定了涉外民事法律关系的法律适用。

（二）涉外民事法律关系法律适用的基本原则

1. 尊重国家主权的原则。国家主权独立，彼此应相互尊重，这是国际法和国际私法的基本原则。根据该原则，国家之间应相互尊重对方国家的立法及司法管辖权。因此，外国人必须服从所在地国家的法律，其合法权益也受所在地国家的法律保护。如我国《宪法》第32条规定："中华人民共和国保护在中国境内的外国人的合法权利和利益，在中国境内的外国人必须遵守中华人民共和国的法律。"在法律适用上，一方面要积极主张适用本国法，另一方面又要在适当的情况下承认和适用有关的外国法，但是适用外国法不得违背本国的公共秩序。

当事人在参与涉外民事活动中既应维护本国主权，又要尊重他国主权。《民法通则》第143条规定，我国公民定居国外的，他的民事行为能力可以适用定居国法律。这表明我国在自然人民事行为能力的法律适用上，采取适用当事人本国法与住所地法结合的原则，体现了我国尊重别国主权的立场。

2. 信守国际条约和尊重国际惯例的原则。在国际民事交往中，凡是当事人所属国之间有共同参加或缔结的国际条约，当事人的所属国都必须遵守，当事人也必须服从。条约优于国内法，也是国际法的基本原则之一，凡是国际条约与国内法有不同规定的，应优先适用国际条约。

《民法通则》第142条第2、3款规定："中华人民共和国缔结或者参加的国际条约同中华人民共和国的民事法律有不同规定的，适用国际条约的规定，但中华人民共和国声明保留的条款除外"；"中华人民共和国法律和中华人民共和国缔结或者参加的国际条约没有规定的，可以适用国际惯例"。这表明我国在处理涉外民事法律关系时采取信守国际条约和尊重国际惯例的原则。

3. 平等互利原则。平等互利原则包括平等和互利两个内容。平等是指国家不分大小、强弱、人口多寡及政治制度如何，都具有同等的法律地位。互利是指各国在相互关系中，不得以损害对方利益来满足自己要求。国际私法中的平等互利原则有两层含义：①在对国际民事法律关系进行立法管辖和司法管辖时要尊重国家主权，奉行平等互利原则；②在调整国际民事法律关系时，对不同国家的当事人要奉行平等互利原则，尊重和保护各方当事人的利益。具体体现为我国《民法通则》第145条规定："涉外合同的当事人可以选择处理合同争议所适用的法律，法律另有规定的除外。涉外合同的当事人没有选择的，适用与合同有最密切联系的国家的法律。"

4. 公共秩序保留原则。公共秩序保留是指一国法院依据冲突规范本应适用外国法时，因其适用会与法院地国的重大利益、基本政策、道德观念或法律原则相抵触而排除其适用的一种保留制度。公共秩序保留作为排除外国法适用的一种手段或制度，在1804年的《法国民法典》中首次以立法形式加以确立。公共秩序保留原则已成为国际私法中一个公认的原则。

我国《民法通则》第150条规定："依照本章规定适用外国法律或者国际惯例的，不得违背中华人民共和国的公共利益。"《中华人民共和国民事诉讼法》（以下简称《民事诉讼法》）第266条也规定："人民法院对申请或者请求承认和执行的外国法院作出的发生法律效力的判决、裁定，依照中华人民共和国缔结或者参加的国际条约，或者按照互惠原则进行审查后，认为不违反中华人民共和国法律的基本原则或者国家主权、安全、社会公共利益的，裁定承认其效力，需要执行的，发出执行令，依照本法的有关规定执行。违反中华人民共和国法律的基本原则或者国家主权、安全、社会公共利益的，不予承认和执行。"我国在与许多国家签订的司法协助协定中，均订有公共秩序保留的条款。

二、几种涉外民事法律关系的法律适用

（一）民事权利能力和行为能力的法律适用

1. 自然人民事能力的法律适用。现代各国都承认自然人的权利能力"始于出生、终于死亡"。由于各国在自然人出生与死亡的认定上不一致，因而产生了自然人权利能力的法律冲突，依各国不同的认定，同一自然人可能在一国被认定为有权利能力而在另一国被认定为没有权利能力。对于自然人权利能力的法律适用，通说依当事人的属人法。[1]

自然人行为能力的法律适用。各国法律对于自然人属何种行为能力人的认定

---

〔1〕　此外还有两种观点：①认为应适用各该法律关系的准据法所属国法律；②认为应适用法院地法。

标准不一，因而产生了自然人行为能力的法律冲突。在国际私法中，一般认为自然人的行为能力依其属人法。但大陆法系与英美法系对于属人法的理解不同，大陆法系多主张以其本国法为属人法，而英美法系则指当事人的住所地法。

但要注意的是，当事人如依其属人法为无行为能力，但依行为地法为有行为能力，应认定为有行为能力。如果当事人依其属人法为有行为能力，而依行为地法为无行为能力时，仍应依其属人法认定为有行为能力。我国《民法通则》第143条规定："中华人民共和国公民定居国外的，他的民事行为能力可以适用定居国法律。"《民通意见》第179~181条规定，定居国外的我国公民的民事行为能力，如其行为是在我国境内所为，适用我国法律；在定居国所为，可以适用其定居国法律；外国人在我国领域内进行民事活动，如依其本国法律为无民事行为能力，而依我国法律为有民事行为能力，应当认定为有民事行为能力；无国籍人的民事行为能力，一般适用其定居国法律，如未定居的，适用其住所地国法律。

2. 法人民事能力的法律适用。法人的权利能力与行为能力一致。法人民事能力的法律适用通常以属人法解决。《民通意见》第184条规定："外国法人以其注册登记地国家的法律为其本国法，法人的民事行为能力依其本国法确定。"最高人民法院在《全国沿海地区涉外、涉港澳经济审判工作座谈会纪要》中指出："对于外国或者港澳地区的公司、企业或其他经济组织是否具有法人资格，是承担有限责任还是无限责任的问题，应当根据该公司、企业或者其他经济组织成立地的法律确定。它们在中国境内进行经营活动的能力，还应当根据中国的法律予以确定，外国或港澳地区的公司、企业、其他经济组织或者个人之间在中国境外设立代理关系的，代理合同是否成立及其效力如何，应依代理人住所地或其营业所所在地的法律确定。"

（二）物权的法律适用

物权的法律适用遵循物之所在地法原则。物之所在地就是物权关系客体——物所在地的法律，此为解决物权关系法律冲突的一项基本原则。我国《民法通则》第144条规定："不动产的所有权，适用不动产所在地法律。"我国法律对动产物权法律适用的一般原则及其例外未作详细规定。

物之所在地法原则解决如下问题：动产与不动产的区分；物权客体的范围；物权的种类和内容；物权变动的方式及条件；物权的保护方法。

物之所在地原则适用存在以下例外：①运送中的物品的物权关系一般适用送达地法或发送地法。②船舶物权关系原则上适用旗国法；飞行器物权关系原则上适用注册登记地法。但是，船舶和飞行器的优先权一般适用法院地法；光船租赁时的物权关系适用原注册登记地法律。[1] ③遗产继承的法律适用详见涉外继承关系的法律适用。此外，我国《民通意见》第 188 条规定："我国法院受理的涉外离婚案件，离婚以及因离婚而引起的财产分割，适用我国法律。"即适用法院地法，也属于物之所在地法原则适用的例外。

（三）涉外合同的法律适用

1985 年《涉外经济合同法》对涉外经济合同法律适用问题作了系统规定，1987 年最高人民法院又颁布了该法的司法解释。但 1999 年《合同法》的颁布实施，《涉外经济合同法》及其司法解释便被废止。目前处理涉外合同的法律适用主要规定在《民法通则》第 145 条和《合同法》第 126 条，此外《中外合资经营企业法》、《海商法》等法规中也有零散规定。

涉外合同的当事人可以选择合同适用的法律，这是意思自治原则在涉外合同的法律适用上的体现。《民法通则》第 145 条第 1 款规定："涉外合同的当事人可以选择处理合同争议所适用的法律，法律另有规定的除外。"应当注意的是：①当事人选择法律的方式必须是明示的；②当事人选择法律的时间较为灵活，在不影响合同有效性和第三人利益的前提下，可以在审理案件的任何时候作出选择；③选择的法律不要求与合同有实际联系，但必须是一国实体法，不包括冲突规范；④选择的法律应是双方协商一致的结果，且只能选择任意法，不得规避强行法；⑤我国境内的中外合资经营企业合同、中外合作经营企业合同、中外合作勘探开发自然资源合同必须适用中国法。

在当事人未选择法律时，适用与当事人有最密切联系的国家法律。根据"条约必须信守"原则，在中国缔结或参加的与合同有关的国际条约同中国法律有不同规定时，应当适用国际条约的规定，但中国声明保留的条款除外。若我国法律无相关规定，则可适用国际惯例。

（四）涉外侵权行为的法律适用

1. 侵权行为地法原则。《民法通则》第 146 条规定："侵权行为的损害赔偿，适用侵权行为地法。"《海商法》第 273 条第 1 款规定："船舶碰撞的损害赔偿，适用侵权行为地法律。"《民用航空法》第 189 条第 1 款规定："民用航空器对地

---

〔1〕 我国《海商法》对船舶物权的法律适用规定如下："船舶所有权的取得、转让和消灭，适用船旗国法律"（第 270 条）；"船舶抵押权适用船旗国法律"。但该条同时规定，"船舶在光船租赁以前或者光船租赁期间，设立船舶抵押权的，适用原船舶登记国的法律"（第 271 条）；"船舶优先权，适用受理案件的法院所在地法律"（第 272 条）。我国《民用航空法》对民用航空器物权的法律适用规定如下："民用航空器所有权的取得、转让和消灭，适用民用航空器国籍登记国法律"（第 185 条）；"民用航空器抵押权适用民用航空器国籍登记国法律"（第 186 条）；"民用航空器优先权适用受理案件的法院所在地法律"（第 187 条）。

面第三人的损害赔偿，适用侵权行为地法律。"《民通意见》第 187 条规定："侵权行为地的法律包括侵权行为实施地法律和侵权结果发生地法律。如果两者不一致时，人民法院可以选择适用。"这表明，侵权行为实施地和侵权行为结果发生地均为侵权行为地，二者发生在同一国家（地区）时，应适用该国（地区）法律；二者发生在不同国家（地区）时，人民法院有权选择适用侵权行为实施地或者侵权行为结果发生地法律作为准据法。

2. 当事人共同属人法原则。《民法通则》第 146 条规定："侵权行为的损害赔偿，适用侵权行为地法律。当事人双方国籍相同或者在同一国家有住所的，也可以适用当事人本国法律或者住所地法律。"

3. 双重可诉原则。《民法通则》第 146 条第 2 款规定："中华人民共和国法律不认为在中华人民共和国领域外发生的行为是侵权行为的，不作为侵权行为处理。"即对在中国领域外发生的侵权行为采"双重可诉原则"。

4. 法院地法原则。《海商法》第 273 条第 2 款规定："船舶在公海上发生碰撞的损害赔偿，适用受理案件的法院所在地法律。"第 275 条规定："海事赔偿责任的限制，适用受理案件的法院所在地法律。"《民用航空法》第 189 条第 2 款也规定："民用航空器在公海上空对水面第三人的损害赔偿，适用受理案件的法院所在地法律。"

5. 船旗国法原则。《海商法》第 273 条第 3 款规定："同一国籍的船舶，不论碰撞发生于何地，船舶碰撞之间的损害赔偿适用船旗国法律。"这一规定确立了独立的船旗国法原则，此为国际上的通行做法。

（五）涉外婚姻关系的法律适用

1. 涉外结婚的法律适用。我国《民法通则》第 147 条规定："中华人民共和国公民和外国人结婚适用婚姻缔结地法律。"由此可见，我国对于不同国籍的当事人之间的结婚问题，采用行为地法原则。不论是结婚的实质抑或形式要件，均以婚姻缔结地所在国家（地区）的法律作为准据法。具体而言，中国公民同外国人（包括无国籍人）在我国境内结婚的，适用我国法律；在我国境外结婚的，适用当地国家（地区）法律，当地国家（地区）确认有效，我国法律亦认其为有效。当然这种承认以不违背我国《婚姻法》基本原则（如禁止重婚）为前提。结婚的其他条件，如婚龄、是否需采取一定的仪式，只要符合当地法律即可。

2. 涉外离婚的法律适用。涉外离婚的法律适用，主要采取以下四种做法：①当事人的本国法，在夫妻双方的本国法不同时，或适用一方的本国法，或适用双方共同的住所地法，或适用双方各自的本国法；②当事人住所地法；③法院地法；④同时适用当事人本国法和法院地法。

按照我国《民法通则》第 147 条"离婚适用受理案件的法院所在地法律"

的规定，如果由我国法院受理的涉外离婚诉讼，适用我国《婚姻法》和其他有关的政策规定。如该案件由外国法院管辖的，应适用外国法院所在地的法律，但不得违反我国《婚姻法》的基本原则。《民通意见》第 188 条规定："我国法院受理的涉外离婚案件，离婚以及因离婚而引起的财产分割，适用我国法律。认定其婚姻是否有效，适用婚姻缔结地法律。"

（六）涉外扶养关系的法律适用

涉外扶养关系的法律适用主要有以下几种立法例：①适用本国法，主要适用被扶养人的本国法；②适用住所地法，主要是扶养人与被扶养人的共同住所地法，如双方住所不一致的，则适用其权利义务与之有最密切联系的住所地法；③综合运用本国法、住所地法或法院地法，以最有利于被扶养人者为准。

我国《民法通则》第 148 条规定："扶养适用与被扶养人有最密切联系的国家的法律。"《民通意见》第 189 条规定："父母子女相互之间的扶养、夫妻相互之间的扶养以及其他有扶养关系的人之间的扶养，应当适用与被扶养人有最密切联系国家的法律。扶养人和被扶养人的国籍、住所以及供养被扶养人的财产所在地，均可视为与被扶养人有最密切的关系。"根据上述规定，我国关于涉外扶养关系的法律适用的基本做法是：①采与被扶养人有最密切联系的国家的法律，以保护被扶养人的权益；②与被扶养人有最密切联系国家的法律，通常是扶养人和被扶养人的本国法、住所地法以及供养被扶养人的财产所在地法；③对扶养应采扩张解释，包括抚养（长辈对晚辈的抚养教育）、赡养（晚辈对长辈的供养）和扶养（平辈之间的相互教育和帮助）。

（七）涉外继承关系的法律适用

涉外继承关系的法律适用主要有同一制和区别制两类。同一制又称单一制，指在确定涉外继承的准据法时，把遗产看作一个整体，不区分动产和不动产，受同一准据法支配。区别制又称分割制，指在确定涉外继承的准据法时，将遗产区分为动产和不动产，分别受不同的准据法支配。我国《继承法》第 36 条规定："中国公民继承在中华人民共和国境外的遗产或者继承在中华人民共和国境内的外国人的遗产，动产适用被继承人住所地法律，不动产适用不动产所在地法律。外国人继承在中华人民共和国境内的遗产，或者继承在中华人民共和国境外的中国公民的遗产，动产适用被继承人住所地法律，不动产适用不动产所在地法律。"《民法通则》第 149 规定："遗产的法定继承，动产适用被继承人死亡时住所地法律，不动产适用不动产所在地法律。"可见，我国涉外继承的准据法的确定，采用区别制，不动产继承适用不动产所在地法，动产继承适用被继承人死亡时的住所地法，并遵守国际条约原则。此外，根据《民通意见》第 191 条规定："在我国境内死亡的外国人，遗留在我国境内的财产如果无人继承又无人受遗赠的，依照我国法律处理，两国缔结或者参加的国际条约另有规定的除外。"我国在无人继承财产的准据法确定上采用同一制，并以遗产所在地法作为无人继承财产的准据法，但如我国缔结或参加的国际条约中有不同规定者，条约优先。

（八）涉外监护关系的法律适用

各国关于涉外监护关系的准据法，主要有以下各种不同的规定：

1. 依被监护人的属人法。为了保护被监护人的利益，目前绝大多数国家以被监护人的属人法为涉外监护关系的准据法。如《民通意见》第 190 条规定："监护的设立、变更和终止，适用被监护人的本国法律。但是，被监护人在我国境内有住所的，适用我国的法律。"

2. 依监护人的属人法。在涉及监护的接受和监护人的权限范围问题上，一些国家规定适用监护人本国法。如 1964 年《捷克斯洛伐克国际私法及国际民事诉讼法》第 29 条规定："对未成年人监护的接受及实行监护之义务，依监护人本国法。"

3. 法院地法。英国等少数国家在监护问题上适用法院地法。它首先确定管辖权问题，如果英国法院有管辖权，则依据英国法律决定监护问题。在英国，对于未成年的英国公民或者在英国有惯常居所的未成年人，法院有管辖权。

（九）票据关系的法律适用

1. 票据当事人行为能力的法律适用。对于票据当事人行为能力的法律适用，国际上一般适用当事人的属人法。我国《票据法》第 96 条规定："票据债务人的民事行为能力，适用其本国法律。票据债务人的民事行为能力，依照其本国法律为无民事行为能力或者为限制民事行为能力而依照行为地法律为完全民事行为能力的，适用行为地法律。"即票据当事人行为能力的法律适用以当事人的本国法为主，兼采行为地法。

2. 票据行为方式的法律适用。我国《票据法》第 97 条规定："汇票、本票出票时的记载事项，适用出票地法律。支票出票时的记载事项，适用出票地法律，经当事人协议，也可以适用付款地法律。"第 98 条规定："票据的背书、承兑、付款和保证行为，适用行为地法律。"

3. 票据追索权行使期限的法律适用。追索权是指票据不获承兑或不获付款时，持票人对其前手请求偿还的权利。我国《票据法》第 99 条规定："票据追索权的行使期限，适用出票地法律。"

4. 持票人责任的法律适用。我国《票据法》第 100 条规定："票据的提示期限、有关拒绝证明的方式、出具拒绝证明的期限，适用付款地法律。"

5. 票据丧失时权利保全程序的法律适用。有关票据法律冲突的《日内瓦公约》主张适用付款地法。我国《票据法》第 101 条也规定："票据丧失时，失票人请求保全票据权利的程序，适用付款地法律。"

（十）时效的法律适用

在大陆法系国家，一般认为时效问题是实体问题，应确定时效问题适用其所属民商事法律关系的准据法。《民通意见》第 195 条规定："涉外民事法律关系的诉讼时效，依冲突规范确定的民事法律关系的准据法确定。"即采用了大陆法系的通常做法。

英美法系国家，大多数时效规定为程序法规，根据程序问题依法院地法原则，时效问题受法院地法支配。但这容易助长当事人"挑选法院"的做法，向时效期限较长的国家起诉。因此，英美法系国家目前在沿袭传统做法的同时设置了一些例外，如美国法院认为，侵权本身的准据法如规定有"特别的"时效期限，法院可将这种"特别的"时效作为实体法处理。

【思考与练习】

◎问答题

1. 民法的正确适用涉及哪些法律问题？

2. 如何正确适用民法的各项效力问题？

3. 如何正确适用民法的解释方法？

4. 民法适用的原则有哪些？

5. 如何把握涉外民事法律关系适用的基本原则？

◎选择题

1. 中国人高某想要得到其具有美国国籍的儿子的赡养，要求人民法院给予支持。下列选项中哪些是正确的？（　　　　）

　　A. 我国没有关于涉外赡养的法律适用规范，故应驳回高某的起诉

　　B. 我国没有关于赡养的法律适用规范，因此该案应适用美国法律

　　C. 该案适用《民法通则》的规定来确定准据法

　　D. 该案适用高某儿子的本国法，即美国法

2. 我国《民法通则》规定，"民法所称的'以上'、'以下'、'以内'、'届满'包括本数;所称的'不满'、'以外'，不包括本数。"这项规定属于（　　　　）。

　　A. 立法解释　　　B. 司法解释　　　C. 正式解释　　　D. 字面解释

3. 民法在空间上的效力是指民法在我国的（　　　　）的效力。

　　A. 领土　　　　　　　　　　B. 领海

　　C. 领空　　　　　　　　　　D. 特别行政区

4. 中国公民梁某乘国航赴美，当飞机在洛杉矶机场上空的时候，因不小心

把美国公民奥新巴装有高级瓷瓶的行李包损坏，为此，奥新巴要求梁某赔偿引发纠纷，处理本案应适用（　　）法律。

    A. 中国法   B. 美国法

    C. 侵权行为地法   D. 法院所在地法

5. 甲公司与乙公司因房地产开发项目发生纠纷诉至法院，甲公司认为乙公司违反所在省地方法规规定应承担违约责任，乙公司认为其项目符合国务院行政法规规定不构成违约，法院审理应适用（　　）。

    A. 某省地方性法规

    B. 国务院行政法规

    C. 地方性法规与行政法规没有冲突同时适用

    D. 地方性法规与行政法规发生冲突，优先适用行政法规

◎案例分析题

1. 中国公民张××原与丈夫蔡××侨居马来西亚，解放初期，张××携子女回中国厦门定居。1958 年，张××用丈夫蔡××寄回的侨汇购买了厦门市住房一套，房主登记为张××。此后，其子女又先后出国或在香港定居。1987 年，张××申请去香港定居获准。因在厦门无亲人，欲在出境前将房屋卖掉。经人介绍，张××在未取得丈夫同意的情况下，与原告于 1989 年 4 月签订了房屋购买合同，将该房以 15 000 元出卖给原告。签约后，张××收取了大部分房款，并将部分房屋交原告居住。同年 10 月，双方前往房管部门办理产权过户手续。因张××未能提供其夫同意出卖的证明，房管部门未给其办理产权过户手续。此后，张××因身体原因未去香港定居，其夫蔡××得知其卖房之事，从国外来信指责，并通过律师到房管部门要求不得办理产权过户手续。在此情况下，张××向原告表示要求取消买卖合同，各自返还已收取的房款和占住的房屋。双方协商不成，原告起诉至法院，要求确认房屋买卖有效。

问：你认为此案应如何处理？

2. 香港商人 A 与香港人 B 于 1985 年 10 月在香港结婚，婚后无子女。A 于 1995 年 3 月到内地深圳创办中外合资经营企业思维电子有限责任公司。1998 年 5 月 A 开始与内地四川籍女子 C 在深圳同居，生有两子一女。2006 年 6 月 1 日 A 和 C 签订赠与协议，A 将其在内地深圳、广州和珠海的三幢别墅、在深圳工商银行的存款若干以及思维电子有限公司的股份无条件赠与给 C，在该协议中未涉及 A 和 C 身份关系的内容。2006 年 11 月 13 日 C 将受赠的别墅和思维电子有限公司的股份转让给其同乡商人 D，均完成了财产变更登记手续。2006 年 11 月 15 日 A 在深圳因病去世。2006 年 12 月 25 日香港人 B 在深圳市中级人民法院对 C 和 D 提起诉讼，主张赠与协议和 C 转让财产的行为无效，要求继承 A 在内地的三幢

别墅、存款和思维电子股份公司的股份。问：

    （1）深圳中级人民法院对该案是否享有管辖权？

    （2）本案涉及到哪些涉外民事法律关系问题？如何解决？

第 三 章

我国民法基本原则

◆ 【案例导入】
法院对本案应按什么原则作出处理?

原告李某家境贫寒,但家中有祖传古画一幅,被告古董商周某得知后,多次找到李某表示愿意以高价购买,但李某没有同意。一次,李某的儿子在出游中遇到交通事故,严重受伤,需要移植肾脏,急需一大笔钱动手术。李某四处筹钱但仍缺大部分,只好找周某商量卖画事宜。周某得知李某的情况后,便大幅度压价,说此画价值已经大大降低,只肯出原价的一半收购。李某无奈,只得同意。事后,李某找到周某,希望周某能再追加一笔钱,但周某称当时李某是自愿出卖,不愿追加。李某于是向人民法院起诉要求追加价款。

☞ 【分析提要】
1. 我国《民法通则》规定了哪些基本原则?如何适用这些原则处理民事纠纷?
2. 根据本案的案情,法院应按民法的什么原则进行处理?

第一节 民法基本原则概述

一、民法基本原则的概念和特征

民法基本原则,是指贯穿于整个民事法律制度和规范的民事活动的根本规则;是指导民事立法、民事司法和进行民事活动的基本行为准则。

民法基本原则是由社会经济生活条件所决定的,它以法律形式表现了社会的经济生活,是对民法主要调整的商品经济关系的本质和规律的集中体现。同时,民法基本原则又集中反映了统治阶级在民事领域所奉行的基本政策和所持的基本态度。所以,民法基本原则是对民法所调整对象的本质和规律的集中反映,是制定、解释、研究民法的共同准则。因而,它不同于民法规范、规则,具有以下三个特征:

1. 非规范性。虽然民法基本原则同民法规范一样,都以法律条文的形式出现在法律文件中,但与民法规范存有很大的差别。民法基本原则可以帮助人们准确理解和适用民法,其本身并非法律规范。民法基本原则虽然对当事人的行为提出了平等、自愿、公平、诚实信用等要求，但这个要求是抽象的，它并未提供具体的、可操作的行为模式。而民法规范则具体规定了民事权利和民事义务以及相应的具体法律后果，所以，民法基本原则不是具体的民法规范，具有非规范性。

2. 不确定性。民法基本原则中的平等、公平、诚实信用等概念涉及哲学、法律、日常用语等多个范畴，其基本内容具有不确定性。其次，民法基本原则的不确定性也是立法者需要设置弹性法律的结果。民法要应对民事活动的复杂性和多变性，制定弹性法律是非常有效的。当然，对弹性法律正确适用取决于它的解释者。但解释也并非无限制，它应在立法者所确定的根本价值的界限内进行，受立法者所确定的基本价值的引导。[1]

3. 强制性。强制性规定是相对于任意性规定而言的，民法规范因其私法的性质存在大量的任意性规范，当事人可以自由选择是否适用或根据其具体情况而作出改变。但是，如果在民事领域完全由当事人私法自治，行为人在行使民事权利的同时可能会影响到他人的权利，不利于社会秩序的稳定，因此，民法中也应当设有强制性规定。民法基本原则就是民法中的强制性规定。民法基本原则不是法律规范，但它是民法最本质的反映，对民事立法、民事司法和民事活动具有指导作用，具有强行性。当事人必须无条件地遵守民法基本原则，不允许当事人约定排除民法基本原则的适用。当事人排除民法基本原则适用的约定不发生法律效力。当事人之间对民法基本原则无约定时，民法的基本原则当然地作为每一个民事法律关系的补充内容，也必须遵守。

根据民法基本原则以上特点，并结合《民法通则》第一章"基本原则"的规定，我国民法的基本原则应包括：①平等原则；②自愿原则；③公平原则；④诚实信用原则；⑤权利不得滥用原则；⑥公序良俗原则。

二、民法基本原则的功能

民法基本原则所发挥的作用是无可替代的，在民事各个领域中都具有重要大作用。具体而言，民法的基本原则具有如下功能：

1. 民事立法的指导准则。民法基本原则贯穿于整个民事立法，对各项民法制度和民法规范起统率和指导作用。立法者在制定民法时，首先考虑的不是具体的民事制度和民法规范，而是民法的基本原则，这是根本性的问题。只有在确定了民法基本原则后，才能根据民法基本原则制定各项民法基本制度和各项具体规范，这样制定出的各项民法的基本制度和各项具体规范才具有一致性、协调性。

2. 民事主体进行各种民事活动的行为准则。民事主体在从事民事活动时，

---

〔1〕　徐国栋：《民法基本原则解释》，中国政法大学出版社1992年版，第26~27页。

不仅应遵循具体的民法规范，还应遵循民法基本原则。尤其在民法规范对某些事项缺乏明确、具体规定时，当事人应当自觉地以民法的基本原则作为自己的行为准则。

3. 解释民事法律的依据。相对于社会的各种具体情况，民事法律作为一种规则，是抽象和概括的。在适用时给具体问题的解决带来困难。所以法律必须由特定的人或组织对其加以解释、说明。在进行解释的过程中，无论是立法机关、审判机关，还是其他个人或组织，都必须以民法的基本原则为出发点。如有两种不同的解释，应采用符合民法基本原则的含义。

4. 具有补充法律的作用。民法基本原则的不确定性为法官在遇到特殊案情时进行审判活动提供了依据。由于民法调整的社会关系具有广泛性、复杂性的特点，立法者不可能对一切民事法律关系都作出明确、具体的规定，当没有具体规定时，法官可以运用民法基本原则进行司法裁判，从这个意义上说，民法基本原则具有弥补法律不足的作用。

5. 研究民法的总指导思想。民法的适用离不开对民法的学习和研究，民法的基本原则具有帮助学习和研究民法的作用。人们在学习民法的过程中，掌握了民法的基本原则，就等于掌握了民法的精神、民法的总指导思想。此外，无论是有权机关对民法的适用还是学理上对民法的解释和研究，都需以民法的基本原则为基础。

三、民法基本原则的形成和发展

1804 年公布并施行的《法国民法典》，为适应自由竞争时期资本主义经济发展的需要，以平等、民主、自由为基础首次创立了民法的三大基本原则：绝对私有权原则，契约自由原则和过失责任原则。这三大民法原则成为以后很多国家制定民法典所遵循的重要准则，并被认为是现代民法基本原则的重要基础。后来，以社会法学为基础的"团体资本主义"民法理论产生了。该理论主张社会利益应高于个人利益，强调个人和社会责任，限制个人权利的绝对化和意志自由。20世纪以来的资产阶级立法受到了"团体主义"的立法思想的影响，在民法中渗透了国家的干预，从而导致19世纪资产阶级民法三原则发生了以下变化。

1. 私人所有权受到了限制。所有权绝对发展到一定阶段，产生了各种社会不利。又因财富过分集中于经济强者手中，若承认其绝对性原则将使经济上弱者蒙受其害。因此在后来的民法中，规定了权利的行使不得以损害他人为目的，且行使所有权时应当顾及公共利益，禁止权利滥用。同时，所有权由绝对自由时期转为相对自由时期。如对土地所有权人的权利范围加以限制，在他人土地的上空、地下，只要不损害土地所有人现有的利益就可为一定行为，所有权不受干预；所有权的行使必须尊重社会公共利益，不得滥用。

2. 有限度地限制契约自由。随着资本主义从自由竞争时期过渡到垄断阶段，社会基本矛盾日益尖锐，社会中贫富差距越来越大。本来契约自由是以具有理性和完全平等的人为对象，但在社会里实际生活的人，存在能力、财富、男女、环境等差别，难免有土地主、工厂者为提高利润，与劳动者缔结对自己有利的劳动契约。这种契约形式上虽然主体平等，但实际上劳动者因受到自由解雇的威胁，不得不缔约，实际上反而形成契约的不自由，容易产生贫富对峙，造成社会的不平等。法律应当是正义的表现，社会中产生了实际的不平等时，国家应进行积极干涉，有限度地限制契约自由，以确保人类实质上的平等。因此，各国在契约自由的基础上，制定了劳动法，消费者保护法等法律来保护经济上的弱势群体。

3. 广泛采取了无过失责任，考虑他人、社会、公共的利益。自19世纪以来，工商业发达、大企业盛兴、危险物增加后，若还坚持过失责任原则，必然引起社会的不公平。企业冒着给多数人造成损害的危险获取巨大的利益，与正义的观念相违背，为使受害人能够得到赔偿，无过失损害赔偿理论兴起，只要有损害则应当由企业承担损害赔偿责任，无论企业是否有过失。

此外，诸如公序良俗、诚实信用、禁止权利滥用等民法原则也得到了确立和发展。

四、我国民事立法确认的基本原则及其关系

在我国现行的民事立法上，承认了平等原则、自愿原则、公平原则、诚实信用原则、公序良俗原则以及权利不得滥用原则。其中平等原则是民法的基础原则，构成私法自治原则的前提。离开了民事主体之间的平等，也就无从谈起民法的其他基本原则。自愿原则是民法最重要、最有代表性的原则，是民法基本理念的体现。民法最重要的使命，就是确认并保证民事主体自由地实现其权利，保障民事主体根据自己的意志进行民事活动。公平原则，意在谋求当事人之间的利益平衡。在民事活动中，允许民事主体自己安排自己的事务，实现意思自治，让人们能自由的生活，但是如果各主体之间利益明显不公平了，失去了平衡，这时候，将通过公平原则予以调整失衡的利益关系，维持各民事主体之间的利益平衡，因此公平原则是对私法自治原则的有益补充。诚实信用原则是将最低限度的道德要求上升为法律要求，在允许民事主体私法自治的基础上，给民事主体提供最低的行为标准，即必须讲诚信，必须以善意的心态从事民事活动。公序良俗原则，包括公共秩序和善良风俗两项内容，是对个人意思自治的范围提出了一个界限，从事民事活动不得违反善良风俗和破坏社会秩序。诚实信用原则和善良风俗原则都是以道德要求为核心。但善良风俗原则并不强制要求民事主体在民事活动中积极地实现特定道德要求，它只是消极地设定了民事主体进行民事活动不得逾越的道德底线。而诚实信用原则则强制要求民事主体在民事活动中积极地实现特

定的道德要求，它设定了民事主体进行民事活动必须满足的道德标准。

第二节   平等原则

一、平等原则的含义

平等原则是指民事主体之间享有独立、平等的人格，在具体的民事法律关系中互不隶属、地位平等，各自能独立地表达自己的意志，其合法权益平等地受到法律的保护。平等原则反映了民事法律的本质特征，是民事法律关系区别于其他法律关系的主要标志。

二、平等原则的发展

平等观念是民法得以产生和发展的思想前提。在古罗马，事实上并不存在广泛的身份平等。在欧洲中世纪，身份平等也只是那些文化超前的自治式社会的存在物。[1] 资产阶级革命从原则上否定了封建奴役和教会奴役，在天赋人权思想的影响下，实现了市民关于身份平等的理想，并在近代民法上确立了人格平等原则。如《瑞士民法典》第 11 条规定："①人都有权利能力；②在法律范围内，人人都有平等的权利能力及义务能力。"

民法作为一种组织社会的工具，是通过对民事主体间冲突的利益关系进行协调来实现自身调控功能的。"而分配利益和负担可以有两种意义上的平等。一种是强式意义上的平等，它要求尽可能地避免对人群加以分类，从而使每一个人都被视为'同样的人'，使每一个参与分配的人都能够在利益或负担方面分得平等的'份额'。另一种是弱式意义的平等，它要求按照一定的标准对人群进行分类，被归入同一类别或范畴的人才应当得到平等的'份额'，因此，弱式意义上的平等既意味着平等对待，也意味着差别对待，不同的情况不同对待。"[2]

近代民法相对比较重视强式意义上的平等。因此平等原则主要体现为民事主体民事权利能力的平等，即民事主体作为民法上的"人"的抽象的人格平等。民法上的"人"包括自然人、法人和其他组织。一切自然人，无论国籍、年龄、性别、职业；一切经济组织，无论中小企业还是大企业，都是民法上的"人"，都具有平等的权利能力。社会经济生活中的劳动者、雇主、消费者、经营者等具体类型，也都在民法上被抽象为"人"，同样具有民法上平等的人格。近代民事立法实现了从身份立法到行为立法的转变，即从按社会成员的不同身份赋予不同权利的立法，转变为不问社会成员的身份如何，对同样行为赋予同样法律效果的

---

[1]   张俊浩主编：《民法学原理》，中国政法大学出版社 1997 年版，第 21 页。
[2]   郑成良：《法律之内的正义》，法律出版社 2002 年版，第 40 页。

立法。近代民法是建立在对当时社会生活所作出的两个基本判断之上的。第一个基本判断是平等性。在当时不发达的市场经济条件下，从事民事活动的主体主要是农民、手工业者、小业主、小作坊主。而所有这些主体，在经济实力上相差无几，一般不具有显著的优越地位。因此，立法者对当时的社会生活作出了民事主体具有平等性的基本判断。第二个基本判断是互换性。所谓互换性，是指民事主体在民事活动中频繁地互换其位置，在此交易中作为出卖人与相对人发生交换关系，在彼交易中则作为买受人与相对人发生交换关系。在这种意义上，民事主体具有平等性。当然，近代民法上的平等原则也有限地包括弱式意义上的平等对待，主要体现为根据自然人的年龄、智力和精神健康状况，区分自然人的行为能力状况，并分别设置相应的法律规则。

与近代民法不同，现代民法上的平等原则在认可强式平等的同时，更加兼顾弱式平等。因为从 19 世纪末开始，人类社会生活发生了巨大的变化。作为近代民法基础的两个基本判断已经丧失，出现了社会群体之间的分化和对立。社会中主要存在两种对立，一是企业主与劳动者的对立；二是生产者与消费者的对立，劳动者和消费者成为社会生活中的弱者。面对企业主与劳动者、生产者与消费者之间的分化和对立，单纯强调抽象的民法上人格的平等，已经无法维持社会的平等。弱式意义上的平等，日渐受到重视。具体表现为在生活消费领域内，将民事主体区分为经营者和消费者；在生产经营领域内，将民事主体区分为雇主和劳动者，分别设置相应的法律规则，侧重对消费者和劳动者利益的保护。

平等原则在我国现行法上的根据，首先是《民法通则》第 3 条规定："当事人在民事活动中的地位平等"。其次是《合同法》第 3 条规定："合同当事人的法律地位平等，一方不得将自己的意志强加给另一方。"我国现行民事立法中规定的平等原则，即属于现代民法上的平等原则，既强调民事主体抽象的人格平等，如《民法通则》第 10 条确认"公民的民事权利能力一律平等"，同时又注重弱式意义上的平等，在我国就有《中华人民共和国消费者权益保护法》（以下简称《消费者权益保护法》）、《中华人民共和国劳动法》（以下简称《劳动法》）和《中华人民共和国劳动合同法》（以下简称《劳动合同法》），来保护消费者和劳动者的利益。当然强调强式平等是基础。

三、平等原则的具体内容

《民法通则》第 3 条规定："当事人在民事活动中的地位平等。"此条文确立了我国民法身份平等的原则。民法是天生的平等派，因为市民社会是人人平等的社会，它淡化了政治社会中诸如出身、财产状况、宗教信仰、教育程度、党派族系等种种因素，要求每一个人都以平等的身份去对待所有的人，每一个人在民事活动中的地位平等。平等原则包含以下三方面内容：

1. 民事主体的权利能力一律平等。不论政治地位、经济实力和其它方面有无差距，民事主体在民事活动中没有特权。民事主体在产生、变更和消灭民事法律关系时，必须平等地协商，任何一方当事人都不得将自己的意志强加给另一方当事人；具有隶属关系的上下级单位，在民事活动中也是平等的主体，上级单位不能因享有行政权力而凌驾于下属单位之上；即使是国家作为民事主体参加民事活动，也与其他民事主体具有平等的地位；不同所有制性质的民事主体，其法律地位也是平等的。

2. 民事主体享有平等的权利、义务。民事主体之间应当平等地分摊权利义务，民事权利和民事义务一般都是对价的。在民事活动中，一项权利的产生须以一项义务的履行为前提，平等原则不允许只享有权利而不承担义务或只承担义务而不享有权利。

但应当注意到，法律地位的平等并不意味着在具体民事法律关系中，每个民事主体享有的民事权利和民事义务都是一样的。民事权利能力平等不等于民事权利的一致，享有民事权利能力不等于享有具体的民事权利。民事权利能力只是给民事主体享有具体的民事权利提供了一致的前提条件，每个人可能享有民事权利的资格是一样的，而结果因每个人从事的民事活动的不同，其所享有的具体的民事权利内容有所不同。

3. 民事主体的合法权益平等地受法律保护。任何民事主体合法的民事权益受到非法侵害时，都可以请求人民法院依法保护和救济，无论他们的地位、身份、财产状况有何差别，他们都平等地受到法律的保护；如果他们非法侵害其他民事主体的合法权益，也同样要受到民事制裁或承担相应的民事责任。

第三节　自愿原则

一、自愿原则的含义

自愿原则，又称私法自治原则，是指民事主体有权在法律允许的范围内根据自己的意志处理自己的事务，设立、变更和终止民事法律关系。

自愿原则在现行法上的根据，首先是《民法通则》第 4 条规定，民事活动应当遵循自愿的原则。其次是《合同法》第 4 条规定："当事人依法享有自愿订立合同的权利，任何单位和个人不得非法干预。"

外国法关于自愿原则的规定，有《法国民法典》第 1134 条规定："依法成立的契约，在缔结契约的当事人间有相当于法律的效力。前项契约，仅得依当事人相互的同意或法律规定的原因取消之。"另外，1979 年修订的《匈牙利民法》第 200 条也有规定："双方当事人拥有决定合同内容的自由。双方当事人经协商一致，可以违反主管机关有关合同的安排，但法规对此有禁止规定的除外。"其他国家民法虽未明文规定自愿原则，但理论和实务均一致承认自愿原则为民法基本原则。

二、自愿原则的体现

自愿原则体现的是民法的核心内容，其含义是允许当事人根据自己的意志进行民事活动，自愿是民法的本质特征，自愿原则在民法领域具体表现在以下四方面：

1. 民事主体可以根据自己的意志来决定民事法律关系的设立、变更和终止。自愿原则表现为民事主体自主处理其事务，不受他人的非法干预。当事人有权选择从事某种民事活动或不从事某种民事活动，只要法律不禁止；当事人有权决定行为的内容和形式；民事主体有权决定法律行为何时消灭，其他人无权干涉；一方也不能将自己的意志强加给对方。只要民事行为不违反法律的强制性规定和公序良俗，就应当得到法律的认可和保护。

2. 当事人可以协商解决争议的方式。绝大多数民事行为都是双方或多方行为，不仅其内容、形式可以由民事主体双方协商，当出现纠纷时，民事主体也可以自己决定解决争议的方式，可以通过事先的约定来选择诉讼或是仲裁的方式来解决问题。

3. 自愿原则主要适用于经济活动中的合同领域。自愿原则在民法各项制度中都有具体表现，如在法人领域表现为社团自治原则；合同法领域表现为合同自由原则；婚姻法领域表现为婚姻自由原则；继承法领域表现为遗嘱自由原则；侵权法领域表现为过错责任原则；等等。由于合同是民法中最活跃的领域，合同法律关系也是社会生活中经常发生的民事法律关系，因此意思自治原则在合同法中体现得最明显，具体化为合同自由原则，包括缔约自由、选择相对人自由、内容和形式自由、变更或解除合同自由等。

4. 当事人的约定优先于民事任意性法律规范。当事人通过意思表示实施各种法律行为为自己设立权利或义务。民法中的任意性规范是为了弥补当事人意思表示的缺陷而设定的，其作用是在当事人意思表示不明确或没有约定时，来推测当事人的意思表示。因此，在有民事主体的约定与任意性法律规范并存的情况下，应当优先适用当事人的约定。只有当事人在意思表示中对某一事项未加约定或约定不明时，才适用任意性法律规范。

但是应当注意的是，自愿原则必须以具有独立的民事主体资格为前提。因为民事主体自愿形成的民事行为只要不违反法律的禁止性规定，将对双方当事人产生法律效力，由此可能需要承担民事责任，而责任的承担必须以民事主体具有意思能力为前提，所以民事主体在从事民事活动时，必须要有行为能力，它要求民事主体必须要具有独立的民事主体资格。

三、自愿原则意义的思考

自愿原则，也称为私法自治原则，是指在私法领域每个人能依据自己的意志处分自己的事务，形成私法上的权利义务关系。私法自治的灵魂是意思自治。罗马法孕育了意思自治原则的思想和精神，但并未将意思自治抽象为私法原则。[1]

意思自治原则源于古罗马法，发端于 16 世纪的法国工商业发展时期，兴起于 19 世纪的自由资本主义时期。在长达一个多世纪的时间里，无论是大陆法系还是英美法系，意思自治原则已经根深蒂固，成为私法的基本理念和法律准则。

意思自治原则在创建我国社会主义市场经济和建立我国市民社会的过程中担负了特殊的作用。在我国，由于法律上缺乏私法传统，经济上长期实行计划经济，文化上人性与人权观念长期受到压抑，思想自由长期得不到实现，所以强调意思自治的私法基本理论地位在我国具有重要的意义。

当然，在强调意思自治的同时，我们也应当认识到，尽管意思自治赋予民事主体充分的决定自由，但它也存在着明显的缺陷。它只强调民事主体在形式上的平等与自由，并没有认识到实际上人人并非平等的现实。人与人之间在财产占有、教育水平、市场信息、地域、性别等方面存在差异，处于弱势的一方很难充分、自由地表达和实现其意志，从而在意思自治的外表下承受着被压迫的结果。例如，合同自由是意思自治在合同法中的具体体现，依照该原则，任何一方当事人均不得将自己的意志强加于相对人。但是，在消费者与商家的交易中，商家可以凭借其经济实力、信息占有等方面拥有的优越地位而与消费者签订权利义务不对等的合同。从表面看，消费者也是自愿签字，符合意思自治的要求，但从实际结果看，合同的内容可能更多顾及的是商家的利益，而消费者却处于弱势地位。因此，意思自治的效果是否具有社会公正性存在疑问。[2] 如果把意思自治赋予那些已经很强大的民事主体，则人与人之间的差别就会持续下去，甚至会继续拉大。

为了弥补意思自治的缺陷，法律逐渐限制了它的适用范围。体现在多个方面：①公法对私法的渗透，许多原本属于私法的领域已经越来越多地出现公法的内容，如《中华人民共和国土地管理法》、《中华人民共和国城市房地产管理法》均以公法手段就民事主体之间的交易行为进行了约束，限制了意思自治的行使；②私法领域中强行规范的增加，这一点尤其体现在合同法领域，如《合同法》

---

[1] 在我国著名罗马法学者周枏教授所著《罗马法原论》（商务印书馆 1994 年版）一书中，也未见有关意思自治原则或理论的论述。

[2] ［德］迪特尔·梅迪库斯：《德国民法总论》，邵建东译，法律出版社 2001 年版，第 143 页。

关于格式合同订立的要求；③法院更多地使用自由裁量权，对当事人民事法律行为中的不适当的内容进行调整。另外，还有人指出，由于法律的规定，在没有当事人意思参与的情况下所形成的法定法律关系也得到了很大的认可与保护，如基于信赖责任形成的法律关系或基于交易安全义务而形成的法律关系[1]。《合同法》规定的缔约过失责任和表见代理即属于此类。

在当代中国，意思自治正在两种力量的汇合下发展。一方面是人们的收入水平迅速提高，市场供应的商品和服务品种繁多，使得人们可以更为充分地实现意思自治；另一方面，基于对社会公平的追求，法律对意思自治设定了诸多限制，人们无法完全按照自己的意愿行事。不过，无论如何，意思自治仍然是中国民法的基本原则，是民法的灵魂所在。

第四节　公平原则

一、公平原则的含义

公平原则，是指在民事活动中应当以公平和正义的理念来确定当事人的权利、义务、责任。公平原则是正义的道德观在法律上的体现，对于弥补法律规定的不足和保证私法自治原则的实现，具有重要意义。

二、公平原则的立法概况

公平原则在我国现行法的根据，首先是《民法通则》第 4 条规定，民事活动应当遵循公平的原则。其次是《合同法》第 5 条规定："当事人应当遵循公平原则确定各方的权利和义务。"外国法关于公平原则大多也设有明文规定，如《法国民法典》第 1135 条规定："契约不仅依其明示发生义务，并按照契约的性质，发生公平原则、习惯或法律所赋予的义务。"《德国民法典》第 315 条规定："由契约当事人一方确定给付者，在有疑义时，应依公平的方法确定之。依公平的方法确定给付者，其确定只适合公平时始得对他方当事人发生拘束力"；第 317 条规定："给付由第三人确定者，在有疑义时，第三人应依公平方法确定之"；第 319 条规定："给付由第三人依公平方法确定者，如其确定显系不公平时，对于契约当事人不发生效力"。

三、公平原则的内容

公平原则具体应包括两方面内容：

（一）民事立法和民事司法应维持民事主体之间的利益均衡

1. 涉及民事主体利益关系安排的民事规范，应维持当事人之间的利益均衡。

---

〔1〕　〔德〕迪特尔·梅迪库斯：《德国民法总论》，邵建东译，法律出版社 2001 年版，第 146 页。

尽管民法规范多为任意性规范，但民事主体从事民事活动时，未必能就民事法律关系的方方面面做出详尽无遗的约定。此时，任意性规范就可能发挥补充的作用。这就要求立法者在设计任意性规范时，必须公平地安排当事人之间的利益关系。

2. 民事主体之间的利益关系非自愿地失去均衡时，应依据公平原则来调整当事人的利益关系。"非自愿地失去均衡"意味着考察导致利益关系失衡的原因不是出自当事人自愿，而是违背了自愿原则，这时有必要通过法律强制干预双方的利益关系。拉伦茨曾经说过："如果法律允许法官仅仅因为交换合同中约定的给付互相不等值而宣布合同为无效或对合同进行修正，那么会产生一种合同当事人无法忍受的受监护状态，最终会使私法自治虚有其表。"[1]

我国现行民事立法中有不少制度体现了公平原则。如《合同法》第54条确认，在订立合同时显失公平的，当事人一方有权请求人民法院或者仲裁机构变更或者撤销合同。依据《民通意见》第72条规定，这里所谓"订立合同时显失公平"，并不包括当事人自己安排的利益显失公平，也不包括当事人明知利益显失公平仍自愿订立合同，而是指一方当事人利用优势或者利用对方没有经验，致使双方的权利与义务明显违反公平、等价有偿原则的情形。此时赋予了当事人一方请求变更或撤销合同的权利，恢复当事人之间的利益均衡。再如我国《合同法》第114条第2款规定："约定的违约金低于造成的损失的，当事人可以请求人民法院或者仲裁机构予以增加；约定的违约金过分高于造成的损失的，当事人可以请求人民法院或者仲裁机构予以适当减少。"从表面上看，允许当事人自己确定违约金数额，但实际上，还是要根据实际损失获得赔偿，似乎是公平原则限制了私法自治原则。实际上并非如此，允许当事人在实际的违约行为发生后，根据违约造成的实际损失的大小，调整违约金的数额，是考虑到合同关系当事人的预见能力相对于无限丰富的社会生活总是有限的。尽管当事人力图在订立合同的当时，基于双方的预见能力，约定违约金条款，预定损害赔偿的数额。但"计划没有变化快"，当事人的预见有可能偏离交易的实际进展。当事人在超出自身预见能力，丧失事实上的决定自由时，若发生实际的违约行为，允许当事人调整违约金数额，并非限制了私法自治，公平原则实际上是对私法自治原则进行了有益的补充。

除了现行民事立法中的这些规定，在民事司法的过程中，得到法官认可的情事变更制度也体现了公平原则。情事变更是指合同生效后合同义务履行完毕以前，出现了当事人无法预料到的情事变化，致使合同义务的履行对合同的一方当

---

〔1〕　〔德〕卡尔·拉伦茨：《德国民法通论》（上册），王晓晔等译，法律出版社2003年版，第61页。

事人显失公平，应允许该方当事人主张变更或解除合同的制度。该项制度能够适应社会经济情况的变化，更好地协调当事人之间的利益关系，体现了公平原则的要求，同样是对私法自治原则的有益补充。

（二）民事主体应依据公平的观念从事民事活动，维持当事人之间的利益均衡

这是对在民事活动中处于优势地位的民事主体提出的要求，在合同领域，当事人缔结合同关系，尤其是确定合同内容时，应当遵循公平原则。现代民法设立公平原则的目的要求市场交易中的合同要兼顾双方利益。《民法通则》第 4 条规定，民事活动应遵循公平原则。《合同法》第 5 条规定："当事人应当遵循公平原则确定各方的权利和义务。"同时，现实生活中存在一方预先制定的格式合同条款的情形，《合同法》第 39 条规定："采用格式条款订立合同的，提供格式条款的一方应当遵循公平原则确定当事人之间的权利和义务"。它具体化为合同法上的基本原则就是合同正义原则，要求维系合同当事人之间的利益均衡。

但需要注意的是，在民法上一方给付与对方的对待给付之间是否符合公平原则，是否要求具有等值性，我们应当采用主观标准原则，即当事人主观上的感受来确定是否公平，双方当事人愿意以己给付换取对待给付，就是公平合理，并不要求客观上必须等值，也不是依据社会一般经验来判断是否公平。只要当事人自己认为利益均衡，就不能认为违反公平原则。

第五节　诚实信用原则

一、诚实信用原则的含义

诚实信用原则，是指在市场交易中要讲究信用，恪守诺言，诚实无欺，在不损害他人利益的情况下追求自身利益。诚实信用在日常生活中多数被认为是一种道德准则，但作为民法基本原则的诚实信用原则属于法律规范，并成为民法中的"帝王条款"，具有最高的法律效力。诚实信用原则的内容广泛、没有确定的内容、外延很广，至少包含四层含义：

（1）民事主体应以忠实、宽宏、善意、体谅的心态从事民事活动，不能有损人利己、谋求不正当利益的心理。

（2）进行民事活动要充分尊重他人权利和合法利益，及时履行自己的义务。

（3）民事主体处分自己权利时要遵守诚实信用原则，当处分自己权利危及他人或社会利益构成滥用权利时，其行为不受法律保护。

（4）在司法实践中，法官应以诚实信用原则解释当事人的意思表示，在立法有遗漏或矛盾时运用诚实信用原则来填补法律漏洞。

二、诚实信用原则的立法概况

诚实信用原则在我国和各国立法上都有明文规定，表现在《民法通则》第 4 条规定，民事活动应当遵循诚实信用的原则；《合同法》第 6 条规定："当事人行使权利、履行义务应当遵循诚实信用原则"，并把这一原则贯穿于合同法各章许多环节，真正体现出"帝王条款"的立法精神。《消费者权益保护法》第 6 条也有类似规定："经营者与消费者进行交易，应当遵循诚实信用的原则。"这一原则在其他国家和地区的民法上也有明文规定。如《法国民法典》第 1131 条："契约应以善意履行之"；《德国民法典》第 242 条："债务人须依诚实信用，并照顾交易惯例，履行其给付"；《瑞士民法典》第 2 条："无论何人行使权利履行义务，均应依诚实信用为之"；我国台湾地区"民法"第 219 条："行使债权，履行义务，应依诚实及信用方法"，在总则编第 148 条增设第 2 款："行使权利，履行义务，应依诚实及信用方法"，将诚信原则的适用范围扩及一切民事权利义务；《日本民法典》并无关于诚信原则的规定，于 1947 年修订时增设第 1 条第 2 款："行使权利及履行义务，应恪守诚实信用原则"；《南斯拉夫债务关系法》第 12 条："当事人在缔结合同关系及行使合同权利和履行合同义务时，应当遵循诚实及信用原则。"

三、诚实信用原则的本质

诚实信用原则是现代民法中十分重要的基本原则，是经济活动中应当普遍遵守的法律准则。在市场经济条件下，每一个有劳动能力的人都应当通过市场交换获取利益和生活资料。一般来说可以通过三种方式去获取利益：第一种是用已有的金钱去牟利，如投资办厂、经营商业及炒卖股票、期货、房地产；第二种是用自己的技术、知识换取工资报酬；第三种是用自己的体力劳动换取工资报酬。靠这三种方式获取利益，就叫诚实信用，是正当的、合法的交易行为，应受到法律保护。法律绝不允许民事主体通过损害他人利益和社会利益的途径获得利益。诚实信用原则要求一切市场参加者都要符合诚实商人和诚实劳动者的标准，在不损害他人利益和社会公益的前提下，追求自己的利益，获取正当利益。诚实信用原则平衡了当事人之间、当事人与社会之间的两个利益关系。

（1）平衡当事人之间的利益。在这一利益关系中，诚信原则要求当事人尊重他人利益，以对待自己事务的注意程度和方式去对待他人事务，不得损人利己，保证各方当事人之间的利益都能实现。当发生特殊情况使当事人之间的利益失去平衡时，民事主体应当进行善意调整，恢复利益平衡，维护经济秩序的稳定。

（2）平衡当事人与社会之间的利益。在这一利益关系中，诚信原则要求当事人不得通过自己的民事活动损害第三人或社会的利益，必须在法律规定的范围内行使自己的权利。

四、诚实信用原则的功能

诚实信用原则具有以下几方面的功能：

（1）规范当事人行为。诚实信用原则要求当事人进行民事活动时应当诚实、善意；善意地行使权利，履行义务，尊重他人的利益。

（2）解释合同文本。当合同中当事人约定的条款表述不清，不能确定当事人的意思表示时；或当事人欠缺法律知识，导致合同条款不完备、规定不详细时，当事人应当依据诚实信用原则解释和履行合同。

（3）解决当事人纠纷。人民法院或仲裁机关应当依据诚实信用原则正确解释合同，辨明是非，确定责任，解决当事人之间的冲突。

（4）校正民事法律关系的不公平。人民法院在民事审判实践中，遇到民事行为明显违反公平时，可以调整当事人约定的权利义务关系。

（5）填补法律漏洞。在遇到法律没有明确规定时，可直接依据该原则，作出判决。因此，诚实信用原则意味着承认司法活动的创造性与能动性[1]。

由于诚实原则具有非常重要的功能，因此称之为"帝王条款"。但是，诚实信用原则的适用也应受到严格的限制，不能随意排除具体的民法规定而直接适用该原则。只有在没有具体民法规定时，才可适用诚实信用原则。

第六节 公序良俗原则

一、公序良俗原则的含义

所谓公序良俗原则，是指民事主体在从事民事活动中应当遵守社会公德，不得扰乱社会公共秩序。

"公序良俗"其实是"公共秩序"与"善良风俗"两个词的合称。公序良俗原则在各国民法中使用和表述不一致。有单用"善良风俗"的，如《罗马法》、《德国民法典》（第138条）及《瑞士债务法》（第20条）；有只用"公共秩序"的，如《泰国民法典》（第12条）；有"公共秩序"与"善良风俗"两个词都用的，如《法国民法典》（第6条）、《日本民法典》（第90条）。我国现行民事立法因受前苏联民事立法的影响，没有使用"公共秩序"和"善良风俗"的概念，而使用的是"社会公共利益"和"社会公德"的概念。学者普遍认为，中国现行法所谓"社会公共利益"及"社会公德"，在性质上相当于善良风俗[2]

---

〔1〕 彭万林主编：《民法学》，中国政法大学出版社2002年版，第51页。
〔2〕 梁慧星：《民法总论》，法律出版社2001年版，第47页。

这体现在《民法通则》第 7 条规定的"民事活动应当尊重社会公德，不得损害社会公共利益"，第58 条规定的"民事行为违反法律或者社会公共利益的无效"以及《合同法》第 7 条规定"当事人订立、履行合同，应当……尊重社会公德，不得扰乱社会经济秩序，损害社会公共利益"等条款上。

二、违反公序良俗行为的类型

在我国，结合法、德、日及我国台湾有关著作中所介绍的判例和现阶段的具体情况，可以将违反公序良俗的行为归纳为以下八种类型：

（1）危害国家公序的行为。如以从事犯罪或帮助犯罪行为为内容的合同、身份证件的买卖合同、规避税务的合意等。

（2）危害家庭关系的行为。如约定父母与子女分居的协议、约定夫妻分居的协议、约定断绝亲子关系的协议、代人受孕的代理母亲协议等。

（3）违反性道德的行为。如对婚外同居人所作的赠与与遗赠、以同居为条件的财产转移等。

（4）射幸行为。例如赌博、买空卖空、巨奖销售及政府不允许的彩票等。

（5）违反人格及人格尊严的行为。如过分限制人身自由的劳动契约、以债务人人身为抵押的约定及企业对雇员、商场对顾客进行搜身的约定等。

（6）限制经济自由的行为。如拍卖或招标中的围标行为。

（7）违反劳动者保护的行为。如劳动关系中"工伤概不负责"条款、"单身条款"和男女同工不同酬的差别规定等。

（8）暴利行为。《民法通则》第 58 条规定的"乘人之危"及第 59 条规定的"显失公平"的行为。

三、公序良俗原则的适用

公序良俗没有明确的内容，具有抽象性。一般来说，大多违反公序良俗的行为在法律中已有具体禁止性规定，尤其体现在刑事法律中，如果有具体规定的，就按照法律的具体规定。但遇到一些扰乱社会秩序、违反社会公德的行为，又缺乏相应的禁止性规定时，可通过适用公序良俗原则，认定该行为无效。公序良俗原则承担着维护国家利益和社会公共利益的使命，在功能上构成对私法自治的限制。

第七节　禁止权利滥用原则

一、禁止权利滥用原则的含义

所谓禁止权利滥用原则，是指一切民事权利的行使，不能超过正当界限；行使权利超过正当界限的，则构成权利滥用，应当承担侵权责任。

民事权利不得滥用原则是对意思自治原则的限制。民法赋予和保护民事主体的权利，肯定意思自治。但是，权利的行使并非没有限制，而应当受到一定的限制。

禁止权利滥用原则在我国现行法的表现为《中华人民共和国宪法》第 51 条："中华人民共和国公民在行使自由和权利的时候，不得损害国家的、社会的、集体的利益和其他公民的合法的自由和权利。"由此看来，禁止权利滥用原则是中国宪法上的一项基本原则，自然也应是中国民法的一项基本原则。按照这一原则，一切自然人和法人在行使民事权利时，均负有不得超过正当界限，不得滥用权利的义务；违反这一义务，即构成权利滥用，应当承担损害赔偿责任。

二、权利不得滥用原则的形成

传统民法认为，民事权利绝对化的重要意义是民事权利受自己的意志支配，强调私法自治。由此民事主体的权利在任何情形下都应当受法律保护。有法谚说："行使自己权利者，对于任何人不为不法"，"行使自己权利者，不害任何人"。[1] 因此，在近代民法法典化初期，权利不得滥用原则并没有得到法律的肯定。但是，学说和判例上均承认权利不得滥用原则。后来随着法律对社会利益的关注，社会本位思想影响到民事立法者，因而权利被滥用的可能性得到了法律的承认，权利不得滥用原则成为现代民法的基本原则，并被写入各国民法典中。

三、权利滥用原则的判断标准

权利不得滥用原则要求民事主体对民事权利正当行使，那么就应当对法律所保护的利益进行准确的界定，并明确权利滥用的标准。从《民法通则》第 7 条的规定来看，权利滥用的标准有三：①违反社会公德；②违反公共利益；③违反社会经济秩序。这三种都是违反社会利益行为。[2] 其实，它们也可以合并为一种，即行使权利违反社会公共利益的行为。

在理论上，权利滥用还指权利人恶意行使权利，侵害他人利益的行为。因此，判断权利行使是否正当或者是否构成滥用的标准可以认定为两个：①权利行使是否违背社会公共利益；②权利行使是否侵害特定相对人的利益。只要具备其中一个条件，就可认定为权利滥用。权利不得滥用原则分别保护社会公共利益和特定权利相对人利益不受侵害。

违反社会公共利益的权利滥用，主要表现为权利的行使违反社会公德、公共利益及社会公共经济秩序，权利滥用严重违反社会公共利益的，法院可依职权裁

---

〔1〕　史尚宽：《民法总论》，中国政法大学出版社 2000 年版，第 714 页。

〔2〕　故有学者建议《民法通则》第 7 条改为："任何权利，都不得违反社会利益行使。"参见彭万林主编：《民法学》，中国政法大学出版社 2002 年版，第 53 页。

定其无效或者没收其所得，如《合同法》第52条的规定。[1]

侵害相对人利益的权利滥用是指恶意行使权利，也就是说权利的行使以损害他人为目的。那么，如何判定"以损害他人为目的"呢？除了从结果判断他人有损失外，还应当考察权利人主观上有无滥用权利的故意或过失。当然判断权利人主观上是否有过错应当从其外部行为推知内心状态。可参考的因素主要有：选择有害的方式行使权利；行使权利造成的损害大于所应得的利益，权利行使对权利人无正当利益或获利微小，而损害他人利益明显或较大，就构成恶意行使权利；另外，无视权利存在的目的也可以推定权利的行使具有滥用权利的故意或过失。

权利滥用妨害他人权利、造成损失的，应当停止侵害、消除危险、排除妨害、赔偿损失。

【思考与练习】

◎问答题

1. 民法的基本原则具有哪些特征？与民法的具体原则有哪些区别？
2. 民法的基本原则有哪些功能作用？
3. 我国《民法通则》规定有哪些基本原则？
4. 公平原则是一项什么性质的基本原则？
5. 诚实信用原则的本质与功能表现在哪里？

◎选择题

1. 李某有一栋可以享受充分阳光的别墅，当他得知有一栋大楼将要建设，从此别墅不能再享受充分阳光时，就将别墅卖给本想买到一套可以享受充分阳光的房屋的王某。李某的行为违背了民法的（　　　）。

A. 意思自治原则　　　　B. 等价有偿原则

C. 平等原则　　　　　　D. 诚实信用原则

2. 近代民法确定的民法基本原则包括（　　　）。

A. 私法自治原则　　　　B. 私有财产神圣原则

C. 过失责任原则　　　　D. 权利本位原则

3. 2006年夏天，张某父子外出打工，房屋无人看管。一天，气象台预报近期将有强台风。张家的邻居刘某见张家无人、房子又年久失修，于是，就花钱请

---

[1]《合同法》第52条规定："有下列情形之一的，合同无效：①一方以欺诈、胁迫的手段订立合同，损害国家利益；②恶意串通，损害国家、集体或者第三人利益；③以合法形式掩盖非法目的；④损害社会公共利益；⑤违反法律、行政法规的强制性规定。"

人对张家的房子进行了修缮，共花费了 650 元，刘某为此从银行提取未到期的定期存款先行垫付。但台风过后，张家的房子还是倒塌了。下列哪些表述是错误的？（　　）

A. 刘某只能向张家请求返还 650 元及提前支取存款的利息损失

B. 刘某有权向张家请求返还 650 元及提前支取存款的利息

C. 刘某无权向张家请求返还 650 元及提前支取存款的利息，因为张家未实际受益

D. 刘某为此垫付的 650 元及其损失的利息由双方分摊

4. 民事活动必须遵守法律，法律没有规定的，应当遵守（　　）。

A. 地方性法规　　　　　B. 经国家认可的习惯

C. 社会公德　　　　　　D. 国家政策

5. 某甲向银行取款时，银行工作人员因点钞失误多付给 1 万元。甲以这 1 万元作本钱经商，获利 5 千元，其中 2 千元为其劳务管理费用成本。一个月后银行发现了多付款的事实，要求甲退回，甲不同意。下列有关该案的哪一表述是正确的？（　　）

A. 甲无需返还，因 1 万元系银行自身失误所致

B. 甲应返还银行多付的 1 万元

C. 甲应返还银行多付的 1 万元，同时还应返还 1 个月的利息

D. 甲应返还银行多付的 1 万元，同时还应返还 1 个月的利息及 3000 元的利润

◎案例分析题

1. 被告张某系天津市塘沽工人新村青年合作服务站业主。1986 年 10 月，张某由他人转包而承接天津碱厂除钙塔厂房拆除工程。1986 年 11 月 17 日，由服务站经营活动全权代理人、张某之夫徐某组织、指挥施工，并招雇张国胜（原告张连起之子）等做临时工，招工登记表中载有"工伤概不负责"的免责条款。后在一次施工时，张国胜因故受伤，引起局部组织感染坏死致脓毒性败血症而死亡。原告诉请赔偿，被告则以合同中有上述免责条款为由拒绝承担责任。

问：原被告约定的免责条款是否符合民法的基本原则？为什么？

2. 1989 年 9 月 20 日，吉某求荣某帮自己赶马车，去本县二道乡山上拉柴枝。装车时，因驾辕骡子绊腿，荣某在摘套时被前套骡子将头部踢伤。吉某当即雇车将荣某送县医院住院治疗，又先后在白求恩医大一院、某省武警总队医院治疗，现伤口已经愈合。白求恩医大一院诊断为"左颅骨骨折、颅内血肿"。后经某省高级人民法院法医伤残鉴定，结果为：荣某肢体残废症状已经稳定，已丧失大部分劳动能力。吉某为荣某治疗共支付医疗、食宿、交通等费用总计 3180 元。

1990 年 7 月 17 日，荣某诉至某自治县人民法院，要求吉某承担今后的生活费用和继续治疗费用。

某自治县人民法院经审理认为：荣某之伤虽是在给吉某帮工中所致，但不是吉某侵权所致，而属意外事件。荣某为吉某帮工，吉某是该民事行为的受益人。因此，吉某理应承担一定的民事责任。根据《民法通则》第 132 条的规定，判决如下：吉某赔偿荣某两次住院治疗费 3180 元（已执行），今后生活补助费用 4000 元。本判决发生法律效力后一次支付。以后，吉某不再承担荣某伤害后果的责任。

宣判后，荣某以自己已经终身残废，家庭生活困难，判决给付 4000 元生活补助费太少为由，上诉至某市中级人民法院。吉某答辩称：荣某帮工出于自愿，因粗心大意被骡子踢伤，应负主要责任。

某市中级人民法院经审理认为：吉某去求荣某帮工，双方均出于自愿，对于损害结果的发生，双方均无过错。但吉某是受益者，理应分担一部分民事责任。原审法院判决吉某承担荣某治疗期间的各种费用和今后生活补助费 4000 元是正确的。荣某也应承担部分民事责任，对荣某的上诉请求，不予支持。根据《民法通则》第 132 条和《民事诉讼法》第 153 条第 1 款第 1 项的规定，判决驳回上诉，维持原判。

问：两审法院对原、被告诉争损害赔偿处理是否正确，其依据了民法哪些原则处理？阐述其法理。

第二编

民事法律关系论

第 四 章

民事法律关系概论

◆　【案例导入】

本案发生了哪些民事法律关系？

甲将自己的房子一套出卖，与乙签订了房屋买卖合同。由于市场价格上涨，甲不愿意将这套房子卖给乙，于是与丙签订合同，由丙购买此房，并进行了过户登记，也将房子交给丙所有。在丙死亡之后，丙的儿子丁继承了这个房子，随后将房子抵押给戊，并办理了抵押登记。现在甲提出关于这套房子的权利主张，乙也提出了权利主张，丁和戊都以自己的权利证书相抗辩。本案中存在哪些民事法律关系？每一个民事法律关系的主体、客体和内容是什么？

☞　【分析提要】

本案是一个复杂的民事纠纷案件。如果仅仅按照案例介绍的情况处理，几乎看不出任何能够解决纠纷的办法。唯一的办法就是分清其中的民事法律关系，然后分别根据各个不同的民事法律关系的性质，确定其所应适用的法律。这就是对民事案件的法律关系"定性"，即运用民事法律关系的基本方法，确认本案法律关系的性质，找到所要适用的法律。没有民事法律关系的定性，就没有民事案件的法律适用。

1. 本案产生了哪些民事法律关系？
2. 具体分析各种法律关系的性质、特征及其适用的法律。

第一节　民事法律关系概述

人们在社会生活中，相互间不可避免地发生各种联系，由此而形成人与人之间的关系，即所谓的社会关系。社会关系普遍存在于现实生活中。为了使社会关系的确立和发展符合国家的要求，国家运用各种法律来调整社会关系，从而使受法律调整的社会关系具有了法律关系的性质。由于调整各种社会关系的法律不同，其所形成的法律关系也有所不同，由民事法律规范所调整的社会关系是民事法律关系。

一、民事法律关系的概念

民事法律关系，是由民事法律规范调整所形成的以民事权利和民事义务为核心内容的社会关系，是民法所调整的平等主体之间的财产关系和人身关系在法律上的表现。

民事法律关系并非立法上的概念，而是法学家理论抽象的结果。[1] 某甲生了一个儿子，某乙与他人签订了一份合同，某丙发表了一篇论文，某丁打伤了他的邻居，诸如此类的事情在市民社会中每时每刻都在发生着，不管他们是否知道其行为受到民法的调整。事实上，他们的行为正是在参与或引发一项具体的民事法律关系，这就是事实意义上的民事法律关系。法学家和立法者将这些不断发生的事实上的民事法律关系进行总结，加以抽象，以法律文字进行表述，制定出法律规范，公之于众，供市民社会的所有主体一起遵循，这种从高度抽象出来的法律关系被设计成一种模型，便是规范意义上的民事法律关系。

立法者所要解决的是规范意义上的民事法律关系。但规范意义上的民事法律关系来源于事实意义上的民事法律关系。民法规范通过大量的行为规范，将市民社会中存在的各种利益形态上升为民事权利，以民事权利为轴心建立起市民社会法律关系的模型体系，全部市民社会中的关系被集中概括为一种具有权利义务内容而以人身权、财产权为中心的规范模型，任何一个事实意义上的民事法律关系都能被放进这一模型中去。可见，规范意义上的民事法律关系是立法者的一种设计和创造。

司法者所要解决的是事实意义上的民事法律关系。但事实意义上的民事法律关系要接受规范意义上的民事法律关系的检验和解释。某甲去商店买了一块手表，某甲与商店之间便发生了一个事实上的民事法律关系，但与此同时，不管某甲和商店是否意识到，他们都在实践着一个规范意义上的民事法律关系。这个规范意义上的民事法律关系包含了一切民事法律关系都必须具备的所谓三个要素：法律关系的主体，即本例中作为买方的某甲和作为卖方的商店；法律关系的客体，即本例中的手表和价金；法律关系的内容，即本例中某甲取得手表所有权的权利和商店取得价金的权利。这一事实意义上的民事法律关系被立法者称为买卖合同关系，买卖合同关系就是众多的民事法律关系的模型之一。司法者面对的总是事实意义上的民事法律关系。或者说，个案中的民事法律关系都是事实意义上的而非规范意义上的，规范意义上的民事法律关系只存在于法律条文和人们的观念中，而不存在于实践中。但这些法律关系的核心要素即权利义务发生问题时，

---

〔1〕 刘凯湘：《民法学》，中国法制出版社 2000 年版，第 54 页。

要处理权利义务纠纷，就必须参照规范意义的民事法律关系的模型。同时，民事主体要想达到其缔结或参与民事法律关系的目的，取得预期的权利或其他利益，也需按照规范意义上的民事法律关系的模型来行为。

民法学体系是以规范意义上的民事法律关系为基本线索来构建的，民法学的主要内容就是以民事法律关系为中心而展开的：法律关系的主体——自然人制度、法人制度和其他组织；法律关系的内容——民事权利，包括物权、债权、人身权、知识产权等，由此勾勒出民法的体系轮廓。

二、民事法律关系的特征

民事法律关系是法律关系的一种，在法律关系中还有行政法律关系、刑事法律关系等，与这些法律关系相比较，民事法律关系具有以下特征：

1. 民事法律关系是民法规范所调整的平等主体之间的社会关系。在民事法律关系中，当事人即民事主体的法律地位是平等的，无论是自然人还是法人，也无论其行政职务高低、财力大小，在民事法律关系中，他们都是独立的，互不隶属的，其法律地位是平等的。这与行政法律关系和刑事法律关系中的管理与被管理、命令与服从的关系是不同的。

2. 民事法律关系是以权利义务为内容的财产关系和人身关系。民法调整平等主体之间的财产关系和人身关系的方法，是赋予当事人以民事权利，同时使当事人承担民事义务，而不是在这些被调整的社会关系之外，形成另一种独立的社会关系。民事权利义务构成了民事法律关系的内容。

3. 民事法律关系的保障措施具有补偿性。民事法律关系是一种由国家强制力保证其实现的社会关系。民事法律关系中所确定的民事权利和民事义务，受到法律的保护和约束。例如，当事人依法成立的合同具有法律约束力，任何一方违约都要承担违约责任。法律对于民事权利的保护，主要是赋予遭受损害的当事人一方以请求权，经由请求权的行使，以弥补该方当事人所遭受的损失。所以，民事法律关系的保障措施具有补偿性，并以弥补损失为主要目的。

三、民事法律关系的分类

民事法律关系可以按不同的标准进行分类。民事法律关系的分类，对于把握具体的民事法律关系的性质和特点，了解当事人之间的相互关系和正确适用民事法律规范都具有重要的意义。

（一）财产法律关系和人身法律关系

根据民法调整对象的不同，可以把民事法律关系分为财产法律关系和人身法律关系。

财产法律关系，是指因财产的所有和财产的流转所形成的、满足民事主体财产利益需要的民事法律关系。如财产所有权关系、租赁关系、借贷关系、买卖关系等。

人身法律关系，是指与民事主体的人身不可分离、为满足民事主体的人身利益所形成的民事法律关系。如因人的姓名、名称、名誉而发生的关系，因发明、发现以及因创作出文学作品而发生的法律关系中的人身权利义务方面等。

区分财产法律关系和人身法律关系的意义在于：

1. 两类关系中权利的性质不同。财产法律关系中确立的权利是财产权利，通常是可以转让的。而在人身法律关系中确立的权利一般与权利主体的人身是不可分离、不能转让的。例如，荣誉权的权利人是不能把荣誉权转让给任何人的。当然也有例外，如法人的名称权就可以转让。

2. 对两类关系的保护方法不同。财产法律关系受到破坏时，主要适用财产补救法，通过返还原物、赔偿损失等民事责任的方式加以保护；人身法律关系受到侵犯时，主要通过恢复被侵害的权利的方式来保护。例如对于侵害名誉权，主要靠恢复名誉、消除影响等民事责任的方式来保护权利人的利益，单纯用赔偿的办法并不能满足保护荣誉权的要求。

（二）物权关系和债权关系

根据权利的性质、特点不同，可以把财产法律关系分为物权关系和债权关系。

物权关系，是指权利人在法定范围内直接支配一定的物，并排斥他人干涉的民事法律关系。物权关系又可以分为自物权和他物权关系。自物权即指所有权。他物权是指所有权以外的物权，是在所有权权能与所有权人发生分离的基础上产生的，由他物权人对物享有一定程度的直接支配权。如国有土地使用权、农村土地承包经营权、抵押权、留置权等。

债权关系，是指按照合同的约定或者法律的规定在特定当事人之间产生的以请求权为特征的民事法律关系，包括合同之债、无因管理之债及不当得利之债等债权债务关系。合同之债是当事人根据其利益依其意思自行设定的，属于意定之债，是最常见的债的发生原因。由法律规定而产生的债的关系主要有侵权之债、无因管理之债和不当得利之债等。侵权之债是因侵权行为的实施在受害人与侵害人之间形成的债权债务关系。我国《民法通则》中未将侵权行为规定于债权中，而是在民事责任一章中规定了侵权的民事责任，而侵权行为人正是通过侵权之债来承担其侵权的民事责任的。无因管理之债是指没有法定或者约定的义务，为避免他人利益受损失而对他人的事务进行管理和服务的行为而产生的债权债务关系。不当得利之债是指没有合法根据而获利益使他人利益受到损害的事实，由此在不当得利人与受损害人之间产生的债权债务关系。

区分物权关系与债权关系的意义在于：物权和债权作为两类基本的财产权既

有联系又有区别。物权是债权发生的前提和结果，债权是物权变动的媒介。但两者在义务主体、权利内容、权利设定、标的、权利期限限制、追及力与优先性以及保护方法上存在诸多差异。正是根据这种分类，民法中建立了物权法和债权法这两种财产法律制度。

（三）单务法律关系和双务法律关系

根据当事人权利义务的承担方式不同，可以把民事法律关系分为单务法律关系和双务法律关系。

单务法律关系，是指一方当事人承担义务，他方享受权利的法律关系，如赠与关系、借用关系、无偿代理、无息借贷等。

双务法律关系，是指当事人享有权利的同时亦负有义务的法律关系，如买卖关系、租赁关系、土地承包关系等。当然，有些法律关系，既可以是单务的也可以是双务的。如代理关系、借贷关系等。

区分单务法律关系和双务法律关系的意义在于：在具体的民事法律关系中，使民事主体明确双方的权利义务是否对等，从而更好地实现权利、履行义务。

（四）绝对法律关系和相对法律关系

根据民事法律关系义务主体的范围不同，可以把民事法律关系分为绝对法律关系和相对法律关系。

绝对法律关系，是指与权利人相对应的义务人是权利人以外一切不特定人的民事法律关系。在这种法律关系中，权利人无需义务人的协助，即可直接行使和实现其权利；义务人则是一切不特定的人，其义务一般表现为消极的不作为，即不得实施任何妨碍权利人行使和实现其权利的行为。例如财产所有权关系、人身权关系。

相对法律关系，是指与权利人相对应的义务人是特定人的民事法律关系。在这种法律关系中，权利人必须由具体的义务人积极协助才能实现其权利，义务人只是特定的一人或数人，其他第三人对权利人则不负有积极义务。例如买卖关系、租赁关系、保管关系等债权关系。在绝对法律关系不能正常实现时，也会产生相对法律关系，例如所有权和人身权受到侵害时，就会在权利人和侵害人之间产生侵权损害赔偿关系。

区分绝对法律关系和相对法律关系的意义在于：有利于确定民事法律关系的义务人及其义务，从而更好地适用民法规范。

（五）主法律关系和从法律关系

根据民事法律关系能否独立存在为标准，可以把民事法律关系分为主法律关系和从法律关系。

主法律关系，是指不依赖其他法律关系而独立存在的法律关系，如借贷关系等。

从法律关系，是指必须依赖、附属于其他法律关系而存在的法律关系，如担保关系等。

区分主法律关系和从法律关系的意义在于：主法律关系不以从法律关系的存在而存在，即使从法律关系无效也不影响主法律关系的效力；从法律关系则以主法律关系的存在而存在，无论主法律关系变更还是消灭，从法律关系也随之变更或消灭。例如借贷关系和基于此而产生的担保关系。

四、民事法律关系方法是民法的基本方法[1]

研究民法的基本方法是民事法律关系方法，这表现在：

（1）民事法律关系是观察市民社会的基本方法。在市民社会中，每一个人都是这个社会的主体，相互之间按照民事权利义务关系结合在一起，尽管关系纷繁复杂，但层次清楚、性质分明，都是按照民事权利义务关系有序组合在一起的。

（2）民事法律关系是规范市民社会的基本方法。从民事法律关系入手，赋予民事主体以权利，同时对相对人规定应当履行的义务。

（3）民事法律关系是裁判民事纠纷案件的基本方法。分析当事人之间民事法律关系的性质，确定解决纠纷所适用的法律。

（4）民事法律关系也是研究民法的基本方法。研究民法，就要看人，看人与人之间的关系，看人与人之间的权利和义务关系，看主体间的民事法律关系。

总之，民事法律关系是研究民法的基础，也是解决民事纠纷时首先应考虑的问题。初学民法者在开始学习、研究民法的时候，面对形形色色的民事案件，感到无从下手，不知道怎样才能学好民法。其实，学习、研究民法首先就是要学习、研究民事法律关系，民法学的各部分内容都是从不同角度或以不同的形式来阐明民事法律关系的，民法学在一定意义上就是民事法律关系之学。因此，从理论上弄清各种民事法律关系的本质和特征，考察它们的区别和联系，掌握其发生及变动的根据和规律，对于我们在司法实践中正确认定民事案件的性质，准确适用民事法律，合理地处理民事纠纷，具有重要的指导意义。

第二节　民事法律关系的要素

民事法律关系的要素是指构成民事法律关系所必须具备的因素。任何民事法

---

〔1〕　曾宪义主编：《民法案例分析教程》，中国人民大学出版社 2007 年版，第 12 页。

律关系都由主体、内容和客体三个要素构成，如果其中某一个要素发生变动，具体的民事法律关系就随之变更或消失。由此形成了民事法律关系的构成理论。

一、民事法律关系主体

民事法律关系的主体，简称民事主体，是指参加民事法律关系，享受民事权利并承担民事义务的人；其中享有权利的一方是权利主体，承担义务的一方是义务主体。在某些民事法律关系中，一方只享有权利，另一方只承担义务，例如赠与关系中，受赠人只享有权利，赠与人只承担义务。而在大多数民事法律关系中，双方当事人都既享有权利，又承担义务，因此，每一方当事人既是权利主体，又是义务主体。例如，在买卖关系中，买方有请求出卖人交付标的物并移转标的物所有权的权利，又有支付价款的义务；卖方有交付出卖物并移转标的物所有权的义务，又有收取价款的权利。

在我国，民事主体包括自然人、法人、其他组织和国家等。

自然人，是指基于出生而取得民事主体资格的人。古代民法中自然人是唯一的民事主体，现代民法中自然人仍然是最主要的民事法律关系的主体，法人、其他组织以至国家都是因为自然人的存在而存在的。个体工商户、农村承包经营户、个人合伙属于特殊的自然人主体。

法人，是指被民法赋予的具有独立人格的社会组织。法人作为独立类型的民事主体是法律文明进步的结果。法人的特征突出表现在其具有独立的人格、独立的财产和独立的民事责任。

其他组织，是指不具有法人资格的社会组织，如独资企业、合伙企业、企业内部组织和分支机构等。这些组织无论在财产性质、责任性质还是人格性质上既不同于自然人个人又不同于法人，当他们以自身的法律行为享有和承担民法所规定的权利和义务时，也能够成为民事法律关系的主体。

国家，通常并不以民事主体的资格出现，但是在某些特定的情况下，例如以国家名义发行债券、接受无主财产或赠与等，国家也可以作为民事法律关系的特殊主体。此时国家和与之进行民事法律行为的对方主体的民事主体地位是平等的，而国家也总是通过某一授权代表来与自然人、法人或其他组织进行具体的民事法律行为。

无论自然人、法人或非法人组织要成为民事主体，必须符合法律规定的主体资格。民事主体资格的确定，应依据以下条件：①具备独立法律人格者应有自身的独立性；②赋予主体独立法律人格，必须对第三人有益无害；③赋予主体独立的法律人格，对其内部成员应利多弊少。[1]

民事法律关系是民事主体间的权利义务关系，享有权利或承担义务的民事主体一般是双方，但有时为多方。如甲、乙二人签订一份买卖合同，其民事主体为双方；甲、乙、丙、丁四人签订一份合伙协议，则其民事主体为多方。民事法律关系的每一方主体可以是单一的，也可以是多数的。如在债权关系中，债权人和债务人每一方都既可以是一个人，也可以是几个人。在相对法律关系中，每一方主体都是特定的；在绝对法律关系中，承担义务的一方是不特定的。

二、民事法律关系的内容

民事法律关系的内容，是指民事主体所享有的权利和承担的义务。它决定着民事法律关系的性质，在民事法律关系的三要素中居重要位置。

（一）民事权利

民事权利，是指民事主体为实现某种利益而依法为某种行为或不为某种行为的自由。它包含下列四层意思：

（1）权利人依法直接享有某种利益，或者实施一定行为的自由。如在所有权关系中，所有人有权对自己的所有物进行占有、使用、收益和处分；在人身权关系中，自然人（公民）直接享有生命健康权。

（2）权利人可以请求义务人为一定行为或不为一定行为，以保证其享有实现某种利益的自由。如在借贷关系中，出借人有权要求借款人按期偿还本息；在出版合同中，出版单位有权要求作者在法定或约定的时间内，不得一稿两投。

（3）在权利受到非法侵害时，权利主体有权请求有关国家机关予以保护。

（4）民事权利都是在一定范围或限度内的自由。任何民事权利都体现着一定的利益，这种利益是权利人的个体利益与整个社会利益的结合。对于不符合社会利益的个体利益，法律是不予保护的。因此，任何民事权利都是有限度的，即在法律规定的限度内，权利主体可以依自己的意志享有某种利益或决定为或不为一定的行为以实现某种利益。

（二）民事义务

民事义务，是指义务人为满足权利人的利益而为一定行为和不为一定行为的必要性。它包含下列三层意思：

（1）义务人必须依据法律的规定或合同的约定，为一定的行为或不为一定的行为，以便满足权利人的利益。

（2）义务人只承担法定的或约定的范围内的义务，而不承担超出这些范围

---

〔1〕 王利明主编：《民法》，中国人民大学出版社 2001 年版，第 42 页。

以外的义务。

（3）民事义务具有法律的约束性和强制性，义务人必须自觉履行，否则须承担相应的法律责任。民事义务和民事权利一样，也是由国家法律确认的，它规定了义务主体的行为规范，即义务人必须这样做或那样做。没有义务人的这种必要行为，既不能满足权利人的利益需要，也不能维护国家所需要的社会秩序。所以，义务同样体现着个人利益和社会利益的统一。[1]

在民事法律关系中，权利和义务是相互对应、相互依存、密不可分的。当事人一方享有权利，必然有另一方负有相应的义务，并且权利和义务往往是同时产生、变更和消灭的。

三、民事法律关系的客体

民事法律关系的客体是指民事权利和民事义务所指向的对象。民事权利和民事义务如果没有具体的对象，民事法律关系将失去依托，从而无法继续存在下去。

不同类型的民事法律关系，有其相对稳定的客体类型，如物权关系的客体是物，债权关系的客体是给付行为，人身权关系的客体是人身利益，知识产权的客体是智力成果，等等。在债权关系中，有所谓标的或标的物，标的与客体不同，标的是给付的对象。民事法律关系的客体主要有五类，即物、行为、智力成果、人身利益和权利。[2]

民法上的物与物理学上的物有联系，但含义不同，它是指存在于人体之外，可为民事主体所支配并具有一定使用价值的物质财富。例如山、川、湖、海、矿藏、树木、花草、大米、汽车、房屋、道路、衣服等都属于物。随着科学技术的不断发展，可为人们支配的物将会越来越多。货币、有价证券是一种特殊的物。物是民事法律关系中最基本、最重要的客体，绝大多数的民事法律关系都和物有着密切的联系。有的直接以物为客体，例如财产所有权、用益物权法律关系的客体都是物；有的虽以行为为客体，但仍然与物紧密相关，例如以交付物为内容的债权关系。各国的民法，或专门规定物的制度，或将物分散规定于有关的制度之中。我国于 2007 年 3 月 16 日由第十届全国人民代表大会第五次会议通过了《物权法》，自 2007 年 10 月 1 日起施行。

作为民事法律关系客体的行为，是指民事主体实施的，以意思表示为要素，

---

〔1〕　佟柔主编：《中国民法》，法律出版社 1990 年版，第 35 页。

〔2〕　有学者主张，权利本身并非法律关系的客体。如权利质押的情形下，权利之所以能出质是因为在权利之上负载有利益，以权利出质时，客体应是权利所负载的利益，这种利益可以是物，可以是行为，也可以是智力成果。

旨在发生一定法律效果的行为。债权法律关系的客体是行为。例如因提供劳务、建设工程勘察设计、运输、文艺演出、服务，以及保管、委托、居间等合同所发生的民事法律关系，通常都是以行为作为客体。

智力成果是指人们脑力劳动所创造的一切自然科学和社会科学的成果。如重大科学发现、前所未有的发明、构思新颖的文学作品等。公民和法人的智力成果可以成为知识产权法律关系的客体。如著作权人与出版社签订的出版合同，即是以著作这种形式的智力成果作为客体；又如商标权人或者专利权人与他人签订的权属转让合同，也是以智力成果中的商标和专利作为客体。

人身利益，是指民事主体依法享有的，与其自身不可分离亦不可转让的没有直接财产内容的法定民事权利和利益，包括人格利益和身份利益。自从人类社会废除了奴隶制以来，在民法上公民的人身就不再是人身权法律关系的客体，人身权法律关系的客体是人身利益和权利。

具有非专属性的财产性权利在某些情形下也可以成为民事法律关系的客体。如国有土地使用权抵押、权利质押等。

第三节　民事法律关系的变动

民事法律关系并非是一成不变、永久存在的。它是一个从产生，经变更到终止的变动过程。

一、民事法律关系产生、变更与消灭的概念

民事法律关系的产生，就是民事权利义务关系的设立。它是指民事主体已经以享受权利和履行义务的方式参与到具体的民事活动中去。如因签订各种合同而形成的债权债务关系，因履行结婚登记手续而产生的夫妻关系，或者因公民死亡而发生的继承关系等。

民事法律关系的变更，是指构成该法律关系的要素发生了改变，从而使新的法律关系代替了旧的法律关系。民事法律关系变更的方式有：民事主体变更、民事客体变更和民事内容变更。内容如下：①民事主体变更，即权利或义务从一个主体转移到另一个主体。例如企业被兼并后，该企业以前所签订的合同应由新企业履行。通常合同关系的当事人在经过其他各方同意后，有权将自己所承担的权利义务转让给他人。另外，民事主体的变更也包括主体数量的增加或减少。例如，在征得全体合伙人同意的情况下，允许合伙人退伙或者吸收新的合伙人；又如，财产共有人退出共有关系，致使原法律关系发生变更等。②民事客体变更，即当事人权利义务所指向的事物发生了改变。例如农产品购销合同中，因部分农产品霉变致使原合同无法全部履行；又如，合同双方当事人经协商改变了原合同

的客体，由原来的 100 辆摩托车减少到 80 辆，或者将摩托车换成电动车等。
③民事内容变更，即当事人各方权利义务的改变。例如购销合同的双方经协商一致，允许销售方因遭水灾而改变供货的时间和地点。

民事法律关系的消灭，是指民事主体间权利义务的终止，即当事人之间已不存在法律上的权利义务关系。如合同当事人双方履行了合同的全部义务，双方的合同关系即告消灭；合同签订后，一方因不可抗力而无力履行合同的，原合同规定的权利义务也归于终止；夫妻一方死亡，夫妻间的权利义务关系即行终止；等等。

二、民事法律事实

民事法律规范本身并不能在当事人之间引起民事上的权利、义务关系，而只是表明民事主体享有权利和承担义务的可能性。但是，法律可以根据需要，规定一些事实条件，在发生这些事实时，就使民事法律关系得以产生、变更和消灭。这些由法律规定的、能够引起一定民事法律关系的产生、变更、消灭后果的客观事实，就是民事法律事实。

现实生活中，民事法律关系不能自然而然地产生、变更和消灭；任何民事法律关系的产生和变动都必须以一定的民事法律事实为根据。如甲、乙订立房屋租赁合同的行为，就使双方发生了房屋租赁法律关系。而某丙的死亡则能引起遗产继承关系的发生。这里的行为、死亡都是民事法律事实。民事法律事实作为实现民事法律关系变动的动力，与民事法律规范、民事法律责任、民事法律关系一起构成民法的四大基本法律制度。本书正是根据这四大基本制度设计本书的基本结构和体系。民事法律事实作为一个独立的民事法律制度，本书专设"民事法律事实论"一编，其目的在于突出和体现民事法律事实在民法中的地位、功能和作用。故在第三编作有比较充分的介绍和阐述，因此，在本节仅以与民事法律关系之间动力关系或因果关系角度提出，为避免重复，不作全面的阐述。

【思考与练习】

◎问答题

1. 简述民事法律关系是一项什么样的民事法律制度。
2. 简述民事法律关系的分类及其意义。
3. 简述民事主体的类型及其地位。
4. 简述民事客体的种类。
5. 试述民事法律关系三个构成要素之间的关系。

◎选择题

1. 甲委托其在外地的好友乙代购药材，并汇去 2 万元钱。因一时无货，乙便以甲的名义将钱暂存银行。乙的好友丙因生产经营急需用钱，去找乙，乙便拿出甲的存折给丙，由丙的好友丁担保。乙未将上述情况告知甲。后丙因生产经营不善无力还款而引起纠纷。甲诉至法院。本案中哪些法律关系有效？（　　）

A. 甲与乙之间的委托代理关系

B. 甲与银行之间的储蓄法律关系

C. 乙与丙之间的借款法律关系

D. 丁与乙、丙之间的担保法律关系

2. 甲、乙毗邻而居，乙得病需钱治疗，甲便给乙送去 3000 元并对乙说："你先用着，以后再说。"乙接受，并表示谢意。三年以后，甲、乙因口角闹翻，甲要求乙返还 3000 元，乙拒绝。双方为此发生纠纷。现问：下列表述哪些是正确的？（　　）

A. 甲与乙之间构成不当得利关系

B. 甲与乙之间构成赠与关系

C. 甲与乙之间构成借贷关系

D. 甲与乙之间构成借贷关系，但甲因时效而丧失请求法院强制乙返还借款的权利。

3. 甲县人民政府建宾馆缺少资金，向乙银行贷款 300 万元人民币。届期未能清偿，乙银行以县政府为被告向人民法院起诉。该贷款（　　）。

A. 不是平等主体之间的民事法律关系

B. 应属于政府行政行为

C. 是管理者与被管理者之间的纵向经济关系

D. 是平等主体之间的民事法律关系，应由民法调整

4. 不属于民事法律关系的构成要素的是（　　）。

A. 参加民事法律关系享有民事权利和承担民事义务的人

B. 民事主体间的权利和义务

C. 民事法律关系的标的物

D. 民事法律关系的权利和义务所指向的对象

5. 民事法律关系的客体是指民事权利和民事义务共同指向的对象。在货物运输合同中，其客体是指什么？（　　）

A. 运送行为　　　　　B. 货物

C. 运费　　　　　　　D. 运输工具

◎**案例分析题**

1. 高级工程师李某去世后，其遗体被存放在某殡仪馆中。其近亲属在约定的时间准备举行遗体告别仪式时，却找不到李某的遗体，无奈只得在棺椁上覆盖旗帜进行遗体告别。事后经查找，确认前日殡仪馆在火化无名尸体时，错将李某的尸体火化，应当火化的无名尸体尚存。李某的近亲属认为遭受了严重的精神损害，向法院起诉追究殡仪馆的民事责任。

问：该案中双方形成了何种法律关系？该法律关系是如何产生的？

2. 甲、乙、丙三村分别按20%、30%、50%的比例共同投资兴建一座水库，蓄水量10万立方米，约定用水量按投资比例分配。某年夏天，丙村与丁村约定当年7月中旬丙从自己的用水量中向丁供应灌溉用水1万立方米，丁支付价款1万元。供水时，水渠流经戊村，戊村将水全部截流灌溉本村农田。丁村因未及时得到供水，致秧苗损失5千元。丁村以为丙村故意不给供水，遂派村民将水库堤坝挖一缺口以放水，堤坝因此受损，需花两万余元方可修复。因缺口大，水下泻造成甲村鱼塘中鱼苗损失2000元。由于发生了上述情形，乙村欲将其30%的份额转让给庚村。问：

（1）本案涉及哪些民事法律关系？

（2）丙村与丁村之间的约定是否有效？为什么？

（3）丁村秧苗损失可向谁索赔？为什么？

（4）对于堤坝损坏，谁可以作为原告起诉？为什么？

（5）甲村的鱼苗损失应由谁赔偿？为什么？

（6）乙村如欲将其30%的份额转让给庚村，乙村应履行何种义务？甲村、丙村享有何种权利？

第 五 章

最基本的民事主体——自然人

◆ 【案例导入】

9 岁的林某购买学习效率机的行为有效吗?

9 岁的林某放学回家遇到某公司业务员赵某向其推销学习效率机,开价 5800 元,林某信其言,用自己积攒的压岁钱 1000 元交付了定金,并在分期付款合同上签字,事后林某父母知晓此事,以"行为人对行为内容有重大误解"为由要求赵某撤销合同并退款。

☞ 【分析提要】

1. 本案争议的焦点是林某是否有权利签订合同。

2. 林某是否认识到该合同的后果?

3. 合同的效力如何认定?

4. 林某父母是否有权主张撤销合同并退款?

第一节 自然人的民事能力

民法中的自然人不仅仅是生物学意义上的人,同时也是一个参与民事活动的人。《民法通则》所使用的术语是"公民",而 1999 年生效的《合同法》则明确使用了"自然人"的概念。但是公民和自然人的含义并不一致,公民主要是指具有一国国籍并依照该国的宪法和法律享有权利承担义务的人,公民是公法上的概念。而自然人是私法上的概念,自然人不分国籍,包括本国人,外国人和无国籍的人。

一、自然人的民事权利能力

(一) 自然人民事权利能力的概念和特征

自然人民事权利能力,是指自然人依法享有民事权利承担民事义务的资格或能力。我国《民法通则》第 10 条规定:"公民的民事权利能力一律平等。"这也是民事权利能力的法律依据。

自然人的民事权利能力一般具有以下几个特点:

1. 自然人的民事权利能力具有平等性。也就是说任何自然人不分民族、性别、宗教等其法律地位一律平等，外国人或者无国籍的人在中国领域内进行民事活动，同中国公民一样具有平等的民事权利能力。

2. 自然人的民事权利能力在内容上具有广泛性。根据权利能力内容的不同可以把民事权利能力分为一般民事权利能力和特殊民事权利能力，前者不受自然人的年龄和健康条件的限制，后者则受到自然人的年龄和健康条件的限制。[1]例如结婚能力和劳动能力就是两种常见的特殊民事权利能力。再如从事法律职业需要取得司法考试合格证，从事会计行业需要取得注册会计师资格证或者会计从业资格证，这些都是要求自然人达到一定的年龄或者具有一定专业知识或者学历才可以享有的民事权利能力。

3. 自然人的民事权利能力具有与自然人的人身不可分离和不可转让的属性。自然人的民事权利能力和民事行为能力除依照法律规定并经法定程序加以限制和剥夺外，任何人不得限制或剥夺。

（二）自然人的民事权利能力和民事权利的关系

自然人的民事权利能力和自然人的民事权利是两个既有联系又有区别的概念。一般地说，民事权利能力是一种资格或者说可能性，是自然人取得民事权利的前提条件，而民事权利则是自然人民事权利能力得以实现的结果。但两者又存在明显的区别：

1. 内容不同。民事权利能力在内容上不仅包括民事权利，而且还包括民事义务，而民事权利在内容上仅是指权利。

2. 发生原因不同。民事权利能力是法律赋予的，具有法定性。民事权利产生于具体的民事法律关系，它可以是法律规定的，也可以由当事人进行约定，具有约定性。

3. 关联状况不同。民事权利能力和自然人的人身是不可分离的。换言之，自然人不能放弃或者转让民事权利能力，但是自然人的民事权利和自然人之间可以分离，自然人可以依法放弃或者转让自己的民事权利。

（三）民事权利能力的开始和终止

关于民事权利能力的取得，世界上多数国家都规定自然人的民事权利能力始于出生。我国《民法通则》第9条规定："公民从出生起到死亡时为止，具有民事权利能力，依法享有民事权利，承担民事义务。"对于自然人而言，出生是一个重要的法律事实，因为出生决定了民事权利能力的取得。

1. 自然人民事权利能力因出生而开始。出生既然是一个法律事实问题，那

---

[1]　孙宪忠主编：《民法总论》，社会科学文献出版社2004年版，第104页。

么出生的时间也就具有重要的法律意义。关于出生的时间如何确定,目前学界主要有三种学说:一种是阵痛说,认为妊妇开始阵痛,就意味着胎儿出生。一种是露出说,此说又分为全部露出说和部分露出说。全部露出说认为胎儿全部脱离母体之时为完成出生,部分露出说认为胎儿一部分脱离母体即为完成出生。还有一种是独立呼吸说,认为胎儿全部脱离母体,且在分离之际有呼吸行为,为完成出生。

在实务中存在多种关于出生时间的证据,如户口簿、身份证、出生证、接生记录簿等。从时间上来说,首先医院在接生记录簿记录出生时间,然后办理出生证明,凭出生证明到当地公安部门办理户口,根据户口簿办理身份证。但是,在证据效力认定上《民法通则》的规定恰恰相反,因公安部门出具的证明具有权威性、公开性和官方性,所以户口簿的效力远高于其他证据。根据《民通意见》第1条的规定:"公民的民事权利能力自出生时开始,出生的时间以户籍为准;没有户籍证明的,以医院出具的出生证明为准。没有医院证明的,参照其他有关证明认定。"

随着社会的发展,传统的民事权利能力和民事权利理论已经无法解释胎儿利益的保护或者死者人格利益的保护问题,部分学者逐渐提出了民事权利能力和民事权利分离理论。该理论认为民事权利能力可以和民事权利相分离,也就是说,虽然按照目前立法对胎儿或者死者作了没有民事权利能力的规定,但是自然人在出生之前或者死亡之后依然享有某些民事权利。

关于胎儿利益的保护,目前各国主要有四种立法模式,①将胎儿视为已出生给予保护,也就是胎儿具有民事权利能力;②规定原则上胎儿没有权利能力,但若干例外情况下视为有民事权利能力;③承认活着的胎儿有民事权利能力;④不承认胎儿具有民事权利能力,但立法上给予胎儿一些特殊保护。我国目前采用了最后一种立法模式。例如我国《继承法》第28条明确规定:"遗产分割时,应当保留胎儿的继承份额。胎儿出生时是死体的,保留的份额按照法定继承办理。"胎儿是否具有民事权利能力,学术界观点不一,如有的教授认为,基于以下三个理由认为胎儿不具有民事权利能力。①权利能力的取得始于出生,没有出生就不可能作为一个独立存在的生物体享有权利能力,而胎儿出生之前,完全依附于母体。②享有权利能力必须是一个活着的主体,胎儿出生之前,不是一个完整的自然人,其是否存活还是一个疑问,如何确定其作为权利主体的存在?如果胎儿具有权利能力,那么堕胎的合法性就成了一个问题。③如果胎儿真的具有权利能力,那么胎儿的权利能力起始期限也不好确定。[1]

---

〔1〕　王利明:《民法总则研究》,中国人民大学出版社2003年版。

2. 自然人民事权利能力因死亡而终止。自然人的民事权利能力一般因死亡而终止。同出生一样，死亡也是对民事主体的一个很重要的法律事实。死亡是指自然人生命终止的事实。而死亡的原因不影响死亡在民法上的效力，死亡一般可以分为自然死亡（生理死亡）和宣告死亡。宣告死亡是自然人下落不明达到一定期限，利害关系人向人民法院申请失踪人死亡的制度，也叫做推定死亡。自然死亡会引起自然人的民事权利能力的终止，这已为各国法律实践所普遍认可。但对宣告死亡是否引起权利能力的终止各国立法并不一致。有的立法模式认为宣告死亡视为死亡，民事权利能力终止。有的认为宣告死亡虽然是死亡，但是未明确规定宣告死亡会导致民事权利能力的终止，我国就是采用了后一种立法模式。

关于死亡的时间点的认定，一般也因自然死亡和宣告死亡的不同而有所不同，自然死亡的时间是以医院出具的死亡证明书还是以公安部门出具的销户证明为准，还是以民政部门出具的火化证明为准？《民法通则》对此没有明文规定，从时间的发生顺序而言，一般首先是医院出具死亡证明书，其次是民政部门出具火化证明，最后是到公安部门办理销户手续。对于宣告死亡一般以宣告死亡人当地的人民法院宣告判决书生效的时间点视为死亡时间点。在意外死亡当中还可能存在无法判断死亡时间点的问题，就此问题《继承法意见》第2条明确规定："相互有继承关系的几个人在同一事件中死亡，如不能确定死亡先后时间的，推定没有继承人的人先死亡。死亡人各自都有继承人的，如几个死亡人辈份不同，推定长辈先死亡；几个死亡人辈份相同，推定同时死亡，彼此不发生继承，由他们各自的继承人分别继承"。

关于死亡时间的确定学术界也有四种观点：①呼吸停止说，就是以呼吸停止作为死亡的时间；②心脏跳动停止说，该学说认为心脏一旦停止跳动即认为已经死亡；③脉搏停止说，该学说认为人的脉搏一旦停止跳动即认为已经死亡；④脑死亡说（脑电波消失说），所谓脑死亡是指以脑干以上中枢神经系统永久性的丧失功能。几种学说相对而言，脑死亡说较为科学，目前世界上已经有八十多个国家和地区承认了脑死亡标准，例如我国台湾地区1987年通过了"脑死亡法"。但目前采用了脑死亡和呼吸死亡标准并存的方式，我国也于2002年起草了中国脑死亡的诊断标准。在司法实践中，如果自然人是在医院死亡的，应当以死亡证明书记载的死亡时间为准。若当事人对死亡时间有争议的，以法院的判决为准。

二、自然人的民事行为能力

（一）自然人的民事行为能力的概念和特征

自然人的民事行为能力，是指自然人能够以自己的行为行使民事权利和承担民事义务及其民事责任的能力。简言之，就是自然人可以进行民事活动的能力或者资格。

自然人的民事行为能力具有以下几个特点：

1. 具有独立进行民事活动的能力。它不仅仅包括独立从事法律行为的能力，还包括进行意思表示的能力和进行事实行为的能力。

2. 以意思能力为基础。自然人的民事行为能力从内容上不仅仅包括行使民事权利、履行民事义务，还包括承担民事责任，因此一个人要具备承担民事责任的能力，首先应具备认识这种行为的能力，即要以意思能力为基础。意思能力可以理解为认识和判断自己行为的能力，意思能力也和人的健康和年龄密切相关，因为一个人只有达到一定年龄且智力健全才可以具有认识和判断的能力。

3. 具有法定性。虽然自然人的民事行为能力和人的认识判断能力有关，但它不是以自然人的个人意识为判断标准，而是由国家法律作出规定的。之所以规定自然人的民事行为能力，其根本原因在于：①保护无行为能力人和限制行为能力人的合法权益。行为能力欠缺，意味着欠缺独立行为的能力，因此在民事活动中利益容易受到损害。如在无行为能力人或者限制行为能力人与善意第三人发生交易行为时，虽然第三人主观上是善意的，但仍不能行使撤销权，这体现了民法上对无行为能力人、限制行为能力人的利益的保护超过了对善意第三人的信赖利益的保护。②维护交易的安全和秩序。因为如果行为人都可以其无意思能力而主张交易无效，不利于交易的安全和稳定的社会秩序，所以，法律对行为能力的规定有着严格的标准。

（二）民事权利能力与民事行为能力的关系

民事权利能力和民事行为能力是民事主体制度中的两项重要内容，它们之间有着非常密切的关系，没有民事权利能力，就失去了主体资格，也就不可能具有民事行为能力。但是具有权利能力，而没有行为能力，也不能通过自己的行为去享有权利和承担义务。可以说自然人的民事行为能力和民事权利能力并不一致，有民事权利能力并不一定具备民事行为能力，有民事行为能力必然有民事权利能力。具体说来，两者具有以下几点区别：

1. 本质不同。民事权利能力是成为民事主体的资格，而民事行为能力是能够以自己的行为从事民事活动的资格。有权利能力的人，如果不具有法定的意思能力，也就没有行为能力，所以两者有着本质的不同。

2. 范围不同。民事权利能力具有普遍性，而行为能力不具有普遍性，任何人不分性别种族国籍等都具有权利能力，权利能力不需要特别认定，更不需要通过某种程序来认定，而自然人是否具有行为能力首先要达到一定的法律标准。其次，对一些因健康原因欠缺足够意思能力的人如认定其行为能力，要经过特殊的程序。换言之，对自然人而言，权利能力都是平等的，但行为能力可能因智力和健康情况则因人而异。

3. 限制状况不同。民事权利能力不受限制和剥夺，而民事行为能力却可以依据法律规定的原因和程序做出限制。例如精神病人可以被认定为限制民事行为能力或者无民事行为能力的人，但在其恢复健康以后则应该依法取消对其行为能力的限制。

4. 产生基础不同。民事权利能力不以意思能力的存在为基础，不受年龄健康情况和身体条件的限制。而民事行为能力以意思能力为基础，它受到年龄健康情况和身体条件的限制。

（三）民事行为能力与民事责任能力的关系

民事行为能力不仅包括实施民事法律行为等合法行为的能力，也包括对不法行为和不履行义务行为负责的责任能力。所谓责任能力，又称不法行为能力或者过失责任能力，是指对自己的过失行为能承担责任的能力。责任能力包括侵权责任能力、违约责任能力和其它责任能力。民事责任能力与民事行为能力比较，主要有以下几点区别：

1. 设立的目的不同。法律规定民事行为能力，目的主要在于使主体可以按照自己的意志进行法律行为，以追求、实现和保护自身利益；而设立民事责任能力的目的，在于使主体对其违法行为所造成的损害后果承担民事责任，以保护他人和社会的利益。

2. 解决的事项不同。民事行为能力是针对行为人有识别力与判断力地实施法律行为而设立的，是决定民事行为是否有效的根据；而民事责任能力则针对行为人实施违法行为所产生的法律后果而设立，是决定行为人是否要对自己的行为承担民事责任的根据。由于设立目的与解决的事项不同，各国民法上一般将自然人的民事行为能力规定于民法典的总则编，而民事责任能力及民事责任的具体承担问题则在分则的侵权责任部分予以规定。

3. 能力的范围不同。民事行为能力总是具体的，有一定的范围，不同民事主体的民事行为能力范围也不尽相同。而民事责任能力则是抽象的，并无一定的范围，更不受民事行为能力范围的限制。民事主体超出其民事行为能力范围所为的行为可能不产生法律效力，但无论是无效的民事行为还是侵权行为或其它违法行为，在引起民事责任的产生上均为"有效"，有民事责任能力的人即应对该行为的后果承担民事责任。

4. 判断的标准不同。由于上述各项的不同，各国立法上对民事行为能力与民事责任能力的判断标准也作有不同的规定。尽管各国立法上对此问题的规定未尽一致，理论上也有不同的认识与主张，但至少有一个基本点可谓是有共识的，即自然人的民事行为能力的划分标准系在意思能力的基础上进行法技术之处理而确定的（年龄主义＋有条件的个案审查）。前者标准之确定不考虑个人之财产状况，而民事责任能力的确定，除考虑意思能力或行为能力状况之外，还必须考虑个人之财产状况。将财产状况作为确定民事责任能力的特殊或例外标准，就使得自然人之民事责任能力状况与其民事行为能力状况出现不完全对应的结果。如虽贯彻"自己责任原则"但不得将有民事行为能力而无财产的人认作无民事责任能力人，又如考虑到公平原则而将欠缺民事行为能力但有财产的人认作有部分乃至全部民事责任能力人。依据我国《民法通则》和有关《民通意见》的规定精神，我国民事立法认为责任能力的评价标准有两个，一是行为人的民事行为能力，二是行为人的财产状况。《民通意见》第 161 条规定："侵权行为发生时行为人不满 18 周岁，在诉讼时已满 18 周岁，并有经济能力的，应当承担民事责任；行为人没有经济能力的，应当由原监护人承担民事责任。行为人致人损害时年满 18 周岁的，应当由本人承担民事责任；没有经济收入的，由扶养人垫付；垫付有困难的，也可以判决或者调解延期给付。"这时，财产标准具有优先地位。在其他情况下采用民事行为能力标准，换言之，无民事行为能力人、限制民事行为能力人是行为主体，他们的监护人是责任主体。《民法通则》第 133 条规定："无民事行为能力人、限制民事行为能力人造成他人损害的，由监护人承担民事责任。监护人尽了监护责任的，可以适当减轻他的民事责任。有财产的无民事行为能力人、限制民事行为能力人造成他人损害的，从本人财产中支付赔偿费用。不足部分，由监护人适当赔偿，但单位担任监护人的除外。"[1]

（四）民事行为能力的类型

1. 民事行为能力类型的划分标准。民事行为能力是以意思能力为基础的，它受到自然人的年龄、智力、发育程度和身体情况的影响，换言之，不同的人因年龄、智力、发育程度和身体健康情况的不同，民事行为能力必然不同。要判断自然人的意思能力最科学的方法是依照每个自然人的情况单独进行判断，而在法律层面上这种模式不具有操作性。所以世界各国都不采取对自然人的民事行为能力进行个案审查的方法，而是采取了年龄主义的原则。也就是以年龄为主要标准来区分自然人不同的民事行为能力，同时法律又考虑自然人的精神状态，对精神

---

〔1〕 理论上对于自然人民事责任能力的涵义之界定，可分下述五类：①民事行为能力包容说（广义说）。自然人对其实施的不法行为承担民事责任的能力或资格为广义的民事行为能力所包容，是民事行为能力的一个方面。②侵权行为能力为一种独立的民事能力，或认为其仍属广义民事行为能力之一面，但均承认侵权行为能力的判断标准与狭义民事行为能力有所差异。③意思能力说。认为自然人的民事责任能力，是其能够理解自己的行为并且预见其违法行为结果的心理能力。④识别能力说。认为民事责任能力是"足以辨识自己的行为结果的精神能力"，这里的"识别能力"，处于判断层次上，在程度要求上明显低于作为推理层次的"意思能力"。⑤独立责任资格说。认为民事责任能力是指民事主体据以独立承担民事责任的法律地位或法律资格。

病人的民事行为能力做了特别规定。关于民事行为能力的立法世界各国大体上有两种立法模式，一种是两分法，把自然人分为完全行为能力人和限制行为能力人；另一种是三分法，把自然人分为完全行为能力人、限制行为能力人和无行为能力人。我国民法对民事行为能力的划分是以年龄为主要标准，同时以自然人的精神情况作为补充标准，把自然人分为完全行为能力人、限制行为能力人和无行为能力人。

2. 完全民事行为能力人。所谓完全民事行为能力人，是指自然人能以自己的行为独立享有民事权利承担民事义务的资格，或者说法律赋予达到一定年龄和智力状态的自然人通过自己的独立行为进行民事活动的能力。《民法通则》第11条规定："18周岁以上的公民是成年人，具有完全民事行为能力，可以独立进行民事活动，是完全民事行为能力人。16周岁以上不满18周岁的公民，以自己的劳动收入为主要生活来源的，视为完全民事行为能力人。"我国民法规定18周岁的自然人为完全民事行为能力人，有以下三个原因：①根据我国宪法规定，年满18周岁的公民具有选举权和被选举权。年满18周岁既是享有宪法规定的权利的年龄界限，也是判断自然人是否成年的重要标志。②在社会交往中，年满18周岁就被认为具有一定的社会经验和具有完全的识别判断和预见自己行为后果的能力，也是大家一般判断是否成年的年龄标准。③大部分大陆法系的国家民法都是采用了年满18周岁为完全民事行为能力的这种划分标准。我国《民法通则》规定的以自己的劳动收入为主要生活来源的，视为完全民事行为能力人，主要依据以下两个因素：①具有一定的劳动收入，即依靠自己的劳动获得了一定的收入，例如工资奖金等；②劳动收入构成其主要生活来源。按照《民通意见》第2条的规定："16周岁以上不满18周岁的公民，能够以自己的劳动取得收入，并能维持当地群众一般生活水平的，可以认定为以自己的劳动收入为主要生活来源的完全民事行为能力人。"由于《劳动法》第15条明确规定，16周岁以上的自然人就享有劳动权，那么自然人的经济收入能否成为划分民事行为能力的补充标准呢？学者对经济收入作为划分标准的意见不一。由于我国民法主要是考虑自然人的年龄或者说智力状况来划分民事行为能力，如果采用经济收入作为补充标准，则会导致对行为能力的划分标准多元化，不利于司法实践中对行为能力的判断。同时，经济能力和一个人的智力状况并无必然的联系。最后，自然人能够以自己的劳动收入为主要生活来源表明其具有一定意思能力，但并不意味着其有完全的意思能力。

3. 限制民事行为能力人。所谓限制民事行为能力人，又叫不完全民事行为能力人，是指可以从事与自己的年龄、智力和精神健康状况相适应的民事活动的能力人。简单说，就是自然人部分独立地或者说在一定范围内具有从事民事活动的能力。同时民事行为能力又和民事行为的效力密切相关。在一定意义上自然人的民事行为能力决定了民事行为的效力。例如14岁的张某将价值昂贵的家中物品低价卖给成年人吴某，张某父母知晓后主张孩子无权处分家中物品，同时认为孩子签订合同的行为是无效的。根据《民法通则》第12条和第13条的规定，10周岁以上的未成年人是限制民事行为能力人，可以进行与他的年龄、智力相适应的民事活动；其他民事活动由他的法定代理人代理，或者征得他的法定代理人的同意。不能完全辨认自己行为能力的精神病人是限制民事行为能力人，可以进行与他的精神健康状况相适应的民事活动，其他民事活动由他的法定代理人，或者征得他的法定代理人的同意。换言之，未成年人从事与他年龄、智力不相符的民事行为，法律会认为该行为无效。本案例中张某的行为效力到底有效还是无效，在《民法通则》和《合同法》中有着不同规定。出于交易安全的考虑，《民法通则》第58条第1款规定，限制民事行为能力人依法不能独立实施的民事行为无效。出于鼓励交易的考虑，《合同法》将此行为规定为效力待定行为。根据1999年生效的《合同法》第47条的规定："限制民事行为能力人订立的合同，经法定代理人追认后，该合同有效，但纯获利益的合同或者与其年龄、智力、精神健康状况相适应而订立的合同，不必经法定代理人追认。相对人可以催告法定代理人在1个月内予以追认。法定代理人未作表示的，视为拒绝追认。合同被追认之前，善意相对人有撤销的权利。撤销应当以通知的方式作出。"换言之，此类行为是否有效取决于法定代理人的同意或者拒绝，如果同意，行为有效，否则无效。《合同法》做出这种规定理论上基于以下几点考虑：①此类合同与无效合同和可撤销合同不同，它并非因为当事人故意违反法律的强制性规定及社会公共利益，也不是因为当事人意思表示不真实而导致合同可撤销，主要是由于当事人缺乏完全的缔约能力和处分能力而造成的；②这类合同可以经限制民事行为能力人的法定代理人承认而生效，这种承认表明限制民事行为能力人所签订的合同是符合权利人利益的；③有利于促成交易，也有利于维护相对人的利益。因为相对人与限制民事行为能力人订立合同，总是希望合同有效，并且通过有效合同的履行使自己获得期待的利益。因此，通过法定代理人的追认使效力待定的合同生效，而不是简单地宣告这种合同无效，是符合相对人利益的。

根据我国民法的规定，限制民事行为能力人有两种：①10周岁以上的未成年人。他们已经具有一定的智力水平，具有一定的识别能力和判断能力。但是同时他们是未成年人，智力发育尚未健全，所以法律规定他们只是具有部分的民事行为能力。②不能完全辨认自己行为的精神病人（包括痴呆症人）。所谓不能完全辨认自己的行为，是指对比较复杂的事物和比较重大的行为缺乏独立的判断能力，也不能完全意识到自己的行为后果。

对于限制行为能力的人来说，法律只许可其从事与其年龄、智力及精神健康情况相适应的民事行为。这些行为主要包括以下内容：①纯获利益的行为。所谓纯获利益的行为，是指能够获得利益但不负有法律上的负担的行为。学者对纯获利益如何理解有不同观点，一种是法律上的纯获利益，一种是经济学上的纯获利益。前者认为既不负担义务也不发生权利丧失的无偿行为才是纯获利益行为，后者观点认为所负担的义务如果在经济价值上远远小于所获得的权利就是纯获利益的行为。《民通意见》第 6 条规定："无民事行为能力人、限制民事行为能力人接受奖励、赠与、报酬，他人不得以行为人无民事行为能力、限制民事行为能力为由，主张以上行为无效。"②日常生活必需的行为。限制行为能力人可以从事一些日常生活所必需的交易，否则会不当限制其行为的自由，也会给其生活造成不便。在英美法中有必需品理论，1979 年《英国货物买卖法》第 3 节中规定，必需品是与未成年人的生活条件相适应并且未成年人实际需要的物品，必需品的判断一般以未成年人的经济能力、身份、地位、职业等各种情况为标准来判断，这种规定值得我国民法的借鉴。我国《民法通则》规定限制行为能力的人可以从事与其年龄、智力相适应的民事活动，根据《民通意见》的规定，如何判断与年龄、智力状况相适应的民事活动的标准主要有四个：①行为和本人生活相关联的程度；②本人的智力或者精神状态能否理解其行为；③行为标的数额；④在法定代理人确定的范围内对自己财产的处分行为，例如父母给未成年人零花钱的行为就是这种情况。

4. 无民事行为能力人。所谓无民事行为能力人，是指自然人无独立从事民事活动的资格，换言之，也就是不具有以自己的行为取得民事权利和承担民事义务的资格。根据《民法通则》第 12 条和第 13 条的规定，我国无民事行为能力的人有两种：①不满 10 周岁的未成年人。此类自然人年龄尚小，智力发育不很成熟，还不具有一定的识别能力和判断能力。②完全不能辨认自己行为的精神病人。这类人根本不具有识别能力和判断能力，为了保护这种特殊人群的利益，《民法通则》第 58 条第 1 款第 1 项规定无民事行为能力人实施的民事行为无效。同限制行为能力人一样，无民事行为能力人可以实施纯获利益的行为和一些日常生活必需的行为。

对于自然人是否患有精神病的问题，我国的司法实践主要是依照《民通意见》的规定，人民法院一般应该根据司法精神病学鉴定或者参照医院的诊断、鉴定来确认，在不具备诊断、鉴定条件的情况下，也可以参照群众公认的当事人的精神状态认定，但应以利害关系人没有异议为限。如果在诉讼中，当事人及利害关系人提出一方当事人患有精神病（包括痴呆症），人民法院认为确有必要认定的，应当按照《民事诉讼法》规定的特别程序，先作出当事人有无民事行为能力的判决。

5. 自然人民事行为能力的宣告制度。《民法通则》第 19 条规定："精神病人的利害关系人，可以向人民法院申请宣告精神病人为无民事行为能力人或者限制民事行为能力人。"依据《民法通则》的规定，宣告公民为无民事行为能力人必须履行一定的法律程序，一般应该具备下列几个条件：

（1）被宣告者须是精神病人（包括痴呆症）。在传统民法上还有一种限制民事行为能力或者无民事行为能力人——禁治产人。所谓禁治产就是禁止其管理和处分财产。禁治产人就是指经常处于心神丧失状态并被法院宣告为禁治产的人，[1] 如因醉酒或者服用麻醉品等导致家庭经济状况发生严重困难的人，依据禁治产制度可以宣告他们为禁治产人。关于我国民法是否采取禁治产制度，学术界对此有不同看法，尽管禁治产制度在一定意义上限制了禁治产人的行为自由，但是对于保护他的个人利益和他的近亲属的利益和社会稳定也是有利的。另外除了精神病人外，对植物人或者脑萎缩者能否也宣告为无民事行为能力人？这些人虽然不是医学上的精神病人，但是他们长期不能辨认自己的行为，不具有判断和自我保护能力，对于这些人经利害关系人申请，应该由人民法院作出其无民事行为能力的宣告。

（2）须经利害关系人申请。所谓利害关系人就是与被申请宣告人有法律上的利害关系的人。例如被宣告人的配偶、父母、成年子女以及其他近亲属等。没有利害关系人的申请，法院不得主动宣告。

（3）须经人民法院依法宣告。在法院确实查清自然人是精神病人的情况下可以作出宣告。如果被人民法院宣告为无民事行为能力或者限制行为能力人恢复或者部分恢复民事行为能力的，须经本人或者利害关系人的申请，人民法院应当作出新判决，撤销原判决。

第二节　自然人的住所与户籍

一、自然人的住所

住所是公民长期居住生活的地点。每个人的活动总是存在于一定的空间的，例如工作场所，居住的场所，财产所在场所等。可以说住所是自然人参与各种民事法律关系集中发生的中心区域，同时，自然人的住所在民法上具有重要的意义。住所学理上分为三类：①法定住所。所谓法定住所也就是法律直接规定的住

---

〔1〕　王利明：《民法总则研究》，中国人民大学出版社 2003 年版，第 353 页。

所。②意定住所，也就是当事人可以根据自己的意志确定的住所。③拟制住所（推定住所）。法律在特殊情况下将居所推定为住所。根据我国1958年实施的《户口登记条例》第6条规定："公民应当在经常居住的地方登记为常住人口，一个公民只能在一个地方登记为常住人口。"可见，我国公民只能有一个住所。

关于住所的认定，世界各国主要有三种观点：①主观说，认为住所应当由当事人长期居住的意思而定；②客观说，认为住所应当以客观上实际长期居住的地点为住所；③折衷说或者主观客观统一说，也就是认为住所应当以当事人长期居住的意思和客观上长期居住结合起来考察。《民法通则》第15条规定："公民以他的户籍所在地的居住地为住所，经常居住地与住所不一致的，经常居住地视为住所。"所谓经常居住地，根据《民通意见》第9条规定："公民离开住所地最后连续居住1年以上的地方，为经常居住地。但住医院治病除外。公民由其户籍所在地迁出后至迁入另一地之前，无经常居住地的，仍以其原户籍所在地为住所。"可见我国法律上以户籍所在地的居住地为自然人的住所。在住所的认定上我国采用了客观说。

法律上确定住所的意义主要在于：①确定自然人的民事主体状态，如宣告失踪、宣告死亡都是以自然人离开住所地下落不明为前提的；②决定债务的清偿地；③决定婚姻登记的管辖地点和确定监护人；④在涉外民事法律关系中确定法律适用的准据法；⑤确定诉讼管辖法院和司法文书送达地。

二、居民身份证、户籍和护照

自然人如何证明自己的民事主体地位，这是实务中一个很重要的问题，如在办理结婚登记、出入境、收养或者服兵役等行为时，居民应当出示居民身份证证明身份。在我国，自然人的身份证明是居民身份证，身份证也是公民真实身份的凭证。居民身份证登记的项目包括：姓名、性别、民族、出生日期、常住户口所在地住址、公民身份号码、本人相片、证件的有效期和签发机关。身份证按照有效期的长短分为短期和长期身份证，根据《居民身份证法》第5条的规定："16周岁以上公民的居民身份证的有效期为10年、20年、长期。16周岁至25周岁的，发给有效期10年的居民身份证；26周岁至45周岁的，发给有效期20年的居民身份证；46周岁以上的，发给长期有效的居民身份证。"根据《居民身份证法》的规定，公民自年满16周岁之日起3个月内，应当向常住户口所在地的公安机关申请，未满16周岁的公民，可自愿申请领取居民身份证。公民从事有关活动需要证明身份的，有权使用居民身份证证明身份，有关单位及其工作人员不得拒绝。同时规定任何组织或者个人不得扣押居民身份证。

户籍是对自然人按户进行登记并予以出证的公共证明簿。记载的事项有自然人的姓名、出生日期、亲属、结婚、离婚、收养、死亡等。它是确定自然人作为民事主体法律地位的基本法律文件。根据我国 1958 年实施的《户口登记条例》，户口登记簿和户口簿登记的事项，具有证明公民身份的效力。

护照是公民出入国境和在国外证明国籍和身份的证件。护照分为普通护照、外交护照和公务护照。普通护照的登记项目包括：护照持有人的姓名、性别、出生日期、出生地，护照的签发日期、有效期、签发地点和签发机关。普通护照的有效期为：护照持有人未满 16 周岁的为 5 年，16 周岁以上的为 10 年。

第三节　监护制度

一、监护概述

（一）监护的概念与意义

监护，是指由特定的自然人或组织对无民事行为能力人和限制民事行为能力人的人身、财产和其他合法权益依法实行监督和保护的法律制度。承担监护职责的人称为监护人；被监护的无民事行为能力人或限制民事行为能力人称为被监护人，包括未成年人和无民事行为能力或限制民事行为能力的精神病人[1]。

由于无民事行为能力人和限制民事行为能力人缺少自我保护的能力，其权利易受到侵害，故需要设立监护制度以保护其合法权益。另外，由于无民事行为能力人和限制民事行为能力人不能对自己的行为，特别是侵权行为，完全承担民事责任，需要监护人对其行为承担责任，以保护他人的合法权益，维护社会的正常秩序。由此，设立监护制度具有特别重要的意义。

（二）监护的性质

关于监护的性质，它究竟是一种权利还是一种职责，存在争议。通说认为，监护为被监护人的利益而设，并无监护人任何利益，故属一种职责。

我国民法未明确区分监护与亲权，把亲权即父母基于身份对未成年子女的人身和财产方面的管教和保护的权利，纳入到监护之中。与一般的监护不同，亲权具有较强的权利性，将两者合并，难免将亲权的权利色彩带入到监护中，使监护被认为是一种权利。

二、监护的设立

各国或地区的立法中，监护的设定方式不尽相同，大致包括法定监护、遗嘱监护和指定监护三种。我国司法实践中依据监护人的设立方式，把监护分为法定监护、指定监护和委托监护三种情形。不论何种监护方式，都要求监护人具有监

---

〔1〕　有的国家，如法国、德国、日本，将意志力、判断力下降而不能自我保护的老年人纳入到监护体系中，以应对老年化社会的现状，此做法值得我国借鉴。

护能力。认定监护能力，应根据监护人的身体健康状况、经济条件以及与被监护人在生活上的联系状况等因素来确定。

（一）法定监护

法定监护，是指依照法律直接规定监护人范围和顺序确定的监护。法定监护具有强制性，监护人不论是否愿意，都应依法履行监护职责。法定监护分为未成年人的法定监护和精神病人的法定监护。

1. 未成年人的法定监护人。未成年人的父母是未成年人的法定监护人。即使双方离婚，双方仍然是其子女的法定监护人。未成年人的父母已经死亡或者都没有监护能力的，由下列人员中有监护能力的人担任监护人：①祖父母、外祖父母；②兄、姐；③关系密切的其他亲属、朋友，愿意承担监护责任，经未成年人的父、母的所在单位或未成年人住所地的居民委员会、村民委员会同意的；④没有上述监护人的情况下，由未成年人的父、母的所在单位或未成年人住所地的村民委员会、居民委员会或民政部门担任监护人。

2. 精神病人的法定监护人。精神病人的监护人由下列人员中有监护能力的人担任：①配偶；②父母；③成年子女；④其他近亲属（包括兄弟姐妹、祖父母、外祖父母、孙子女、外孙子女）；⑤关系密切的其他亲属、朋友，愿意承担监护责任，经精神病人的所在单位或者住所地的居民委员会、村民委员会同意的；⑥没有上述监护人的情况下，由精神病人的所在单位或者住所地的居民委员会、村民委员会或民政部门担任监护人。

法定监护人的顺序有顺序在前者优先于在后者担任监护人的效力。另外，有监护资格的人之间可协议确定监护人。[1] 有监护资格的人之间协议确定监护人的，由协议确定的监护人对被监护人承担监护责任。

（二）指定监护

指定监护，是指有监护资格的人之间对担任监护人有争议时，由有关机关指定监护人的监护。当有监护资格的人之间有争议时，指定监护才产生。所谓争议，是指有监护资格的人争抢担任监护人或互相推诿都不愿意担任监护人。

1. 未成年人的监护人的指定。未成年人父母双亡或者均没有监护能力的，对担任监护人有争议，由未成年人的父母的所在单位或者未成年人住所地的居民委员会、村民委员会在近亲属中指定。被指定者及其他利害关系人对指定不服的，可以提起诉讼由人民法院裁决。未经指定，不得提起诉讼。否则，人民法院不予受理。

---

〔1〕 为了叙述的方便，本书将这种情形称为"协议监护"，属法定监护的范畴。

2. 精神病人的监护人的指定。我国《民法通则》第17条规定，对担任精神病人的监护人有争议的，由精神病人的所在单位或者住所地的居民委员会、村民委员会在近亲属中指定。被指定者或其他利害关系人对指定不服的，可以提起诉讼，由人民法院裁决。未经指定，不得提起诉讼。否则，人民法院不予受理。

我国《民法通则》对近亲属担任监护人设有一定的顺序。但在指定监护人时，实践中除考虑法定顺序外，还会考虑其他因素，如是否有监护能力，是否对被监护人有利等。

（三）委托监护

委托监护，是指监护人将监护职责部分或全部委托给他人代为履行而产生的监护。从理论上讲，监护是法律强行的制度，是一种职责，根本目的在于保护被监护人的利益，原则上不允许委托。我国司法实践基于某种实用的考虑，承认了委托监护，允许监护人在一定期间内将监护职责部分或全部委托给他人。

但必须明确的是，委托监护区别于"协议监护"，它不具有变更监护权[1]的效力，委托人（原监护人）的监护人地位没有改变，并非原监护人转让了监护权，受托人仅得在委托范围内行使监护职责。因此，因被监护人的侵权行为需要承担民事责任的，仍然应由原监护人承担。但受托人确有过错的，负连带责任。双方对被监护人的侵权行为的责任承担另有约定的，该约定内部有效，但是不得对抗第三人。

三、监护人的职责

（1）担任被监护人的法定代理人，代理被监护人进行民事活动，实施法律行为。

（2）保护被监护人的人身、财产及其他合法权益，除为被监护人的利益外，不得处分被监护人的财产。

（3）承担被监护人致人损害的侵权责任，监护人尽了监护责任的，可以适当减轻其民事责任，赔偿金从被监护人的财产中支出，不足部分由监护人适当赔偿。但由单位担任监护人的除外。

（4）监护人不履行监护职责或侵害被监护人的合法权益，给被监护人造成财产损失的，负赔偿责任。法院可根据有关人员或有关单位的申请撤销其监护人资格。

四、监护人的责任承担

在以下几种特殊情形下，监护人对被监护人的侵权行为承担民事责任：

---

[1] 监护权中的"权"，并非是指权利，而是一种资格或地位。

（1）父母离婚后的责任分担。父母离婚后，未成年子女侵害他人权益需要承担责任的，同该子女共同生活的一方独立承担；前者不能独立承担时，另一方与其共同分担。可见，此时父、母双方承担的是一种"补充性赔偿责任"，有先后之分，即与子女共同生活的一方先承担，不能独立承担时，另一方才与其共同分担。

（2）监护人不明时的责任承担。被监护人造成他人损害，监护人不明确的，由顺序在前且有监护能力的人承担民事责任。

（3）擅自变更监护人的责任承担。监护人被指定后，不得自行变更；擅自变更的，由被指定的监护人和变更后的监护人共同对被监护人的侵权行为承担责任。

五、监护的终止

监护的终止分为自然终止和因人民法院撤销而终止两类。

1. 自然终止。这是指随着一定时间的到来或一定事实的发生，监护关系即行终止。例如，未成年人随着年龄增长成为成年人，已具备完全的民事行为能力；监护人和被监护人一方死亡或者监护人丧失行为能力等。

2. 因人民法院撤销而终止。这是指人民法院根据被监护人或有关人员、单位的申请，宣判撤销监护人的资格，监护关系即行终止。主要有两种情形：①被人民法院宣告为无民事行为能力或限制民事行为能力的精神病人在其痊愈时，经其本人或利害关系人的申请，法院作出撤销监护的裁决；②监护人侵害被监护人的合法权益时，人民法院可根据被监护人或有关人员、单位的申请，撤销监护人的监护资格而终止监护关系。

第四节　宣告失踪和宣告死亡制度

一、宣告失踪

（一）宣告失踪的概念

宣告失踪，是指自然人下落不明达到法定期限，经利害关系人的申请，人民法院依法宣告其为失踪人的法律制度。

宣告失踪是对自然人下落不明这种事实状态的法律认定，目的在于结束失踪人财产关系上的不确定状态，保护失踪人和有关利害关系人的利益。

（二）宣告失踪的条件

1. 须自然人下落不明持续的状态满 2 年。下落不明，是指自然人离开住所或居所地无任何消息。下落不明的时间必须是持续地、不间断地满 2 年，而不是累计相加达 2 年。下落不明期限的起算时间，有如下情况：①一般情况下，从得到离开住所或居所的自然人的最后消息之次日起算；②由于事故而下落不明的，从事故发生之次日起算；③在战争期间下落不明的，从整个战争结束之日起算。

2. 须由利害关系人向人民法院申请。这里的利害关系人，是指在法律上与下落不明的自然人存在一定的人身关系或财产关系的人，如近亲属、债权人、债务人、合伙人等。

3. 须经法院宣告。有权受理的法院为失踪人住所地或最后居住地的基层人民法院；二者不一致的，以后者为准。法院收到利害关系人的申请后，应发出公告，寻找下落不明的自然人，公告期为3个月，期满后，该自然人仍下落不明的，宣告该自然人为失踪人。

（三）宣告失踪的法律后果

1. 设立财产代管人。下落不明的自然人被法院宣告失踪后，其财产由其近亲属或其他关系密切的亲属、朋友代管，无先后顺序之分，也无人数的限制。若有争议，应依有利于保护失踪人财产的原则，由法院指定。

2. 财产代管人的法律地位。

（1）权利。代管人可从失踪人的财产中为必要支付，支付失踪人所欠债务、税款和应付的其他费用；也可向失踪人的债务人主张债务。

（2）诉讼地位。涉及失踪人财产的民事诉讼时，代管人可直接以自己的名义参加诉讼。

（3）法律责任。代管人怠于履行职责或侵犯失踪人的财产，给失踪人造成损失的，应承担赔偿责任，其他利害关系人可申请变更财产代管人。

（四）失踪宣告的撤销

被宣告失踪的自然人重新出现或者确知他的下落，经本人或利害关系人申请，人民法院应撤销对他的失踪宣告。其财产代管人应向其交付代管的财产及其收益，并汇报财产管理情况，提交财产收支账目。

二、宣告死亡

（一）宣告死亡的概念

宣告死亡又称推定死亡，是指自然人下落不明达到法定期限，经利害关系人的申请，人民法院依法宣告其死亡的法律制度。

宣告死亡制度的目的与宣告失踪不同，宣告失踪只结束失踪人财产关系上的不确定状态，重在保护失踪人的利益。而宣告死亡不仅要结束被宣告死亡人财产关系上的不确定状态，而且还要结束被宣告死亡人人身关系上的不确定状态，重在保护被宣告死亡人的利害关系人的利益。

（二）宣告死亡的条件

1. 须自然人下落不明状态持续达到一定期间，有以下三种情形：①下落不明满 4 年（起算时间与宣告失踪相同）；②意外事故下落不明，从事故发生之日起满 2 年的（从事故发生当天起算）；③ 因意外事故下落不明，经有关机关证明不可能生存的。

2. 须由利害关系人向人民法院申请。申请顺序为：①配偶；②父母、子女；③兄弟姐妹、祖父母、外祖父母、孙子女、外孙子女；④其他有民事权利义务关系的人，如债权债务人、合伙人等。顺序在前的利害关系人反对申请宣告死亡的，顺序在后的利害关系人不得申请。但申请撤销死亡宣告，不受上列顺序的限制。

另外，宣告失踪不是宣告死亡的必经程序。利害关系人可以先申请宣告失踪，再申请宣告死亡，也可以直接申请宣告死亡。如果符合申请宣告死亡的法定条件，但利害关系人只申请失踪的，应宣告失踪；同一顺序的利害关系人，有的申请宣告死亡，有的申请宣告失踪，有的不同意申请宣告失踪或死亡的，应该宣告死亡。

3. 须经法院宣告。法院受理宣告死亡案件后，应当发出寻找下落不明自然人的公告。公告期间一般为 1 年。因意外事故下落不明，经有关机关证明该自然人已经不可能生存的，公告期间为 3 个月。公告期届满，自然人仍无消息，可判决宣告死亡。

（三）宣告死亡的法律后果

宣告死亡的法律后果表现为以下四方面：

（1）被宣告死亡的人，法律推定其死亡。被宣告死亡的人，判决宣告之日为其死亡日期。被宣告死亡与自然死亡的时间不一致的，被宣告死亡所引起的法律后果仍然有效，但自然死亡前实施的民事法律行为与被宣告死亡引起的法律后果相抵触的，则以其实施的民事法律行为为准。

（2）财产关系。清理被宣告死亡的自然人的债权债务，其财产由其继承人继承。

（3）婚姻关系。被宣告死亡的人与其配偶的婚姻关系，自死亡宣告之日起消灭，其配偶可另缔结婚姻关系。

（4）子女收养关系。其子女可以被他人依法收养。

（四）死亡宣告的撤销

被宣告死亡人重新出现或确定他没有死亡，经本人或者利害关系人申请，人民法院应当撤销对他的死亡宣告。死亡宣告被撤销后，产生如下法律后果：

1. 财产关系。被宣告死亡的人在死亡宣告被撤销后，有权请求继承人返还财产。继承人应当返还原物；原物不存在的，给予适当补偿。对于有利害关系人隐瞒真实情况使他人被宣告死亡而取得其财产的，除返还全部财产和利息外，造成损失的，应予以赔偿。

2. 婚姻关系。被宣告死亡人的在死亡宣告被撤销后，如果其配偶尚未再婚，夫妻关系自行恢复；如果其配偶再婚后又离婚或再婚后配偶又死亡，则夫妻关系不得自行恢复。

3. 收养关系。被宣告死亡的人在死亡宣告被撤销后，仅以未经本人同意而主张收养无效的，一般不应准许，但经收养人和被收养人同意的除外。

第五节　个体工商户和农村承包经营户

个体工商户和农村承包经营户是在一定历史条件下的特有产物。虽然两者名义上是个体性质，但是名称上却是以户这个集体概念为单位，其出资可能是个人出资或者是家庭出资。就其本质而言，个体工商户和农村承包经营户都是属于个体经济，也是一种不具有法人资格的经营形式。因而学术界对个体工商户和农村承包经营户的概念和地位都有很大的争议。

一、个体工商户的概念和特征

《民法通则》第 26 条规定："公民在法律允许的范围内，依法经核准登记，从事工商业经营的，为个体工商户。个体工商户可以起字号。"可见，个体工商户是以个人或者家庭财产出资经核准登记的从事工商业的经营形式。这种经营形式具有以下三个特征：

1. 个体工商户属于个体经济的一种。由于个体工商户的出资来自于个人财产或者是家庭共有财产，可以是个人经营或者家庭经营。虽然对外是以个体工商户的名义进行民事活动，但是经营财产和个人财产并没有分离，这也是个体工商户对外承担无限责任的依据。因此，把个体工商户归类于自然人符合立法精神。

2. 个体工商户必须依法经核准登记才能成立。关于个体工商户的成立是审核制还是登记制，不同国家立法模式不同。英美法系中自然人一般都可以从事商业经营，也就是所谓的个体商人概念，该概念不是建立一种特殊民事主体，而只是在行为规范上适用商法而不是适用民法，依照自愿可以登记或者不登记。我国的个体工商户和农村承包经营户是 20 世纪 80 年代经济体制改革的产物，是在原禁止或者限制自然人经营的体制下转为逐渐许可私人经营所采取的法律形式，也反映了当时的计划经济向市场经济过渡的时代特征，所以当时的立法采用了核准登记的模式。

3. 个体工商户的对外责任是无限责任。由于个体工商户是非法人组织，个人财产和个体工商户的财产并没有分离。所以个体工商户对外责任既可能是以个人财产承担无限责任，也可能是以家庭财产或者夫妻共同财产承担责任。

二、农村承包经营户的概念和特征

《民法通则》第 27 条规定："农村集体经济组织的成员，在法律允许的范围内，按照承包合同规定从事商品经营的，为农村承包经营户。"可见，农村承包经营户是在法律许可的范围内按照承包合同的规定从事商品经营的一种特殊自然人的形式。农村承包经营户一般具有以下几个特征：

1. 农村承包经营户的主体是农村集体经济组织的成员。换言之，其他民事主体是不能成为农村承包经营户的，因为农村承包经营户是农村集体经济的一种经营形式。

2. 农村承包经营户成立的法律依据是承包合同。例如我国《土地承包法》对土地承包合同进行了规定，我国《物权法》为了保护承包经营权也特别在用益物权中规定了土地承包经营权的内容。

3. 农村承包户是在法律允许的范围内从事农业性商品生产活动。出于保护耕地等的需要，农村土地承包不可以从事商业性或者工业性开发。所以一般农村承包户从事种植业、养殖业、畜牧业等农业性生产活动。

三、个体工商户和农村承包经营户的法律地位

关于个体工商户和农村承包经营户的法律地位历来有两种观点。一种认为是等同于一般自然人，换言之，个体工商户和农村承包经营户不是独立的一种民事主体，它区别于一般自然人的特征在于它具有特殊的行为资格，例如作为个体工商户享有字号权。另一种认为是不等于一般自然人，是自然人主体在一定历史时期下的特殊形态。但不管怎么说，我国《民法通则》已明确确立这两个主体的民事主体的资格，可以依法参加各种民事活动。

关于个体工商户和农村承包经营户的诉讼主体地位，一般也是认为他们是自然人的诉讼主体资格，而不是一种特殊的诉讼主体资格。如《民通意见》第 41 条的规定："起字号的个体工商户，在民事诉讼中，应以营业执照登记的户主（业主）为诉讼当事人．在诉讼文书中注明系某字号的户主。"

四、个体工商户和农村承包经营户的财产责任

《民法通则》第 29 条规定："个体工商户，农村承包经营户的债务，个人经营的，以个人财产承担；家庭经营的，以家庭财产承担。"同时《民通意见》对家庭经营的含义进行了界定，该意见第 42 条规定："以公民个人名义申请登记的个体工商户和个人承包的农村承包经营户，用家庭共有财产投资，或者收益的主要部分供家庭成员享用的，其债务应以家庭共有财产清偿"；第 43 条规定："在夫妻关系存续期间，一方从事个体经营或者承包经营的，其收入为夫妻共有财产，债务亦应以夫妻共有财产清偿"。

【思考与练习】

◎问答题

1. 简述民事权利能力与民事权利的关系。

2. 简述自然人民事行为能力的划分依据及种类。

3. 比较民事权利能力与民事行为能力的关系。

4. 简述监护人的职责。

5. 宣告失踪与宣告死亡有何区别?

◎选择题

1. 张家为孙子张明过生日,却为确定出生日期犯愁。张明的母亲记得儿子是 8 月 28 日晚出生,医院的接生记录簿上记载的是 8 月 29 日,出生证上记载的是 8 月 30 日,而户口簿上记载的是 9 月 1 日。依照有关法律,张明的出生时间应以哪一日期为准?(　　)

A. 8 月 28 日 　　　　　　　B. 8 月 29 日

C. 8 月 30 日 　　　　　　　D. 9 月 1 日

2. 甲、乙均为 1979 年 6 月 30 日出生。甲 1997 年初参加工作,乙在高中读书。1997 年 5 月 31 日,甲、乙与丙发生口角,且将丙打伤。丙住院 2 个月后康复,并于 1997 年 8 月 1 日向法院起诉,要求甲、乙赔偿医药费 5000 元。本案中,丙的医药费应由谁承担?(　　)

A. 甲　　　　　　　　　　　B. 乙

C. 甲的父母　　　　　　　　D. 乙的父母

3. 下列有关公民权利能力的表述,有哪一项是错误的?(　　)

A. 权利能力是公民成为法律关系主体的一种资格

B. 所有公民的权利能力都是相同的

C. 公民具有权利能力,并不必然具有行为能力

D. 权利能力也包括公民承担义务的能力或资格

4. 张大来的原户籍所在地在杨村,1994 年张大来从杨村开出迁住证,迁往李村。但在李村登记前,张大来得病,在县城关医院住院 1 年零 3 个月,病愈后张大来前往北京市打工,并在某区办理了暂住证,居住期限为 6 个月,现住在某区某街道某号。现问,张大来的住所应确定为何处?(　　)

A. 杨村　　　　　　　　B. 李村

C. 县城关医院　　　　　D. 北京市某区某街道某号

5. 林某,9 岁,系某小学三年级学生。一天放学回家路上遇到某公司业务员赵某向其推销一种名为"学习效率机"的低配置电脑,开价 5800 元。林某信其

言，用自己积攒的"压岁钱"1000元交付了定金，并在分期付款合同上签了字。事后林某父母知晓此事，以"行为人对行为内容有重大误解"为由要求赵某撤销合同并退款。对此，下列何种理解是正确的？（　　）

A. 从法律角度看，林某表达的意思都是无效的

B. 林某不能辨别自己行为的性质，所以不享有人身自由

C. 林某父母要求撤销合同所持的理由是一种法律事实

D. 根据行为能力的原理，林某父母所持理由在本案中不成立

◎案例分析题

1. 个体户王强晚年丧子，收养了一个5岁的女孩，取名王丽。2001年王强夫妇在一次交通事故中双亡，留下价值70万元的财产。此时，王丽已满13周岁，其亲生母亲仍健在（亲生父亲已去世），但患严重眼疾，表示无力照顾她，但提出儿子黄志在城里工作，离王丽较近，可担当王丽的监护人。王丽的姑妈黄英也住在城里，得知情况后主动要求做王丽的监护人。黄志听说后很生气，指责黄英没安好心，是为了图谋王丽的财产。两人争执不清，产生纠纷。问：

（1）本案中王丽的监护人应如何确定？

（2）黄志和黄英争执不清，双方可否直接向人民法院提起诉讼？

（3）王丽的监护人应如何处理王丽的财产？

2. 2004年5月1日，刘某与几个朋友自驾车结伴出游，于次日突遇山洪下落不明。2005年11月3日，其妻王某欲向法院申请宣告刘某死亡，但公婆极力反对。后经人劝说，公婆同意王某向法院申请宣告刘某死亡。法院受理后，于2008年4月2日宣告刘某死亡。随后，王某和公婆依法继承了刘某的财产。后来查明，刘某实际死于2004年5月8日，并自书遗嘱，规定其财产留给父母。问：

（1）如要申请刘某宣告死亡，利害关系人最早可在哪一天向人民法院提出申请？公婆反对，王某能否向法院申请宣告刘某死亡？

（2）刘某的财产应如何处理？

第六章

最重要的民事主体——法人

◆ 【案例导入】

村卫生室的医疗责任为什么要由镇卫生院承担？

2001年11月至12月，梅某因踝关节有响声到通州市某村卫生室就诊，村卫生室医生给他配了强的松80粒左右外加1瓶（100粒）。2002年3月梅某外出打工后感觉右髋关节不适和疼痛，即开始就医。2003年1月27日，梅某到通州市人民医院拍片，诊断为右股骨头无菌性坏死。梅某经咨询后认为此病是由于超剂量服用激素药引起的，遂与村卫生室医生交涉，未果。

2004年8月2日，梅某诉至通州法院，并申请医疗事故技术鉴定。市医学会鉴定认为，医方未认真执行诊疗规范，就诊记录不全，在诊断不明确的情况下给原告服用强的松药，适用症掌握不当。服用强的松与患者股骨头坏死的发生存在一定的因果关系。鉴定结论为本病例属于三级丙等医疗事故，医方承担次要责任。

法院还查明，某村卫生室于1999年5月31日取得卫生执业许可证。根据《市村卫生管理暂行办法》规定，卫生局是村卫生室的行政主管部门，乡（镇）中心医院对村卫生室进行了具体管理、指导和监督，负责卫生室人员的聘用、药品代购、财务管理，村卫生室业务收入按月上缴卫生院统一管理。

通州法院认为，村卫生室医生系村卫生室工作人员，其医疗行为属职务行为，行为后果应由单位承担，即由某村卫生室承担。但某村卫生室并不具备法人资格，其人员由镇卫生院聘用、药品由镇卫生院配购，业务收入也全部上缴镇卫生院，再由镇卫生院确定医务人员工资，镇卫生院并提留部分管理费，故应由镇卫生院承担赔偿责任。法院遂判决镇卫生院赔偿原告因医疗事故造成的损失2万余元，赔偿原告精神损害抚慰金2500元。[1]

☞ 【分析提要】

1. 法人是怎样的一种民事主体？法律对其有哪些规制要求？

2. 本案例中村卫生室和镇卫生院，谁具有法人资格？

---

〔1〕 案情来源：中国法院网。

3. 本案纠纷应如何处理？

第一节　法人概述

一、法人的概念和特征

(一) 法人的概念

通说认为法人制度起源于古罗马时期，当时法律便赋予国家、地方政府、寺院、慈善机构、待继承的财产等以独立人格。但现代法人的出现及法人制度的确立，是商品经济发展到一定阶段的产物。随着商品经济的发展，为了满足社会化大生产要求积聚资本、进行规模生产经营的需要，出现了人的联合和财产的联合体，这种联合体有着完全不同于个人的独立的利益，从而法律须赋予其主体资格。"法人"这一用语最早为 1896 年《德国民法典》所采用，但第一次以立法形式给法人下定义的是 1922 年的《苏俄民法典》[1]。我国《民法通则》第 36 条规定："法人是具有民事权利能力和民事行为能力，依法独立享有民事权利和承担民事义务的组织。"该定义不仅明确了法人的真实含义，也揭示了法人的基本特征。

(二) 法人的特征

1. 法人是具有民事权利能力和民事行为能力的社会组织。所谓社会组织是指按照一定的宗旨和条件建立起来的具有明确的活动目的和内容，有一定组织机构的有机整体。法人是具备法定条件，依照法律程序得到国家认可或者批准的社会组织，具有独立的法律人格。法人与自然人的区别就在于，法人是一种集合体，是人的集合体和财产的集合体的有机统一，而自然人是单个人的主体。

2. 法人拥有独立的财产。在一般意义上，民事活动是财产性的活动，或者说是市场交换活动。所以，法人的人格是以其财产为基础的。拥有独立财产，是法人人格得以独立并能独立承担责任的物质基础。法人的财产由两部分构成：①出资者出资的财产；②经营积累的财产。法人独立的财产包含三层含义：①法人的财产独立于其他法人和自然人的财产；②法人的财产独立于法人成员的财产；③法人财产独立于出资人或创立人的其他财产。法人出资者一经出资即丧失

---

〔1〕 李双元、温世扬主编：《比较民法学》，武汉大学出版社 2000 年版，第 115 页。1922 年《苏俄民法典》第 13 条规定："一切享有取得财产权利和能够承担义务，并且能够在法院起诉和应诉的机关、社会团体和其他组织，都是法人。"1994 年《俄罗斯民法典》第 48 条规定："凡是拥有独立财产的所有权、经营权或者业务管理权，以这一财产承担自己的债务，能够以自己的名义享有和行使财产权利和人身非财产权利，承担义务，在法院起诉和应诉的组织都是法人。"

了对出资财产的所有权，该财产所有权转归法人所有。法人对其财产享有完全的支配权和处分权。

3. 法人能独立承担民事责任。即法人独立负担由自己活动所产生的法律责任。法人的独立责任是法人拥有独立财产的必然反映和结果。法人的财产独立于法人成员、法人出资人或创立人的财产，那么除法律有特别规定外，如《公司法》第 20 条规定："公司股东滥用公司法人独立地位和股东有限责任，逃避债务，严重损害公司债权人利益的，应当对公司债务承担连带责任。"法人成员、出资人或创立人对法人的债务不承担责任，即便法人的财产不足以清偿法人债务，也不能要求法人成员代为清偿。

4. 法人具有独立的人格。同自然人一样，法人能以自己的名义参加民事活动和诉讼活动，这也是法人人格独立的证据。

二、法人的本质

对法人本质的看法，在民法上涉及到法人的民事权利能力和民事行为能力等一些基本问题，因此意义重大。[1] 法人本质的问题长期为民法学者所关注，并形成了以下三种代表学说。

（一）法人拟制说

法人拟制说源于欧洲中世纪的注释法学派，后为德国学者萨维尼所倡导。该学说认为，在法律上主体仅限于自然人，而法人能够取得人格，只是由法律将其拟制为自然人，所以法人为人工的单纯拟制的主体，即仅因法律上目的而被承认的人格。法人拟制说是 19 世纪占主流地位的学说，《德国民法典》即采此说。该法典第 26 条第 2 项规定："董事会在诉讼上和诉讼外代表社团；其具有法定代理人的地位。"该说也是英美法学中关于法人本质的主导观点。法人拟制说承认了法人的拟制民事主体资格，并区分了法人与其成员的财产、人格和责任，成为后来法人独立制的理论基础。但该学说认为对于法律所拟制的人应采取限制的态度，表现为法人应经过国王或政府的特许才能成立，法人的民事权利能力和民事行为能力都是国家赋予的。

（二）法人否认说

法人否认说认为，在人类社会中除个人及财产外，无法人的实体存在，即不

---

[1] 王利明主编：《民法》，中国人民大学出版社 2001 年版，第 76 页。

承认有团体性的法律人格。该说又分为目的财产说、受益人主体说、管理人主体说。[1]法人否认说，否认法人作为独立主体的存在，与法人制度产生及发展的客观事实不符，所以一直没有成为通说。

（三）法人实在说

法人实在说认为，法人是客观存在的独立实体，既不是法律上的虚构，也不是没有团体意志和利益，该说又分为"有机体说"和"组织体说"[2]。

有机体说，又称团体人格说或具体实在说。该说的集大成者基尔克（Gierke）认为，法律主体是与意思能力联系在一起的，自然人有意思能力，成为自然的有机体。而法人有团体意思，在社团法人中有社员的集合意思，在财团法人中有捐助行为意思，因此应成为社会有机体。

组织体说的代表人物米休德（Michoud）等人认为，法人是一种具有区别于其成员的个体意志和利益的组织体。法人的本质不在于其作为社会的有机体，而在于其具有适合为权利主体的组织，这种组织就是具有一定目的的社团或财团。法人是一种抽象的实在，法人具有区别于其成员利益的个人利益的团体利益；具有自己的组织；法人组织的意志是由法人的机关实现的。组织体说说明了法人的组织特征，以及法人与其机关以及其成员之间的关系，这些都奠定了大陆法系关于法人制度的基本理论。组织体说不仅为大多数大陆法系民法学者所接受，而且也为20世纪以来的民商立法所普遍采用。

我国《民法通则》关于法人的本质采用的是组织体说。法人是客观存在的实体。从法人制度的历史发展看，是先有了法人这种人与财产的集合体，然后才有了法律的确认，并不是法律产生法人。法人制度将随着商品经济发展的需要而不断发展，一人公司在法律上的确认就是最好的例证。我国的法人制度是在法人实在说的基础上建立起来的，所以我们认为法人具有一定的人格权，具有责任能力，能独立承担法律责任。为此，法人成为最重要的民事主体。

---

〔1〕 王利明："论法人的本质和能力"，载王利明主编：《民商法研究》（第3辑），法律出版社1999年版。目的财产说认为，财产可属于特定的人，属于特定的目的，前者是有主体的，后者是无主体的。为达到特定的目的而由多数人的财产集合而成的财产，已经不属于单个的个人，而成为一个为法律拟制的人格。法人不过是为了一定的目的而存在的无主财产，法人本身不是独立的人格，而是为了一定目的而存在的财产。受益人主体说认为，拟制的团体是不存在的。因为意思是个人的意思，至于集合体的意思是没有，至少是无从证实的。被集合目的所决定的个人的意思仍旧是个人的意思。既然集合体并没拥有和他们的组织分子所有的意思不同的另一意思，那么他们就不能成为法权主体。因此，法人仅仅是形式上的权利义务的主体，而实际上的权利义务的归属者，只是享有法人财产利益的多数个人。管理人主体说认为，法人的财产并不是属于法人本身所有，而属于管理其财产的自然人。

〔2〕 王利明："论法人的本质和能力"，载王利明主编：《民商法研究》（第3辑），法律出版社1999年版。

三、法人的分类

(一) 外国立法和学理上对法人的分类[1]

1. 以法人设立的目的及所依据的法律不同，可以将法人区分为公法人和私法人。在大陆法系国家和地区，以实现公共福利为目的，依据公法所设立、组织的法人为公法人。它所完成的是国家管理职能，国家管理机关如各类政府机构和各级政府是典型的公法人。追求私人目的，依据私法所设立的法人为私法人，公司就是典型的私法人。区分公法人和私法人的主要目的在于分清不同的法人组织所具有的不同法律地位，以便国家分别对其采取不同的管理手段和政策取向。

2. 以法人成立的基础和内部结构为标准，可以把私法人分为社团法人和财团法人。社团法人与财团法人的分类是大陆法系关于法人最重要的一种分类[2]。社团法人是以人的组合作为法人成立基础的私法人，如公司。社团法人有自己的组织成员或社员，设立人在法人成立后成为法人成员，享有成员权；有自己的意思机关，其设立的目的可以是为了营利，也可以是为了公益。财团法人是以一定的财产的设定作为成立基础的私法人，如各种基金会、慈善组织等。财团法人的设立人在法人成立后，就与法人脱离，所以财团法人没有法人成员，也没有意思机关，其设立的目的只能是为了公益。

3. 以法人的设立和活动目的为标准，可将私法人区分为公益法人和营利法人。公益法人是以社会公共利益为目的而成立的法人，如公立学校、医院等。营利法人是以营利为目的所设立的法人，如公司组织。公益法人和营利法人设立所依据的法律、程序是不同的，即国家对法人所进行的管理是不同的。

4. 以法人国籍为标准，可将法人分为外国法人与本国法人。至于外国法人与本国法人分类具体标准则各国规定不同。我国《公司法》第2条及第192条采用"准据法＋设立地"的复合标准，即依中国公司法且在中国境内设立的公司属于中国公司，否则为外国公司。《民法通则》第41条规定，在中华人民共和国领域内设立的中外合资经营企业、中外合作经营企业和外资企业，具备法人条件的，依法经工商行政管理机关核准登记，取得中国法人资格。

---

[1] 张玉敏主编：《民法》，中国人民大学出版社2007年版，第80~81页；王利明主编：《民法》，中国人民大学出版社2001年版，第78~79页。

[2] 李双元、温世扬主编：《比较民法学》，武汉大学出版社2000年版，第121页。在英美法系国家，由于信托制度替代了财团法人的功效，所以没有社团法人和财团法人的区分。许多英美法学者把法人分为集体法人和独任法人。集体法人又称合体法人，是指由多数人组成而可以永久存在的集合体，如市政府、商业公司等；独任法人又称独体法人，是指一个人由于法律的确认而享有法人资格，该资格与某种职务相联系，如主教、国王。

（二）我国现行法上对于法人的分类

《民法通则》将法人分为企业法人、机关法人、事业单位法人和社会团体法人。我国《民法通则》对法人的分类，实属我国的独创，自实施以来一直留有争议。不可否认的是，这种分类与《民法通则》制定时的社会状况相适应，带有明显的计划经济的痕迹。随着社会主义市场经济的建立和完善，国家制度体系改革的深入，这种分类将会发生不少的变化。

1. 企业法人。企业法人是指以从事生产、流通、科技等活动为内容，以获取盈利、创造社会财富为目的的一种营利性的法人，大致相当于传统民法法人分类中的营利社团法人。依照《民法通则》的规定，我国的企业法人有三种分类方法：①根据所有制性质将企业法人分为全民所有制企业法人、集体所有制企业法人、私营企业法人；②根据是否有外资参与，将企业法人分为中资企业法人、中外合资经营企业法人、中外合作经营企业法人和外资企业法人；③根据企业的组织形式，将企业分为单一企业法人、联营企业法人和公司法人。

2. 非企业法人。

（1）机关法人。机关法人是指依法享有国家赋予的行政权力，并因行使职权的需要而享有相应的民事权利能力和民事行为能力的国家机关。这大致相当于外国法上的"公法人"。国家机关依照法律或行政命令成立，不需要进行核准登记程序，即可取得机关法人资格。在民事活动中，机关法人与其他民事主体法律地位平等。

（2）事业单位法人。根据《事业单位登记管理暂行条例》第2条规定，事业单位法人，是指为了社会公益事业目的，由国家机关或者其他组织利用国有资产举办的，从事教育、科技、文化、卫生等活动的社会服务组织。经过改革，有些事业单位已不再享有财政拨款，被改制为自负盈亏，如新闻出版社。而且就享有财政拨款的事业单位而言，除了接受国家财政拨款外，也可自筹经费。依据法律规定或行政命令组建的事业单位，从成立之日起，即具有法人资格；由自然人或法人自愿组建的事业单位，应依法办理法人登记，方可取得法人资格。《民法通则》第50条第2款规定："具备法人条件的事业单位、社会团体，依法不需要办理法人登记的，从成立之日起，具有法人资格；依法需要办理法人登记的，经核准登记，取得法人资格。"从理论上说，这些法人组织不以营利为目的，一般不参与商品生产和经营活动，虽然有时也能取得一定收益，但该收益只能用于目的事业，且具有辅助性质。《物权法》第54条规定："国家举办的事业单位对其直接支配的不动产和动产，享有占有、使用以及依照法律和国务院的有关规定收益、处分的权利。"关于国家举办的事业单位对其直接支配的财产是否享有所有权，理论界有不同的看法。但从《物权法》的规定及多数学者的观点来看，国家举办的事业单位对其直接支配的财产不享有所有权，所有权仍然归属于国家，单位只是国有财产的管理人。

（3）社会团体法人。根据《社会团体登记管理条例》第2条的规定，社会团体法人，是指中国公民自愿组成，为实现会员共同意愿，按照其章程开展活动的非营利性法人。国家机关以外的组织可以作为单位会员加入社会团体，如中国法学会。社会团体法人可分为：学术性社会团体法人、行业性社会团体法人、专业性社会团体法人及联合性社会团体法人。社会团体法人经国家主管部门审核批准并予以登记后，才具有法人资格。

基金会法人是一种特殊的社会团体法人。根据《基金会管理条例》第2条的规定，基金会，是指利用自然人、法人或者其他组织捐赠的财产，以从事公益事业为目的，按照本条例的规定成立的非营利性法人。因此，我国的基金会相当于外国法上的财团法人。

第二节 法人的成立

一、法人成立的条件

按照《民法通则》第37条的规定，法人的成立，必须具备以下条件：

（一）依法成立

法人只能依法律规定的条件和程序成立。依法成立，要求法人的设立目的、组织机构、经营范围、经营方式等要符合国家法律的规定，即"实体合法"；同时也要求法人设立的程序符合国家法律的规定，即"程序合法"。

（二）有必要的财产或者经费

成立法人，必须有与法人的宗旨、性质、活动范围相适应的，并符合法律所要求的最低限制的由法人独立支配的财产。拥有独立的财产是法人进行正常民事活动的基础。各类企业法人须拥有的财产的具体数额由各具体法律加以规定。如《公司法》规定，有限责任公司注册资本的最低限额为人民币3万元；一人有限责任公司的注册资本最低限额为人民币10万元；股份有限公司注册资本的最低限额为人民币500万元。又如《直销管理条例》第7条规定，直销企业实缴注册资本不低于人民币8000万元。

（三）有自己的名称、组织机构和场所

法人的名称是某一法人区别于其他法人的标志。法人名称应包括商号、所在地行政区划名称、责任形式及经营范围等内容。法人名称应符合国家的相关规定。根据《企业名称登记管理规定》第9条的规定，企业名称不得含有下列内容和文字：①有损于国家、社会公共利益的；②可能对公众造成欺骗或者误解的；

③外国国家（地区）名称、国际组织名称；④政党名称、党政军机关名称、群众组织名称、社会团体名称及部队编号；⑤汉语拼音字母（外文名称中使用的除外）、数字；⑥其他法律、行政法规规定禁止的。法人的名称是其商誉的载体，具有经济性，可以转让。

法人的组织机构须能保证形成法人的团体意志，对内管理法人事务，对外代表法人从事民事活动的机构的总称。按照通常的理解，法人的组织机构包括法人机关、法人的职能部门、业务实施机构和必要的从业人员。

法人的场所是法人进行业务活动的空间。法人的场所包括法人的住所和其他开展经营活动的地点、分支机构所在地。在法人登记事项中，法人的住所是必须登记的事项。按照《民法通则》第39条的规定，法人以它的主要办事机构所在地为住所。

（四）能独立承担民事责任

法人要能以自己的名义，用自己的独立财产承担民事责任；不能独立承担民事责任，就不能成为法人。根据我国《公司法》第14条规定，公司可以设立分公司。设立分公司，应当向公司登记机关申请登记，领取营业执照。分公司不具有法人资格，其民事责任由公司承担。公司可以设立子公司，子公司具有法人资格，依法独立承担民事责任。

二、法人设立的程序

法人的设立是指法人这一组织体的创办或建立的一系列行为的总称。法人的设立程序，既是法人成立的形式要件，又是对法人进行管理和监督的重要环节。

法人的设立不同于法人的成立。前者是创设法人的过程或行为，后者是社会组织已取得法律上人格的事实状态。法人的设立是法人成立的前置准备阶段，是法人成立的必经程序。于设立后，法人才能成立；法人于成立完成时才为独立的民事主体。

（一）法人设立的原则

（1）特许设立主义。依特许主义，法人的设立须经国家立法和国家元首的许可。这种设立原则对于法人的设立严格限制。现代各国立法上，只对特别的法人才采取该原则。我国对于机关法人的设立原则上采特许设立主义，其设立须依法律的直接规定。

（2）许可设立主义。许可设立主义，又称行政许可设立主义，是指法人的设立须经行政机关的许可。在我国，事业单位和社会团体法人的设立一般是采取该原则的，即其设立须经行政机关的审查许可。

（3）自由设立主义。自由设立主义又称放任设立主义，即对法人的设立国家不作任何干预，任当事人自由设立。现因有碍交易安全，故各国立法上多不采此原则。

（4）准则设立主义。这是指法律规定设立法人的条件，设立人可按此条件设立法人，而不必经行政机关的许可。我国对于企业法人的设立多采此原则。

（5）强制设立主义。这是指国家对法人的设立采取强制设立的政策。强制设立主义仅适用于特殊领域的法人。

（二）法人设立的程序

我国法律对不同类型的法人，规定了不同的设立程序。

（1）机关法人的成立程序。《民法通则》第50条规定，以命令方式设立的机关法人，不需要办理登记，自成立之日起即具有法人资格。

（2）事业单位法人与社会团体法人的成立程序。事业单位法人和社会团体法人，经国家有关机关批准后，依法不需要办理法人登记的，自成立之日起，即取得法人资格；依法需要办理法人登记的，经核准登记取得法人资格。

（3）企业法人的成立程序。依《民法通则》第41条规定，企业法人均须办理法人登记，经主管机关核准登记，取得法人资格。登记主管机关为各级工商行政管理局。一般来说，大多数企业法人的设立采准则设立原则，只要符合法律预设的条件，仅需向登记主管机关申请就可成立企业法人，但有例外。如《公司法》第6条规定："法律、行政法规规定设立公司必须报经批准的，应当在公司登记前依法办理批准手续。"法人在设立过程中，依法应登记而没有登记前，不具有法人资格，不能以法人名义参加民事活动。法人在设立过程中的责任由法人的设立人承担。

第三节　法人的民事能力

一、法人的民事能力概述

（一）法人的民事权利能力

法人的民事权利能力是指法人能够以自己的名义独立享受民事权利和承担民事义务的资格。法人的民事权利能力具有以下特征：

1. 法人的民事权利能力始于其成立、终于其消灭。法人的民事权利能力的范围由法人设立的宗旨、目的、章程和核准、登记所确定。当法人具备相应的法定条件，经设立程序取得法人资格后，就享有民事权利能力。当法人被撤销或解散后，其民事权利能力也随之终止。企业法人在筹建期间，因没有进行工商管理部门的登记，不是法人。办理工商登记后，企业法人才正式成立。企业法人被吊销营业执照不视为法人的终止。

2. 法人的民事权利能力受法人自然属性的限制。法人是社会组织，不享有专属于自然人的某些权利，如专属于生物体的人身权利、继承权利、接受扶养的权利等。专属于自然人的义务，法人当然也不负担，如亲属法上的抚养义务。

3. 法人的民事权利能力依法受法律、行政法规的限制。如《担保法》第 8 条规定，国家机关不得为保证人，但经国务院批准为使用外国政府或者国际经济组织贷款进行转贷的除外；第 9 条规定，学校、幼儿园、医院等以公益为目的的事业单位、社会团体不得为保证人。法律、行政法规对法人民事权利能力的这些限制，主要与法人的性质、目的事业相关。一般来说，非企业法人不能从事营利性或经营性活动。

（二）法人的民事行为能力

法人的民事行为能力，是指法人以自己的意思独立进行民事活动的能力，亦即法人通过自己的行为取得民事权利和设定民事义务的能力或资格。法人的民事行为能力具有以下特征：

1. 法人的民事行为能力与其民事权利能力在存续时间上是一致的。与自然人的民事行为能力受其年龄、智力及精神状态的限制不同，法人于成立时取得民事权利能力的同时，就具有独立的民事行为能力。法人民事权利能力终止，其民事行为能力一并终止。所以理论上称之为特殊的法人民事权利能力和法人民事行为能力。

2. 法人的民事行为能力与其民事权利能力在范围上是一致的。法人的权利能力受到法律、行政法规的限制，其行为能力也同样受到限制。

3. 法人的行为能力一般由法人的机关或者法人委托的代理人来实现。与自然人通过自己参与民事活动不同，基于团体性的特点，法人的行为只能交由法人机关或代理人来完成。

二、法人越权行为的效力

（一）法人越权行为概念

法人越权行为，是指法人超出法律或法人章程确定的目的范围（如企业法人的经营范围）而为的行为。《民法通则》第 42 条规定："企业法人应当在核准登记的经营范围内从事经营。"传统民法理论认为法人（主要是企业法人）的行为不能超越其"目的范围"（经营范围），否则为无效行为。在英美法系，该规定被称为"越权原则"，即法人从事以章程所规定的目的事业以外的行为，即使经过全体股东的事后追认也无效。

（二）法人越权行为的思考

自 20 世纪以来，严格限制法人能力的认识已不能适应时代需要，法人越权原则也受到了越来越多的质疑。

（1）在倡导私法自治原则下，国家对民商事主体活动的限制越来越少。企业法人在很大程度上可以自由决定其经营范围。我国《公司法》第12条规定："公司的经营范围由公司章程规定，并依法登记。公司可以修改公司章程，改变经营范围，但是应当办理变更登记。"

（2）在现代市场经济条件下，交易频率空前加大，若要求企业法人进行经营范围变更登记后再去交易，市场机会也早已错过。越权原则只能是使企业法人固步自封，将极大的影响投资者的积极性。

（3）越权原则容易助长不诚信行为。法人越权行为发生后，若市场行情发生变化，至民事行为的履行对其不利时，就可以援引"越权原则"主张交易行为无效，从而使其摆脱本应承担的履行行为，这显然与民法所追求的诚信原则相违背。

（4）法人越权原则不利于交易安全。法人超越经营范围的行为一律无效，必然导致大量民事行为无效，基于交易可预测性所建立的一系列交易秩序将会被打乱。交易安全也就无从谈起了。

（三）法人越权行为的效力

对于法人越权行为的效力，《合同法解释（一）》第10条规定："当事人超越经营范围订立合同，人民法院不因此认定合同无效。但违反国家限制经营、特许经营以及法律、行政法规禁止经营规定的除外。"从我国现行立法来看，法人越权行为的效力可以从以下不同情况加以分析：

（1）从维护社会公共秩序和公共利益考虑，机关法人、事业单位法人和社会团体法人依法不得从事任何经营活动，违反其目的事业的行为无效。

（2）营利法人（企业法人）所实施的超越经营范围的行为，属于不为法律所禁止或者限制的行为。由于只是不为其核准的经营范围所包括的一般经营行为，故该行为不能以"越权"为由主张无效。

（3）营利法人（企业法人）所实施的超越经营范围的行为，属法律禁止经营（如毒品）、限制经营（如黄金及黄金制品）或者特许经营（如烟草制品）的行为，该行为无效。

第四节　法人的机关

一、法人机关的概念和特征

（一）法人机关的概念

法人机关，是指根据法律、章程或条例的规定，于法人成立时就产生的不需特别授权就能够以法人的名义对内管理法人事务，对外代表法人进行民事活动的集体或个人。

在法人机关与法人的关系上，学理上有代理说与代表说两种观点。所谓代理说以法人拟制说为根据，认为法人本身没有意思能力，其民事活动只能由自然人代理，法人机关是法人的代理机关，法人的法定代表人是其法定代理人，法人代表以法人名义进行民事活动时，应适用关于代理的规定。所谓代表说以法人实在说为根据，认为法人机关是法人的有机组成部分，法人机关与法人间是代表关系，法人机关在其权限范围内的活动就是法人的活动。代表说为通说。

（二）法人机关的特征

法人机关的特征表现在以下五方面：

（1）法人机关有自主的意志。法人机关是形成、表示和实现法人意志的法人机构，其存在的目的就是为了形成法人的意志、执行法人的意志和保障实现法人的意志。法人作为一个组织体，不可能进行抽象思维活动，而只能依赖特定的自然人的思想活动，但该自然人个人意志与法人意志是不同的。法人的意志只能由在人格上和行为上能代表法人的机关的自然人以法人的名义作出。法人机关的行为是法人行为，其行为后果由法人承担。作为法人机关组成成员的自然人基于个人意志所为的行为，是个人行为，其行为后果由自己承担。

（2）法人机关是法人的有机组成部分，法人机关并不是法人之外的机构，而是与法人不可分离的法人的组成部分。法人机关与法人之间具有同一的法律人格。法人机关是法人的组成部分，二者是部分与整体的关系。法人机关没有独立的人格，不是独立的民事主体。

（3）法人机关是法人的领导或代表机关，对内负责管理法人的事务，对外代表法人进行民事活动。在法律、章程规定的范围内，法人机关的行为就是法人的行为，不需要法人的特别授权。

（4）法人机关是由单个自然人或集体组成的。由单个个人形成的法人机关为独任机关，如全民所有制企业的厂长（经理）；由集体组成的法人机关称为合议制机关，如股份有限公司的股东大会、董事会、监事会。

（5）法人机关的活动有连续性。法人机关只有在法人被撤销或解散，并登记注销后，才能终止活动。因此，作为法人机关组成人员的自然人发生更替时，并不影响法人的存续，法人机关所作的决议的效力并不因此会发生变化。如公司法定代表人变更后，继任者就不能以合同为前任所签而否认该合同的效力，拒绝履行合同。

二、法人机关的种类

一般说，法人的机关由权力机关、执行机关和监督机关三部分构成。

法人的权力机关，是法人自身意思的形成机关，是决定法人生产经营或业务管理的重大事项的机关，也称决策机关、意思机关，如股东大会、职工代表大会。社团法人的意思机关是社员大会。财团法人因为没有法人成员，所以也没有自己的意思机关。

法人的执行机关，是执行法人权力机关决定的机关，是执行法人意志的机关。它有权执行法人章程、条例或设立命令所规定的以及法人权力机关决定的事项，对内负责经营管理和业务的执行，对外代表法人进行民事活动，如董事会、厂长。

法人的监督机关，是对法人的执行机关的行为实行监督检查，以保障法人意志能得以实现的机关，如监事或监事会。按照我国法律规定，除公司法人外，监督机关不是法人的必设机关。

三、法人的法定代表人

（一）法定代表人的概念和特征

《民法通则》第38条规定，法人的法定代表人是指依照法律或者法人组织章程规定，代表法人行使职权的负责人。法定代表人制度是我国独有的制度。《民法通则》没有"法人机关"的概念，却在传统民法理论的法人机关制度中设置了"法定代表人"。法人机关为单一机关的，单一的法人机关即为法定代表人；法人机关为集体机关的（如公司董事会），并非各董事都有代表权，只有作为法定代表人的董事长才能具有代表权。法定代表人的特征在于：

1. 法定代表人是由法律或者法人的组织章程规定的。我国实行单一法定代表人制，一般认为法人的正职行政负责人（行政首长）为其惟一法定代表人，但不是绝对的，如《公司法》第13条规定："公司法定代表人依照公司章程的规定，由董事长、执行董事或者经理担任。"又如，全民所有制工业企业的法定代表人为厂长或经理，市长为市政府这一机关法人的法定代表人，学校的法定代表人则为正校长。

2. 法定代表人是对外代表法人从事民事活动的负责人。在法人机关中，只有法定代表人才能当然代表法人，而无须法人的特别授权。法定代表人与法人代表是两个不同的概念，法定代表人与法人是代表关系，其代表职权来自法律或经过登记公告的法人章程的授权；法人代表一般是指根据法人的内部规定担任某一职务或由法定代表人指派代表法人对外依法行使民事权利和义务的人，它不是一个独立的法律概念。法人代表与法人是代理关系，其代表职权来自法人的特别授权，除非法律规定的特别情形，法定代表人以法人名义所为的行为就是法人行为，法人不得以对法定代表人的内部职权限制对抗善意第三人。《合同法》第50条规定："法人或者其他组织的法定代表人、负责人超越权限订立的合同，除相对人知道或者应当知道其超越权限的以外，该代表行为有效。"

（二）法定代表人的条件

自然人不具备担任法人法定代表人条件的，不能担任法人的法定代表人。法定代表人应具备的条件：

1. 具有完全民事行为能力。法定代表人是代表法人行使职权的负责人，只有具有完全民事行为能力的自然人才能独立进行民事行动。

2. 具有一定管理能力和业务知识的法人内部成员。法人的法定代表人的活动对法人利益至关重要。对法定代表人的选任，一方面要求该自然人具有相应的管理能力和良好的业务知识；另一方面，该自然人往往与法人有重大利害关系，如企业法人的投资者。法定代表人与法人的内部关系往往是劳动合同关系，法定代表人属于雇员的范畴。

3. 不具有法律禁止的条件。我国《公司法》第147条规定，有下列情形之一，不得担任公司的法定代表人：①无民事行为能力或者限制民事行为能力；②因贪污、贿赂、侵占财产、挪用财产或者破坏社会主义市场经济秩序，被判处刑罚，执行期满未逾5年，或者因犯罪被剥夺政治权利，执行期满未逾5年；③担任破产清算的公司、企业的董事或者厂长、经理，对该公司、企业的破产负有个人责任的，自该公司、企业破产清算完结之日起未逾3年；④担任因违法被吊销营业执照、责令关闭的公司、企业的法定代表人，并负有个人责任的，自该公司、企业被吊销营业执照之日起未逾3年；⑤个人所负数额较大的债务到期未清偿。《企业法人法定代表人登记管理规定》第4条同样规定存在八种情形的，不得担任法定代表人，企业登记机关不予核准登记，除《公司法》以上规定的五种情形外，还有三种情形：①正在被执行刑罚或者正在被执行刑事强制措施的；②正在被公安机关或者国家安全机关通缉的；③有法律和国务院规定不得担任法定代表人的其他情形的。

四、与法人机关相关的几个概念

（一）法人成员

法人成员就是指法人的出资人，以公司法人为例，公司法人成员就是公司股东，公司法人由多个成员组成（国有独资公司、一人公司除外），法人与法人成员在人格、财产、责任上均相互独立。

法人成员作为法人出资人，有进入法人机关的权利。法人成员可以是法人机关的组成成员，实践中控股股东往往是公司的法定代表人。法人成员也可以不参与法人的经营管理。所以法人成员虽然与法人机关在成员上有重合，但法人成员与法人机关是两个不同的概念。

（二）法人的分支机构

法人的分支机构是法人在某一区域设置的完成法人部分职能的业务活动机

构，最典型的是分公司。根据《公司法》第14条的规定，公司可以设立分公司。设立分公司，应当向公司登记机关申请登记，领取营业执照。分公司不具有法人资格，其民事责任由公司承担。法人的分支机构经法人授权并办理登记，对外能以自己的名义进行各项民事活动，具有相对独立的民事主体资格。法人的分支机构不是法人机关。

法人的分支机构不具有法人资格，其进行民事活动所发生的债务与责任最终由法人来承担。但法人的分支机构具有相对独立性，属于我国立法上的第三类民事主体——"其他组织"的一种。对《公司法》第14条规定"分公司不具有法人资格，其民事责任由公司承担"的正确理解应当是，分公司自身经营所产生的债权债务原则上由其自己承担，分公司无法承担时，公司可以向债务人主张权利，债权人也可以要求公司承担义务。这种责任的承担方式，不能说是法人与其分支机构的连带责任，因为法人分支机构不能独立于法人。分支机构的相对独立性在现行法中有如下体现：

（1）根据《民事诉讼法》第49条和《民诉意见》第40条的规定，法人依法设立并领取营业执照的分支机构，可以作为民事诉讼的当事人。

（2）根据《民通意见》第107条的规定，不具有法人资格的企业法人的分支机构，以自己的名义签订的保证合同，一般应当认定无效。但因此产生的财产责任，分支机构如有偿付能力的，应自行承担；如无偿付能力的，应由企业法人承担。

（3）《担保法》第10条规定，企业法人的分支机构有法人书面授权的，可以在授权范围内提供保证。《担保法解释》第17条第2～4款规定，企业法人的分支机构经法人书面授权提供保证的，如果法人的书面授权范围不明，法人的分支机构应当对保证合同约定的全部债务承担保证责任。企业法人的分支机构经营管理的财产不足以承担保证责任的，由企业法人承担民事责任。企业法人的分支机构提供的保证无效后应当承担赔偿责任的，由分支机构经营管理的财产承担。企业法人有过错的，按照《担保法》第29条的规定处理。

（三）法人的职能机构

法人的职能机构是法人总部设立的执行法人一部分职能的机构，如企业法人的各科（室）。法人的职能机构与法人机关同属于法人的组织机构，不具有任何民事主体资格，以其名义从事的民事活动统归无效。

第五节　法人的责任

一、法人责任的概念和特征

法人责任,是指法人因违反法律规定或合同约定的义务应承担的不利法律后果。法人的责任具有如下特征:

1. 法人责任是法人独立承担的民事责任。法人以自己所有的财产对外承担责任,这是一种无限责任,当其财产不足以承担责任时,就可能导致其法律人格的终止。按照《中华人民共和国企业破产法》(以下简称《企业破产法》)第2、7条规定,企业法人不能清偿到期债务,并且资产不足以清偿全部债务或者明显缺乏清偿能力的,企业法人自己或债权人可以申请法院对该企业进行破产清算。而所谓有限责任是指法人的出资人(股东)以自己的出资额为限,对其经营的企业承担责任。这里要强调的是,法人是以其实有财产来承担责任。实有财产可能高于也可能低于注册资本。依现代民商法表示主义和过错责任的要求,注册资本虚假时投资人负有补足义务。出资人的出资填补责任是违反出资人义务时的普通法律责任,不能将之视为对法人独立责任的否定。

2. 法人责任主要是财产责任。与自然人不同,对法人不能进行具有人身性质的制裁,对法人只能通过减少其财产而达到对其惩罚的目的。故法人的责任主要是财产性质的责任,但也不排除在特殊情形下对非财产责任的适用,如赔礼道歉。

3. 法人侵权责任是一种替代责任。法人的行为由其法定代表人和其他工作人员代为行使,当这些人的职务行为造成他人损害时,对受害人来说承担责任的不是具体行为人而是法人。

4. 法人责任不能代替法定代表人的个人责任。按照《民法通则》第49条的规定,企业法人有下列情形之一的,除法人承担责任外,对法定代表人可以给予行政处分、罚款,构成犯罪的,依法追究刑事责任:①超出登记机关核准登记的经营范围从事非法经营的;②向登记机关、税务机关隐瞒真实情况、弄虚作假的;③抽逃资金、隐匿财产逃避债务的;④解散、被撤销、被宣告破产后,擅自处理财产的;⑤变更、终止时不及时申请办理登记和公告,使利害关系人遭受重大损失的;⑥从事法律禁止的其他活动,损害国家利益或者社会公共利益的。

二、法人责任的范围

(一)法人对其法定代表人及其他工作人员(雇员)的职务行为承担民事责任

法人只对法定代表人及其他工作人员(雇员)的职务行为承担责任,非职务行为由行为人自己承担责任。一般来说，执行职务的判断标准是：①是否以法人名义；②是否在外观上须足以被认为属于执行职务，如法人登记确认的法定代表人或者持有法人印章、介绍信、委托书等，均被认为能执行法人职务；③是否依社会共同经验足以认为与法人职务有相当关联，如公司材料采购员的职责为材料的采购，依一般认识他就不能进行公司产品的销售，他超出职责的行为就不是职务行为，除非他得到法人的特别授权。法人的法定代表人及其他工作人员的行为符合以上条件的，就是职务行为，法人就应当对此行为承担法律责任，不管该行为是合法还是不合法，也不管该行为对法人是有利还是无利。

在法人对内部机关职责范围规定不明确的情况下，法人的法定代表人及其他工作人员的经营行为及因其工作上的失误给他人造成损失的，均由法人承担责任。因为：①法定代表人及其他工作人员的职务行为是法人行为，法人享有权利就要承担义务；②法人对其法定代表人和工作人员负有监督和管理的义务。

（二）法人对自己的民事违法行为承担民事责任

如法人超出核准登记的经营范围从事非法经营，或向登记机关、税务机关隐瞒真实情况、弄虚作假、抽逃资金、隐匿财产以逃避债务以及从事其他违法活动，损害国家利益或社会公共利益，或给他人造成损害的，法人应承担法律责任。法人可向责任人追偿。法定代表人行为构成犯罪的应承担刑事责任。

（三）法人对其分支机构的行为承担民事责任

法人分支机构是根据法人的意志所设立的从事法人的部分经营业务的机构，包括半独立性和非独立性的分支机构。分支机构若具有法人资格的，由自己承担自己的行为后果。国家机关或事业单位法人的分支机构（如某某驻京办事处）是从事非经营性业务的组织，不承担代表上级机关进行民事活动的任务。

三、法人成员的法律责任

对法人的债务来说，法人成员只在其出资范围内承担有限责任。但这并不意味着在任何情况下，均免除法人成员对法人责任的承担。这些特殊情况有：

（一）违反出资义务的责任

法人成员应诚实履行法律或法人章程规定的出资义务，否则，是对出资义务的违反，如虚报出资额、出资后抽逃资金。违反出资义务的法人成员应在出资范围内与法人承担连带责任。如国务院《关于在清理整顿公司中被撤并公司债权债务清理问题的通知》明确规定："公司虽经工商行政管理机关登记注册，但实际上没有自有资金、或者实有资金与注册资金不符的（国家另有规定的除外），由直接批准开办公司的主管部门或者开办公司的申报单位、投资单位在注册资金的范围内，对公司债务承担清偿责任。对注册资金提供担保的，在担保资金范围内承担连带责任。"1994年3月30日，最高人民法院作出的《关于企业开办的企业被撤销或者歇业后民事责任承担问题的批复》中规定："企业开办的企业已经领取《企业法人营业执照》，其实际投入的自有资金虽与注册资金不符，但达到了《企业法人登记管理条例实施细则》第 15 条第 7 项或者其他有关法规规定的数额，并且具备了企业法人其他条件的，应当认定其具有法人资格。但如果该企业被撤销或者歇业后其财产不足以清偿债务的，开办企业应当在该企业实际投入的自有资金与注册资金差额范围内承担民事责任。企业开办的企业虽然已经领取了《企业法人营业执照》，但实际没有投入自有资金，或投入的自有资金达不到《企业法人登记管理条例实施细则》第 15 条第 7 项或其他有关法规规定的数额，以及不具备企业法人其他条件的，应当认定其不具备法人资格，其民事责任由开办该企业的企业法人承担。"

（二）法人人格否认

法人人格否认，在英美法国家又被称为"揭开法人的面纱"，是指对已具有独立资格的法人组织，在具体的法律关系中，如果其成员出于不正当的目的而滥用法人人格，并因此对债权人利益造成损害的，法院可基于公平正义的价值理念，否认该法人的独立人格，并责令滥用法人人格的成员对法人的债务承担连带责任的一种法律制度。[1]《公司法》第 20 条规定："公司股东应当遵守法律、行政法规和公司章程，依法行使股东权利，不得滥用股东权利损害公司或者其他股东的利益；不得滥用公司法人独立地位和股东有限责任损害公司债权人的利益。公司股东滥用公司法人独立地位和股东有限责任，逃避债务，严重损害公司债权人利益的，应当对公司债务承担连带责任。"从而在我国立法上明确了法人人格否认制度。

法人人格否认理论是民法中权利不得滥用原则在法人领域的具体适用，也是权利义务相一致原则的具体体现。法人人格否认制度表明了法律的一种价值取向，同时展现出其在市场经济条件下作为一种杠杆调节器的作用，即法律既应充分肯定法人人格独立的价值，将维护公司独立法人人格作为一般原则，确保投资者在他们对法人债务承担有限责任的前提下积极地向法人投入法定或约定的资金，又不能容忍法人成员利用不正当的活动，规避法律谋取法外利益。将法人人格否认制度作为法人人格独立必需的、有益的补充，使法人、股东、第三者在相互的张力中，形成和谐的经济利益关系。需要强调的是，法人人格否认只在具体的法律关系中适用，是在特定法律关系中对法人独立责任的否定，为个案中的债权人权利实现提供司法救济，以实现法律公正、公平的价值目标。个案中对法人

[1] 张玉敏主编：《民法》，中国人民大学出版社 2007 年版，第 93 页。

人格否认的效力不应及于该法人的其他法律关系，也不影响该法人作为独立民事主体的继续存在。因此，对法人人格否认须具备一定的条件：

1. 被否认者具有合法有效的法人资格。这是法人人格否认适用的前提，没有法人资格或法人资格被撤销，就无"法人人格"可以否认了。

2. 法人成员滥用法人独立地位和法人成员的有限责任。法人特别是公司法人的建立和发展，是以法人人格的独立性和法人成员责任的有限性为基础的，当法人成员违反诚信，使法人失去了自主性，那法人成员的有限责任也就丧失了存在的基础。法人成员在享有有限责任的好处时，应受到有限责任所带来的限制，如不能抽逃出资，不能为了躲避债务，转移法人资产后再申请该法人破产，不能将法人财产与个人财产混同，不能用法人财产来偿还法人成员个人的债务等。法人人格否认制度的设立目的是为了保护债权人的利益，从这一点来说，判断法人成员是否滥用了法人人格，并不考虑行为人主观上是否有过错，只要行为人实施了导致法人自主性丧失的行为，就构成了对法人人格的滥用。[1]

3. 法人成员滥用法人人格损害了债权人的合法利益。法人的债权人所遭受的损失与法人成员滥用法人人格有直接因果关系。法人人格否认制度是对法人成员有限责任与债权人利益保护的一个平衡。法人成员借用法人独立人格规避责任，使债权人合法利益得不到保障，法人独立人格制度下的利益框架就会失去平衡，法律才会允许"刺穿法人的面纱"，要求法人成员承担连带责任。

第六节　法人的变更、终止和清算

一、法人的变更

法人的变更，是指法人成立后在其存续期间内因各种原因而发生的组织体、组织形式以及其他事项的变动。法人的变更主要指企业法人的变更。《民法通则》第 44 条第 1 款规定："企业法人分立、合并或者有其他重要事项变更，应当向登记机关办理登记并公告。"企业法人可在履行相关法律程序的前提下，变更企业形式或实行合并、分立，以此改变经营范围，进行资源的优化配置，这是企业经营自由的重要内容。

---

〔1〕 张玉敏主编：《民法》，中国人民大学出版社 2007 年版，第 94 页。关于法人成员滥用法人人格的判别标准，学术上有主观说与客观说之分。主观说认为在判断行为人是否滥用了法人人格时，除了要求行为人客观上实施了滥用法人人格的行为，还要求行为人主观上有滥用的故意。客观说认为判断行为人是否滥用法人人格并不需要考虑行为人主观上的因素。法人的债权人在法人人格制度框架下的地位是不平衡的，要求受害人去证明滥用者的主观心理状态，相当困难。在主观说下，债权人的利益很难得到有效保护。通说倾向于客观说，并且《公司法》的规定也没将行为人主观上的过错作为构成条件。

（一）法人变更的类型

1. 法人组织体的变更。

（1）法人的合并。法人的合并，是指两个以上的法人合并为一个法人。法人合并分为吸收合并和新设合并。吸收合并，是指一个法人归并到另一个现存的法人中去，该法人被另一法人吸收而消灭，另一法人继续存在，即：AB→A′或AB→B′。新设合并，是指两个以上的法人合并为一个新法人，原来的法人消灭，新的法人产生，即：AB→C。如根据《公司法》第173条的规定，公司合并可以采取吸收合并或者新设合并。一个公司吸收其他公司为吸收合并，被吸收的公司解散。两个以上公司合并设立一个新的公司为新设合并，合并各方解散。

（2）法人的分立。法人的分立，是指一个法人分为两个以上的法人。法人分立包括新设分立和派生分立。新设分立是指解散原法人，分立为两个以上的法人，即：A→BC。派生分立是指原法人依然存在，但从中分出新的法人，即：A→A′B。

（3）组织形式的变更。法人组织形式的变更，是指企业法人组织形式的改变，主要是指公司法人责任形式的变更，如从无限责任公司变更为有限责任公司、从有限责任公司变更为股份有限公司。组织形式变更，依法须经审批的，经审批后可变更。法人组织形式的变更是在原法人的基础上创设新法人，因此须办理法人登记，变更后的法人承受原法人的权利义务。

2. 法人的其他重要事项的变更。法人的其他重要事项的变更，是指法人登记中应登记的事项，如法人的名称、法人的代表、场所、住所、注册资本等事项的变更。根据《企业法人登记管理条例》第17条的规定，企业法人改变名称、住所、经营场所、法定代表人、经济性质、经营范围、经营方式、注册资金、经营期限，以及增设或者撤销分支机构，均属于重要事项的变更。凡法人登记应登记的事项变更的，均应于核准变更后在规定期间内办理变更登记。但这些事项的变更，不影响法人原参与的法律关系的效力。

（二）法人变更的程序

按照《公司法》、《公司登记管理条例》及《企业法人登记管理条例》的规定，法人变更的程序为：

（1）由法人股东（大会）以2/3表决权多数通过变更决议。根据《公司法》第44条第2款的规定，股东会会议作出修改公司章程、增加或者减少注册资本的决议，以及公司合并、分立、解散或者变更公司形式的决议，必须经代表2/3以上表决权的股东通过。《公司法》第104条第2款："股东大会作出决议，必须经出席会议的股东所持表决权过半数通过。但是，股东大会作出修改公司章程、增加或者减少注册资本的决议，以及公司合并、分立、解散或者变更公司形式的决议，必须经出席会议的股东所持表决权的 2/3 以上通过。"

（2）分立、合并方签订协议并编制资产负债表及财产清单。根据《公司法》第 178 条的规定："公司需要减少注册资本时，必须编制资产负债表及财产清单。公司应当自作出减少注册资本决议之日起 10 日内通知债权人，并于 30 日内在报纸上公告。债权人自接到通知书之日起 30 日内，未接到通知书的自公告之日起 45 日内，有权要求公司清偿债务或者提供相应的担保。公司减资后的注册资本不得低于法定的最低限额。"

（3）减少注册资本的决议须于 10 日内通知债权人，并于 30 日内在报纸上公告。

（4）企业法人合并的，债权人有权要求提供担保或提前清偿（自通知之日起 30 日内或公告之日起 45 日内）。

（5）向登记部门办理变更登记。《民法通则》第 44 条规定："企业法人分立、合并或者有其他重要事项变更，应当向登记机关办理登记并公告。"法人变更需要审批的，还需要主管部门的批准。根据《企业法人登记管理条例》第 18 条："企业法人申请变更登记，应当在主管部门或者审批机关批准后 30 日内，向登记主管机关申请办理变更登记。"第 19 条："企业法人分立、合并、迁移，应当在主管部门或者审批机关批准后 30 日内，向登记主管机关申请办理变更登记、开业登记或者注销登记。"没有登记，变更事项不能对抗善意第三人。

（三）法人变更的法律效力

《民法通则》第 44 条第 2 款规定："企业法人分立、合并，它的权利和义务由变更后的法人享有和承担。"依照《公司法》第 175、177 条及《合同法》第 90 条的规定，法人变更后的法律效力为：

（1）法人变更前的债权债务由变更后的法人承担。

（2）法人分立后的当事人对原债务承担连带责任。

（3）若分立当事人内部达成协议，则仅对协议人内部有效，不得对抗第三人。

（4）若分立当事人与债权人达成协议的，依协议执行。

二、法人的终止和清算

（一）法人终止的概念和原因

法人的终止，又称法人的消灭，是指法人的民事主体资格不再存在，其民事权利能力和民事行为能力终止。依据《民法通则》第 45 条的规定，法人终止的原因有：

1. 依法被撤销。即法人依照法律的直接规定或因违反法律的规定而被解散的情况。根据《公司法》第 181、184 条的规定，公司依法被吊销营业执照、责令关闭或者被撤销，应当解散，并在此事由出现之日起 15 日内成立清算组，开始清算。《全民所有制工业企业法》规定企业因违反法律、法规被责令撤销是企业终止的原因之一。

2. 解散。即由法人自己使自己终止，主要指法人的目的事业完成或无法完成、法人机关作出解散的决议、法人章程规定的存续期间届满或解散事由发生而自行解散的情况，这是法人自由意志的体现。

3. 依法被宣告破产。企业法人不能清偿到期债务时，人民法院可根据债权人或债务人的申请，依法定程序宣告其破产。

4. 其他原因。如国家经济政策的调整，企业的分立、合并、被法院强制解散等。《公司法》第 183 条规定："公司经营管理发生严重困难，继续存续会使股东利益受到重大损失，通过其他途径不能解决的，持有公司全部股东表决权 10% 以上的股东，可以请求人民法院解散公司。"

（二）法人的清算

1. 法人清算的概念。这是指依法成立的清算组织清理将终止的法人的财产，了结其作为当事人的全部法律关系，从而使法人归于消灭的程序。《民法通则》第 40 条规定："法人终止，应当依法进行清算，停止清算范围外的活动。"因此，法人的清算是法人消灭中的必要程序。

2. 法人清算的分类。

（1）破产清算。即法人因破产而消灭时所进行的清算，主要依据《企业破产法》及《民事诉讼法》的相关程序进行。

（2）非破产清算。即法人因破产以外的原因消灭时所进行的清算。一般由法人自己进行清算，不依照破产法律。

3. 管理人。管理人由人民法院指定，依照《破产法》的规定执行职务，向人民法院报告工作，并接受债权人会议和债权人委员会的监督。根据《破产法》第 25 条的规定，管理人应履行下列职责：①接管债务人的财产、印章和账簿、文书等资料；②调查债务人财产状况，制作财产状况报告；③决定债务人的内部管理事务；④决定债务人的日常开支和其他必要开支；⑤在第一次债权人会议召开之前，决定继续或者停止债务人的营业；⑥管理和处分债务人的财产；⑦代表债务人参加诉讼、仲裁或者其他法律程序；⑧提议召开债权人会议；⑨人民法院认为管理人应当履行的其他职责。

4. 法人在清算期间的性质。法人在清算期间其法人资格并没有消灭，只是其行为受到一定的限制。

（1）依《民法通则》第 40 条规定："法人终止，应当依法进行清算，停止清算范围外的活动。"从此条规定中可以看出，法律只是要求其停止清算范围外的活动。法人在清算期间，依然享有民事权利，如财产权、名誉权、知识产权等，可以以自己权利受到侵害为由提出诉讼，等等。

（2）最高人民法院《关于企业法人营业执照被吊销后，其民事诉讼地位如何确定的复函》称："吊销企业法人营业执照，是工商行政管理机关依据国家工商行政法规对违法的企业法人作出的一种行政处罚。企业法人被吊销营业执照后，应当依法进行清算，清算程序结束并办理工商注销登记后，该企业法人才归于消灭。因此，企业法人被吊销营业执照后至被注销登记前，该企业法人仍应视为存续，可以以自己的名义进行诉讼活动。如果该企业法人组成人员下落不明，无法通知参加诉讼，债权人以被吊销营业执照的企业的开办单位为被告起诉的，人民法院也应当予以准许。该开办单位对被吊销营业执照的企业法人，如果不存在投资不足或转移资产逃避债务的情形的，仅应作为企业清算人参加诉讼，承担清算责任。"

（3）最高人民法院答复甘肃省高院的《关于人民法院不宜以一方当事人公司营业执照被吊销，已丧失民事诉讼主体资格为由，裁定驳回起诉问题的复函》称："吊销企业法人营业执照，是工商行政管理局对实施违法行为的企业法人给予的一种行政处罚。根据《中华人民共和国民法通则》第40、46条和《中华人民共和国企业法人登记管理条例》第33条之规定，企业法人营业执照被吊销后，应当由其开办单位（包括股东）或者企业组织清算组依法进行清算，停止清算范围外的活动。清算期间，企业法人的民事诉讼主体资格仍然存在。"

5. 注销登记。清算完结后，清算组织到工商行政管理部门办理法人终止的登记，称注销登记。完成注销登记并公告，法人人格才最终消灭。

【思考与练习】

◎问答题

1. 法人的分类及意义。
2. 法人成立的条件。
3. 法人超越目的范围所实施的行为效力如何？为什么？
4. 法人及法人成员的责任。
5. 法人人格否认适用的条件及法律效力。

◎选择题

1. 关于事业单位法人，下列哪些选项是错误的？（   ）

A. 所有事业单位法人的全部经费均来自国家财政拨款

B. 具备法人条件的事业单位从成立之日起取得法人资格

C. 国家举办的事业单位对其直接占有的动产享有所有权

D. 事业单位法人名誉权遭受侵害的，有权诉请精神损害赔偿

2. 甲股份有限公司经董事会决议，变更公司章程，在其营业范围中增加"制售成衣"一项，但尚未向工商行政管理部门办理变更手续。甲公司董事长刘某未经授权与乙纺织厂签订一项订购布料的合同。对甲公司与乙纺织厂之间的购货合同，下列判断正确的是（　　）。

A. 因甲公司尚未办理营业范围的变更登记手续，故无效

B. 因董事长刘某未经授权，故无效

C. 尽管甲公司的行为违反了登记管理方面的规定，但购货合同有效

D. 购货合同如获得甲公司的追认即有效

3. 下列关于法人机关的表述哪些是正确的？（　　）

A. 法人机关无独立人格

B. 财团法人没有自己的意思机关

C. 法人的分支机构为法人机关的一种

D. 监督机关不是法人的必设机关

4. 在法定代表人和法人关系的问题上，下列哪些表述是正确的？（　　）

A. 法定代表人既是法人的代表，也是法人机关的代表

B. 法定代表人履行职务的行为是法人行为

C. 法定代表人只能是法人单位的行政正职负责人

D. 法定代表人的代表权源于法律和章程，而不是源于法人的授权

5. 住所地在长春的四海公司在北京设立了一家分公司。该分公司为开展业务以自己的名义与北京实达公司签订了一份房屋租赁合同，租赁实达公司的楼房一层，年租金为 30 万元。现分公司因拖欠租金而与实达公司发生纠纷。下列判断哪一个正确？（　　）

A. 房屋租赁合同有效，法律责任由合同的当事人独立承担

B. 该分公司不具有民事主体资格又无四海公司的授权，租赁合同无效

C. 合同有效，依该合同产生的法律责任由四海公司承担

D. 合同有效，依该合同产生的法律责任由四海公司及其分公司承担连带责任

◎案例分析题

顾某与齐某系从同一部队转业复员的战友，因未找到适合的工作就一同暂在一家物业公司当保安。后顾某想自己出来创业，经过一番市场考察决定在厦门成立一家物流公司，遂邀齐某一起合作。但两人能筹到的资金总共只有 20 万元人民币，开业资金不足，经顾某的大哥介绍他们找到了上海鹏展发展有限公司，鹏

展公司亦有意在厦门设立"窗口"，便利来往，于是答应协助。双方商定：鹏展公司借款人民币 180 万元给顾某，办理注册登记，设立厦门路路通物流有限公司，由顾某与齐某作为股东，独立经营，全权负责。鹏展公司作为该公司的申报单位和主管单位。公司成立后 1 年内应将 180 万元人民币返还给鹏展公司，同时自公司成立时起 3 年内，每年应向鹏展公司上交利润 20 万元人民币。2002 年 3 月厦门路路通物流有限公司正式登记成立，注册资金为 200 万元人民币。鹏展公司为其出具了资信证明，顾某担任法定代表人。公司成立后又向银行贷款了 200 万元人民币。1 年后，公司盈亏持平，只拿出了 100 万返还给其主管单位鹏展公司；其后，公司经营情况不佳，一直亏损，2004 年 5 月，被迫申请破产解散。此时公司实有财产只有 130 万元，但拖欠银行贷款 200 万元，尚欠其他债务约 90 万元。银行欲扣押该公司全部财产偿还贷款，其他债权人亦纷纷要求公司还债，鉴于路路通公司已经资不抵债，银行和其他债权人又要求上海鹏展公司共同承担责任，鹏展公司拒不认账，并提出路路通公司还欠该公司 180 万元未还，也正准备要求路路通公司偿还。因此，银行和其他债权人被迫向法院起诉，要求上海鹏展发展有限公司和厦门路路通物流有限公司共同清偿全部债务。问：

（1）厦门路路通公司向上海鹏展公司返还 100 万元借款的行为属于什么行为，是否违法？

（2）上海鹏展公司是否应承担厦门路路通公司的债务清偿？路路通公司的对外债务应如何清偿？

（3）上海鹏展公司的 180 万元借款应向谁求偿？

◈ 　第七章

不可缺少的民事主体——其他组织

◣ 　**【案例导入】**
合伙人是否可以以合伙中的资产偿还个人债务？

2008 年 5 月，张某、王某、李某三人签订了合伙经营某商品零售企业的普通合伙协议。2009 年 3 月，张某向孙某借款 30 万元，大举投资股市。但由于股市持续走低，张某投资失败，致使其欠孙某的 30 万元无法及时归还。张某遂向其他两位合伙人提出，将自己在合伙企业中的 30 万元出资转让给孙某，但遭到了其他两位合伙人的反对；在未获得其他两位合伙人同意的情况下，张某擅自从合伙企业提走 30 万元现金，并将其交于孙某。此后，由于合伙企业经营管理不善，合伙人一致决定散伙。由于合伙企业的现有财产不足以偿还合伙企业的债务，债权人遂要求合伙人张某、王某和李某承担偿还债务的连带责任。张某认为，自己已经退出了合伙，因此不必再承担合伙企业的债务。

☞ 　**【分析提要】**

1. 本案主要涉及普通合伙企业合伙人份额的转让、合伙人退伙、合伙企业债务的承担等法律问题。应根据《中华人民共和国合伙企业法》（以下简称《合伙企业法》）的有关规定进行剖析。

2. 本案合伙人张某因欠外债无力偿还，是否可以以他在合伙企业中的出资份额抵债？张某擅自将自己在合伙企业中的财产份额转让他人，该行为是否有效？

3. 本案合伙企业因经营亏损决定散伙，合伙财产不足以清偿债务，债权人要求全体合伙人承担连带责任。张某称自己已退伙，他可以不再承担合伙企业债务吗？

4. 你认为应该如何正确处理本案？

第一节　其他组织概述

一、其他组织的概念、特征和类型

（一）其他组织的概念

其他组织是我国民事主体和民事诉讼主体制度中的一个特有概念，根据最高人民法院《关于适用〈中华人民共和国民事诉讼法〉若干问题的意见》（以下简称《民诉意见》）第40条所作的司法解释，其是指合法成立、有一定的组织机构和财产，但又不具备法人资格的组织。

20世纪80年代至90年代中期的很长一段时间内，我国立法和最高人民法院司法解释对这一类社会组织的称谓并不一致，存在"非法人单位"、"其他经济组织"、"其他组织"等名称。不过，我国目前的民事立法对它的称谓已经趋于统一，将其称为"其他组织"，学界则通称其为"非法人组织"，成为我国现行立法中除自然人、法人之外的不可缺少的第三类民事主体。

（二）其他组织的特征

1. 属于社会组织体。其他组织是社会组织，是自然人或财产的有机结合，具有特定的设立目的和稳定性，要依法设立，具有一定的组织机构和财产，通常有自己的名称并经登记成立。但它不具有自然人的生命特征，有很强的社会属性，从而有别于自然人。

2. 不具备法人资格。社会组织有法人组织与非法人组织之分，法人组织具有法人资格，能够独立承担民事责任；非法人组织不具备法人资格，不能独立承担民事责任，一般由其设立人或出资人对其他组织的债务承担连带责任。其他组织为非法人组织，不具备法人资格，从而区别于法人组织。

3. 以自己的名义从事民事活动。其他组织拥有自己的名称，经过登记或领取营业执照，可以在民事活动中以自己的名义与他人建立各种民事法律关系，也可以自己的名义参与诉讼。这是其他组织与自然人、合伙关系或一般松散的个人合伙组合相区别的重要标志，也是其他组织主体性的必备要素。

（三）其他组织的类型

根据我国《最高人民法院关于适用〈中华人民共和国担保法〉若干问题的解释》第15条以及《民诉法意见》第40、51条的规定，其他组织的类型包括：①依法登记领取营业执照的私营独资企业、合伙组织；②依法登记领取营业执照的合伙型联营企业；③依法登记领取我国营业执照的中外合作经营企业、外资企业；④经民政部门核准登记领取社会团体登记证的社会团体；⑤法人依法设立并领取营业执照的分支机构；⑥中国人民银行、各专业银行设在各地的分支机构；⑦中国人民保险公司设在各地的分支机构；⑧经核准登记领取营业执照的乡镇、街道、村办企业；⑨符合《民诉法意见》第40条规定条件的其他组织。

二、其他组织的成立要件

（一）依法成立

其他组织必须是依照法律规定的条件和程序成立，法律予以认可的组织。特别是对于应当履行登记手续的需履行了登记手续，应当领取营业执照的需领取了营业执照。未经依法成立，则不具有其他组织的资格，应由直接责任人承担民事责任。在民事诉讼中，直接责任人为当事人。例如《民诉意见》规定法人非依法设立的分支机构，或者虽依法设立，但没有领取营业执照的分支机构，以设立该分支机构的法人为当事人；个体工商户、农村承包经营户、合伙组织雇佣的人员在进行雇佣合同规定的生产经营活动中造成他人损害的，其雇主是当事人。在这里，法人分支机构和"两户一伙"就不属于其他组织。

（二）有一定的组织机构

其他组织要有能够保证该组织正常活动的机构，比如有自己的名称、场所，有自己的负责人和一定职能部门及工作人员等。如果仅有一块招牌、一个名称，既无一定场所，也无一定的组织机构和人员的，不能成为其他组织。在民事活动发生纠纷时，应以直接责任人为当事人，需要承担民事责任的，应由直接责任人承担。

（三）有一定的财产

其他组织必须有能够单独支配，与其经营规模和业务活动的范围相适应的财产。这种财产既可以是上级单位的拨款，也可以是其他合法来源的财产。强调其他组织必须有一定财产的目的，是保证其他组织能够独立进行民事活动，能够在其业务活动范围内享有民事权利和承担民事义务。如果根本没有自己能够支配的财产，就不属于其他组织，不能成为民事诉讼的当事人，应由直接责任人参加诉讼并承担民事责任。

（四）不具备法人资格

其他组织不具备法人成立条件，在法律上没有取得法人资格。其他组织不具有法人资格的原因之一在于其不能以自己的财产独立承担民事责任。不能独立承担民事责任不是说其没有独立的财产承担民事责任，而是指在法律上它承担民事责任并不以其所有的财产为限。当其他组织的财产不足以承担责任时，应由对其负责的自然人或法人来承担。

三、其他组织的民事能力

（一）民事权利能力

其他组织的民事权利能力是指其他组织依法享有民事权利、承担民事义务的资格。关于其他组织是否具有民事权利能力，各国立法和学说存在以下两种主张：①否定说。认为其他组织只是由多人组成的结合体，是多人根据合同形成的联合，其他组织不具有区别于其个别成员意志以外的属于自己的意志，因此不具有民事权利能力。②肯定说。认为其他组织作为不同于其成员的独立存在的组织体，具有自己特定的目的，法律从社会生活的实际出发，有必要赋予该组织体以民事权利能力。随着各国对其他组织认识态度的转变，已经出现了承认其民事权利能力的趋势。

（二）民事行为能力

在自然属性方面，其他组织与法人是相同的，即均具有团体性。因此应当认可其他组织是社会现实存在的民事主体，采纳类似于法人实在说的观点，赋予其他组织以民事行为能力。

（三）民事责任能力

在民事权利能力和民事行为能力方面，其他组织与法人并无实质差别。其他组织与法人的实质区别在于，其他组织不具有独立的民事责任能力。也就是说，其他组织不能独立承担民事责任。当其他组织不能清偿其债务时，应当由其设立人或成员承担责任。

（四）民事诉讼能力

民事诉讼能力是指法律关系主体能够作为当事人参加民事诉讼的能力，包括民事诉讼权利能力和民事诉讼行为能力。民事诉讼权利能力是指法律关系主体能成为民事诉讼当事人，享有民事诉讼权利和承担民事诉讼义务的资格，即成为民事诉讼当事人的法律资格；民事诉讼行为能力是指当事人能够进行民事诉讼活动，具有独立行使诉讼权利和履行诉讼义务的能力。根据《中华人民共和国民事诉讼法》（以下简称《民事诉讼法》）第 49 条的规定，其他组织具有民事诉讼能力。

四、其他组织的法律地位

关于其他组织的法律地位问题，在立法实践层面上，主要体现在《担保法》、《合同法》、《著作权法》、《商标法》、《保险法》、《对外贸易法》、《合伙企业法》、《民事诉讼法》等相关法律规定中，结合上述其他组织民事能力的理论探讨，我们认为其他组织是自然人、法人之外非常重要的第三类民事主体，无论是在立法实践层面还是学术理论分析层面，它都具有独立的法律地位。

第二节 合伙企业

一、合伙企业概述

合伙企业是指自然人、法人和其他组织依照《合伙企业法》在中国境内设立的普通合伙企业和有限合伙企业。2006 年 8 月修订的《合伙企业法》的总则第 1 章，对合伙企业的基本法律问题作了明确的规定，从民事主体方面看，其主要内容有：

（1）合伙企业是指自然人、法人和其他组织依照《合伙企业法》在中国境内设立的普通合伙企业和有限合伙企业。这一规定突破了以往法人不得成为合伙人的限制，反映了市场经济发展的需要，并增加了有限合伙企业这种新形式。

（2）国有独资公司、国有企业、上市公司及公益性的事业单位、社会团体不得成为普通合伙人。这一规定是为了避免国有企业和上市公司以其全部财产对合伙企业的债务承担无限连带责任，以保护国有资产和上市公司股东的利益。公益性的事业单位、社会团体，因其从事的活动涉及公共利益，不宜以其全部财产对外承担无限连带责任。

（3）合伙协议依法由企业全体合伙人协商一致、以书面形式订立。合伙协议是合伙成立的基础，是规范合伙人权利、义务、责任与合伙经营管理的基本规则，有类似于公司章程的性质，具有重要的法律意义，因此法律规定合伙协议依法由全体合伙人协商一致、以书面形式订立。

（4）设立合伙企业需要根据法定条件和法定程序进行登记。合伙企业的营业执照签发日期，为合伙企业成立日期。登记事项发生变更的，合伙人应依法定程序办理变更登记。

（5）合伙企业设立分支机构，应当向分支机构所在地的企业登记机关申请登记，领取营业执照。

二、普通合伙企业

（一）普通合伙企业的概念和特征

普通合伙企业，是指由普通合伙人组成，合伙人对合伙企业债务承担无限连带责任的营利性组织，包括一般普通合伙企业和特殊普通合伙企业。普通合伙企业是常见的合伙企业形式，如果未加"有限"的限制词，通常说的合伙企业是指普通合伙企业。

普通合伙企业的法律特征表现为：

1. 由两个以上的普通合伙人组成。合伙企业不是单个人的行为，而是多个人的联合。也就是说，一个普通合伙企业至少有两个以上的合伙人，至于普通合伙企业由多少合伙人组成，有些国家的法律作了限制性规定，但我国《合伙企业法》没有对此作出明确的限制。

2. 合伙协议是合伙形成的基础条件。这与法人组织的成立不同，法人组织的成立须有章程，而合伙组织的成立只要求有合伙协议。合伙协议是合伙人建立合伙关系，确定合伙人各自的权利和义务，使合伙企业得以设立的前提，也是合伙企业的基础。如果没有合伙协议，合伙人之间未形成合伙关系，合伙企业便不能成立。

3. 合伙人共同出资、共同经营、共享收益、共担风险，并对合伙的债务承担无限连带责任。这个特征是合伙企业与法人企业相区别的重要特征。法人企业成立后，由法人机关从事经营，法人企业的投资人以其认缴的出资为限对法人企业的债务承担责任。合伙企业是以合伙人个人财产为基础建立的，合伙人的共同出资构成合伙财产。合伙财产虽然由合伙企业使用与管理，但它属于合伙人所共有，仍然与合伙人的个人财产密切联系，所以，各合伙人必须以其个人财产承担合伙企业的债务，即当合伙企业的财产不足以清偿债务时，合伙人应当以自己的个人财产承担不足部分的清偿责任。

（二）普通合伙企业的设立条件

依照《合伙企业法》第14条的规定，普通合伙企业设立的条件是：

（1）有两个以上的合伙人，并且都是依法承担无限责任者。合伙人为自然人的，应当具有完全民事行为能力。法律、行政法规禁止从事营利性活动的人，不得成为合伙企业的合伙人。国有独资公司、国有企业、上市公司以及公益性的事业单位、社会团体不得成为普通合伙人。

（2）有书面合伙协议。合伙协议是约定合伙人之间的权利义务和合伙企业运作的基本文件，是合伙企业设立的必备条件。合伙协议应当经全体合伙人协商一致，以书面形式订立，并载明下列事项：①合伙企业的名称和主要经营场所的地点；②合伙目的和合伙企业经营范围；③合伙人的姓名或者名称、住所；④合伙人的出资方式、数额和缴付期限；⑤利润分配和亏损分担方式；⑥合伙企业事务的执行；⑦入伙与退伙；⑧合伙企业的解散与清算；⑨违约责任；⑩争议解决办法。合伙协议经全体合伙人签名、盖章后生效。合伙协议生效后，全体合伙人可以在协商一致的基础上，对该合伙协议加以修改或者补充。

（3）有合伙人认缴或者实际缴付的出资。合伙协议生效后，合伙人应当按照合伙协议的规定缴纳出资。合伙人可以用货币、实物、知识产权、土地使用权或者其他财产权利出资，也可以用劳务出资。以非货币财产出资的，依照法律、行政法规的规定，需要办理财产权转移手续的，应当依法办理。合伙人以实物、知识产权、土地使用权或者其他财产权利出资，需要评估作价的，可以由全体合伙人协商确定，也可以由全体合伙人委托法定评估机构评估。合伙人以劳务出资的，其评估办法由全体合伙人协商确定，并在合伙协议中载明。

（4）有合伙企业的名称和生产经营场所。合伙企业名称中应当标明"普通合伙"字样，有营业场所和从事经营的必要条件。

（5）法律、行政法规规定的其他条件。

（三）普通合伙企业的财产

1. 合伙企业财产的构成。合伙企业财产的来源由三部分构成：①合伙人的出资。合伙人将其出资的财产转移给合伙后，就与其个人的财产相分离，而成为合伙企业财产；②合伙企业从事经营活动取得的财产；③依法从其他渠道取得的财产，例如接受赠与的财产。

2. 合伙企业财产的性质。合伙企业财产的性质也就是合伙财产归属问题，在认可合伙企业具有民事主体资格的情况下，合伙企业财产的性质应当是按份集合起来的共同共有，应当强调合伙财产的不可分割性。根据《合伙企业法》的有关规定，可以认定合伙企业的财产属于合伙人共同共有。合伙企业财产不限于所有权，还有土地使用权、知识产权等等。因此说合伙企业财产的性质是共同共有，包括准共同共有。

3. 合伙财产的保全。合伙财产属于合伙人共同共有，不属于合伙单独所有，在涉及合伙财产权与合伙人财产权关系上，需要对合伙人的财产权适当限制，保全合伙财产，以维护合伙事业。

（1）分割合伙财产的限制。合伙人在合伙企业清算前，不得请求分割合伙企业的财产（不包括退伙的情况在内），合伙人在合伙企业清算前私自转移或者处分合伙企业财产的，合伙企业不得以此对抗善意第三人。

（2）财产份额转让与财产出质的限制。除合伙协议另有约定外，合伙人向合伙人以外的人转让其在合伙企业中的全部或者部分财产份额时，须经其他合伙人一致同意。合伙人之间转让在合伙企业中的全部或者部分财产份额时，应当通知其他合伙人。合伙人向合伙人以外的人转让其在合伙企业中的财产份额的，在同等条件下，其他合伙人有优先购买权；但是，合伙协议另有约定的除外。合伙人以其在合伙企业中的财产份额出质的，须经其他合伙人一致同意；未经其他合伙人一致同意，其行为无效，由此给善意第三人造成损失的，由行为人依法承担赔偿责任。

（3）合伙债权抵销与合伙人的债权人代位权的限制。合伙人发生与合伙企业无关的债务，相关债权人不得以其债权抵销其对合伙企业的债务；合伙人的债权人也不得代位行使合伙人在合伙企业中的权利。

（四）合伙事务的执行

1. 合伙事务执行权与执行人。合伙企业具有较强的人合性，合伙人相互合作、共同经营是合伙企业的特点。因此，合伙人对执行合伙事务享有同等的权利。这意味着：每个合伙人都有合伙事务的执行权；合伙人之间互为代理。为了缓和合伙人平等执行权的不便，法律允许合伙人商定执行权委托条款。为此，内部合伙事务的执行有三种情况：①全体合伙人共同为合伙事务执行人；②几名合伙人为合伙事务执行人，合伙人可以约定某几名合伙人为合伙事务的执行人，也可以约定某些合伙事务由某几名合伙人为合伙事务执行人；③合伙负责人为合伙事务执行人，全体合伙人推荐能力强、威信高的合伙人为负责人，由负责人执行合伙事务。对于合伙事务执行，可以按照合伙协议约定或者经全体合伙人决定，委托一个或数个合伙人对外代表合伙企业，执行合伙事务。合伙企业对合伙人执行合伙事务以及对外代表合伙企业权利的限制，不得对抗善意的第三人。合伙的代表人不同于法人的代表人，法人的代表人是法人机关，合伙的代表人不是合伙机关。合伙的代表人在被委托执行合伙事务的范围内享有代表权，执行合伙事务的委托撤销或者合伙人辞去委托时，代表权随之终止。合伙企业可以聘任合伙人以外的人为合伙企业的经营管理人员，被聘人员被授权管理合伙内部事务，也可以被授权对外代表合伙企业。受聘人员按照授权进行的经营管理活动，其法律后果由合伙企业承担。

2. 合伙事务执行人的权利与义务。

（1）合伙事务执行人享有的权利有：①报酬请求权。执行合伙事务，如约定报酬的，合伙事务执行人有请求合伙企业支付报酬的权利；②提出异议权。合伙人分别执行合伙事务的，执行事务合伙人可以对其他合伙人执行的事务提出异议。提出异议时，应当暂停该项事务的执行。不执行事务的合伙人提出异议，合伙事务可以不停止执行，这是为了提高合伙经营的效力，因为不执行事务的合伙人一般不了解合伙经营的具体情况，他们可以通过要求召开合伙人会议等方式对合伙的经营进行监督。

（2）合伙事务执行人的义务有：①忠实处理合伙事务的义务。合伙事务执行人对于合伙事务应亲自执行，合伙事务执行人借执行合伙事务谋取私利，给合伙企业或者其他合伙人造成损失的，应当承担赔偿责任。②报告义务。由一个或者数个合伙人执行合伙事务的，执行事务合伙人应当定期向合伙人报告事务执行情况以及合伙企业的经营和财产状况。③遵守竞业禁止义务与交易禁止义务。合伙人不得自营或者同他人合伙经营与本合伙企业相竞争的业务。除合伙协议另有约定或者经全体合伙人一致同意外，合伙人不得同本合伙企业进行交易。合伙人违反法律规定或者合伙协议的约定，从事与本合伙企业相竞争的业务或者与本合伙企业进行交易的，该收益归合伙企业所有；给合伙企业或者其他合伙人造成损失的，依法承担赔偿责任。

3. 合伙决议的表决权。有些合伙事务需要合伙人会议作出决议，需要明确决议的表决办法。《合伙企业法》规定，合伙人对合伙企业有关事项的决议，按照合伙协议约定的表决办法办理。合伙协议未约定或者约定不明确的，实行合伙人一人一票并经全体合伙人过半数通过的表决方法。依据《合伙企业法》的规定，除合伙协议另有约定外，下列事项应当经全体合伙人一致同意：①改变合伙企业的名称；②改变合伙企业的经营范围、主要经营场所的地点；③处分合伙企业的不动产；④转让或者处分合伙企业的知识产权和其他财产权利；⑤以合伙企业的名义为他人担保；⑥聘任合伙人以外的人担任合伙企业的经营管理人员。

4. 对合伙事务执行的监督权。委托一个或者数个合伙人执行合伙事务的，其他合伙人不再执行合伙事务。不执行合伙事务的合伙人虽然不执行合伙的日常事务，但根据法律规定和合伙协议的约定，仍有参与对合伙重大事务决定的权利和其他权利，包括了解合伙的经营状况和财务状况、监督执行事务合伙人执行合伙事务的情况等权利。受委托执行合伙事务的合伙人不按照合伙协议或者全体合伙人的决定执行事务的，其他合伙人可以决定撤销委托。

5. 合伙人增加或者减少出资。在合伙存续期间，根据合伙事业需要，可由各合伙人增加对合伙企业的出资，或者减少对合伙企业的出资。增加或者减少对合伙企业的出资，涉及各个合伙人的利益，因此需要合伙人按照合伙协议的约定或者经全体合伙人决定。

（五）合伙损益的分配与合伙债务的承担

1. 合伙损益的分配。合伙利润的分配、亏损的分担，有约定和法定两种办法。有合伙协议的按合伙协议办理；合伙协议未约定或者约定不明确的，由合伙人协商决定。但是，合伙协议不得约定将全部利润分配给部分合伙人或者由部分合伙人承担全部亏损。合伙协议未约定或者约定不明确又协商不成的，根据法律规定办理，即由合伙人按照实缴出资比例分配、分担；无法确定出资比例的，由合伙人平均分配、分担。损益分配的时间由合伙人约定。

2. 合伙债务的承担与清偿。

（1）合伙企业有与合伙人个人财产相分离的合伙财产，合伙企业当然要承担清偿其债务的责任。合伙人对合伙债务承担无限连带责任，是合伙企业的基本法律特征。但合伙人对合伙债务承担无限连带责任有两种立法例：①并存连带主义，即合伙的债权人请求合伙清偿债务或者请求合伙人清偿合伙的债务，两者没有先后次序之分。这对合伙人来说，对合伙的债务承担的是并存无限连带责任。②补充连带主义，即合伙的债权人须先请求合伙清偿合伙债务，对其不足部分才能请求合伙人清偿。这对合伙人来说，对合伙的债务承担的是补充无限连带责任。我国《合伙企业法》的规定属于后者。具体规定为合伙企业对其债务，应先以其全部财产进行清偿。合伙企业不能清偿到期债务的，合伙人承担无限连带责任。合伙人由于承担无限连带责任，清偿数额超过其应当承担的比例的，有权向其他合伙人追偿。

（2）合伙人如果是以个人财产出资参与合伙，则以个人财产对合伙债务承担无限责任；如果是以家庭财产出资参与合伙，则应以合伙人家庭共有财产对合伙债务承担无限责任；如果是以个人财产出资参与合伙，但将合伙盈余分配所得用于合伙人家庭成员的共同生活的，则应先以合伙人的个人财产承担清偿责任，不足部分则以合伙人的家庭共有财产承担。

（3）合伙人的自有财产不足清偿其与合伙企业无关的债务的，该合伙人可以以其从合伙企业中分取的收益用于清偿；债权人也可以依法请求人民法院强制执行该合伙人在合伙企业中的财产份额用于清偿。

（4）如果同时存在合伙债务与合伙人个人债务，当合伙与合伙人都处于资不抵债的情况时，如何确定清偿这两种债务的先后顺序呢？对此，英美等国家采取了双重优先原则，即合伙人个人的债权人优先于合伙的债权人从合伙人的个人财产中得到清偿，合伙的债权人优先于合伙人个人的债权人从合伙财产中得到清偿。换言之，合伙的财产优先清偿合伙的债务，合伙人个人的财产优先清偿个人的债务。这样处理比较公平，我国多数学者赞成这种办法。

（六）入伙、退伙

1．入伙。这是指非合伙人加入已成立的合伙，而取得合伙人资格的行为。

（1）入伙的程序。合伙企业是典型的人合企业，合伙人之间的相互信任是合伙企业存在的基础，因此，合伙企业接纳新合伙人，除合伙协议另有约定外，应当经全体合伙人一致同意，并依法订立书面入伙协议。订立入伙协议书时，原合伙人应当将合伙企业的经营状况和财务状况如实地告诉准备入伙的人，以便其决定是否入伙。

（2）入伙的效力。入伙人与原合伙人依法签订入伙协议书后即取得合伙人的资格。入伙的新合伙人与原合伙人享有同等的权利，承担同等责任。入伙协议另有约定的，从其约定。新入伙人对入伙前的合伙债务承担无限连带责任，这是强制性规定。这样规定主要是为了保护债权人的利益，可以避免合伙人串通，用推迟入伙日期的方法，逃避债务。

2．退伙。这是指合伙人在合伙存续期间退出合伙组织，消灭合伙人资格的行为。

（1）退伙的形式。根据退伙的原因不同，可将退伙分为自愿退伙、除名退伙和法定退伙。①自愿退伙，这是指合伙人依约定或单方面向其他合伙人声明退伙。合伙协议约定有合伙企业的经营期限，在合伙企业存续期间，出现下列情形之一的，合伙人可以退伙：合伙协议约定的退伙事由出现；经全体合伙人一致同意；发生合伙人难以继续参加合伙的事由；其他合伙人严重违反协议约定的义务。退伙应当贯彻自愿原则，但是退伙涉及其他合伙人的利益，因此对自愿退伙也有一定的限制。合伙协议未约定合伙企业的经营期限的，合伙人在不给合伙企业事务执行造成不良影响的情况下可以退伙，并应提前30日通知其他合伙人。合伙人违反《合伙企业法》第45、46条的规定退伙的，应当赔偿由此给合伙企业造成的损失。②除名退伙，这是指当某合伙人出现除名事由时，经全体合伙人一致同意，将合伙人开除，而使其丧失合伙人资格。除名退伙又称强制退伙。除名退伙的事由包括：未履行出资义务；因故意或重大过失给合伙企业造成损失；

执行合伙事务有不正当行为；发生合伙协议约定的事由。除名退伙必须遵守一定的程序。对合伙人的除名决议应当书面通知被除名人。被除名人接到除名通知之日起，除名生效。被除名人对除名决议有异议的，可在自接到除名通知之日起30日内向人民法院起诉。③法定退伙。这是指基于法定的事由而退伙。法定退伙又称当然退伙。法定退伙事由包括：作为合伙人的自然人死亡或者被依法宣告死亡；个人丧失偿债能力；作为合伙人的法人或其他组织依法被吊销营业执照、责令关闭、撤销，或者被宣告破产；法律规定或者合伙协议约定合伙人必须具有相关资格而丧失相关资格；合伙人在合伙企业中的全部财产份额被人民法院强制执行。退伙事由实际发生之日为退伙生效日。

（2）退伙的效力。①退伙人的合伙人资格丧失。无论哪种退伙形式，退伙都发生合伙人资格丧失的效力。《合伙企业法》对合伙人死亡或者被依法宣告死亡的后果作了特别规定：合伙人死亡或者被依法宣告死亡的，对该合伙人在合伙企业中的财产份额享有合法继承权的继承人，按照合伙协议的约定或者经全体合伙人一致同意，从继承开始之日起，取得该合伙企业的合伙人资格。但是，有下列情形之一的，合伙企业应当向合伙人的继承人退还被继承合伙人的财产份额：一是继承人不愿意成为合伙人；二是法律规定或者合伙协议约定合伙人必须具备相关资格，而该继承人未取得该资格；三是合伙协议约定不能成为合伙人的其他情形。合伙人的继承人为无民事行为能力人或者限制民事行为能力人，经全体合伙人一致同意，可以依法成为有限合伙人，普通合伙企业依法转为有限合伙企业。全体合伙人未能一致同意的，合伙企业应当将被继承合伙人的财产份额退还给该继承人。②退伙人财产份额的退还办法。退伙人在合伙企业中的财产份额的退还办法，由合伙协议约定或者由全体合伙人决定，可以退还货币，也可以退还实物。③退伙人对合伙亏损的分担。合伙人退伙时，合伙企业财产少于合伙企业债务的，退伙人应当依照其应分担的比例分担亏损。退伙人应对基于退伙前的原因发生的合伙企业债务，承担无限连带责任。这是因为退伙人在退伙前是合伙人，如果退伙后对退伙前的合伙债务不承担责任，就加重了未退伙的其他合伙人的负担，而且还可能发生利用退伙逃避合伙债务，损害债权人利益的问题。

（七）特殊普通合伙企业

1. 特殊普通合伙企业的概念与特征。特殊普通合伙企业，是指在特定情况下，不由全体合伙人对合伙债务承担无限连带责任的普通合伙企业。特殊普通合伙企业具有以下特征：

（1）特殊普通合伙企业是普通合伙企业的一种特殊形式。特殊普通合伙企业不是独立于普通合伙企业的另一种合伙企业类型，而是普通合伙企业的一种特殊形式。其特殊性在于，在特定情况下各合伙人对合伙债务承担的责任不同；除此之外，都适用普通合伙企业的规定。特殊普通合伙企业是我国《合伙企业法》上的称谓，原理上参考了 20 世纪 90 年代美、英等国的有限责任合伙法。为了与有限合伙相区别，未用有限责任合伙，而改称特殊普通合伙。

（2）在特定情况下不由全体合伙人对合伙债务承担无限连带责任。一个合伙人或者数个合伙人在执业活动中因故意或者重大过失造成合伙债务的，应当承担无限责任或者无限连带责任，其他合伙人以其在合伙企业中的财产份额为限承担责任。合伙人在执业活动中非因故意或者重大过失造成的合伙企业债务以及合伙企业的其他债务，由全体合伙人承担无限连带责任。

2. 特殊普通合伙企业的设立与名称。特殊普通合伙企业的设立程序与普通合伙企业的设立程序相同，但是其名称中应当标明"特殊普通合伙"字样。

3. 特殊普通合伙企业的适用范围。以专业知识和专门技能为客户提供有偿服务的专业服务机构，可以设立为特殊普通合伙企业。以专业知识和专门技能为客户提供有偿服务的机构，例如会计师事务所、建筑师事务所等，有专业活动的特殊性，其从业人员是以自己的专业知识和专门技能为客户提供有偿服务，各自的业务往往不重合或者重合不多，在人数众多的专业服务机构中，其成员甚至相互不认识，要求每个合伙人为他人的故意或者重大过失造成的合伙企业债务承担连带责任，不够公平。采用特殊的普通合伙的责任形式，有利于扩大合伙企业的规模，增强合伙企业的实力和竞争力。非企业的专业服务机构依据有关法律采取合伙制的，其合伙人承担责任的形式可以适用《合伙企业法》关于特殊的普通合伙企业合伙人承担责任的规定。

4. 有过错的合伙人的责任承担。一个合伙人在执业活动中因故意或者重大过失造成的合伙企业债务，应当承担无限责任，数个合伙人在执业活动中因故意或者重大过失造成的合伙企业债务，应当承担无限连带责任，其他合伙人以其在合伙企业中的财产份额为限承担责任。合伙人在执业活动中因故意或者重大过失造成合伙企业债务时，仍然按照合伙企业及合伙人对外清偿合伙企业债务顺序的规定，合伙企业的债务首先由合伙财产清偿，合伙财产不足以清偿其债务时，才由合伙人清偿。合伙人在执业活动中因故意或者重大过失造成的合伙企业债务，以合伙财产对外承担责任后，该合伙人应当按照合伙协议的约定对合伙造成的损失承担赔偿责任。如果合伙协议的约定不要求有过错的合伙人承担赔偿责任，从其约定。

5. 执业风险基金的建立。特殊普通合伙企业对债务的清偿保障比一般普通合伙企业相对较弱。为了保护债权人的利益，《合伙企业法》规定，特殊的普通合伙企业应当建立执业风险基金、办理职业保险；执业风险基金用于偿付合伙人执业活动造成的债务。

三、有限合伙企业

(一)有限合伙企业的概念和特征

有限合伙企业,是指由普通合伙人和有限合伙人组成,普通合伙人对合伙企业债务承担无限连带责任,有限合伙人以其认缴的出资额为限对合伙企业债务承担责任的营利性组织。

根据《合伙企业法》规定,有限合伙企业有以下特征:

1.有限责任与无限责任相结合。有限合伙企业的主要特征是,在一个合伙企业中,普通合伙人对合伙企业的债务承担无限连带责任,有限合伙人对合伙企业的债务承担有限责任。这种合伙形式保留了普通合伙企业中合伙人责任的特点;借鉴了有限责任公司股东承担有限责任的优点。与有限责任公司相比,普通合伙人直接经营管理合伙事务,组织结构和组成程序简单,操作灵活。与普通合伙企业相比,有限合伙人对合伙企业债务承担有限责任,有利于吸引投资。通常有限合伙企业主要适用于从事高科技项目的风险投资,也适用于一般中小企业。

2.由普通合伙人执行合伙事务。通常有限合伙企业由具有专业知识和技能的人作为普通合伙人,执行合伙事务。有限合伙人不执行合伙事务,不得对外代表有限合伙企业。

(二)有限合伙企业的设立条件

有限合伙企业的设立,除需要具备普通合伙企业具备的条件外,还需要具备法律规定的与普通合伙企业不同的条件:

(1)有2个以上50个以下合伙人组成,其中至少应该有一个普通合伙人。有限合伙企业由2个以上50个以下合伙人组成。但是,法律另有规定的除外。这样规定是为了防止有人利用有限合伙企业的形式进行非法集资活动,体现了合伙企业人合性的特性,并为今后的实践留有必要的空间。有限合伙企业至少应当有一个普通合伙人,这是因为如果没有普通合伙人,就没有人对合伙债务承担无限责任,与有限合伙企业的性质相违背。法律对普通合伙人的人数没有限制,因为普通合伙人共同经营、共担风险,人数不可能过多。

(2)有与普通合伙协议内容不同的合伙协议。有限合伙协议除具有普通合伙协议应当载明的事项外,还应当载明《合伙企业法》第63条规定的6项事项。这些事项既涉及有限合伙企业内部活动的规则,也涉及债权人的利益。其中第2~4项是执行事务合伙人的有关事项。由于执行合伙事务关系到合伙事业的发展和合伙人的利益,所以对执行事务合伙人的有关问题应当有具体规定,包括执行事务合伙人应具备的条件和选择程序;执行事务合伙人的权限与违约处理办法;执行事务合伙人的除名条件和更换程序。

(3)有限合伙企业名称中应当标明"有限合伙"字样。

（4）有限合伙人的出资。有限合伙人可以用货币、实物、知识产权、土地使用权或者其他财产权利作价出资。有限合伙人不得以劳务出资，这主要是因为有限合伙人对合伙的债务承担有限责任，如果以劳务出资，就会造成其出资和责任界限不易确定的状态，不利于保护债权人。有限合伙人应当按照合伙协议的约定按期足额缴纳出资，这对于合伙企业正常营业和保护债权人的利益都很重要。在有限合伙企业中，普通合伙人的出资往往很少，如果有限合伙人不能按期足额缴纳出资，合伙事业就不能正常运营；有限合伙人对合伙企业的债务承担有限责任，如果有限合伙人不能按期足额缴纳出资，就会损害交易的相对人的利益。有限合伙人未按期足额缴纳的，应当承担补缴义务，并对其他合伙人承担违约责任。另外，有限合伙企业登记事项中应载明有限合伙人的姓名或者名称及认缴出资数额。这主要是为了维护交易安全，保护交易相对人的利益。

（三）有限合伙企业事务的执行

1. 有限合伙企业由普通合伙人执行合伙事务，对外代表有限合伙企业。有限合伙企业由普通合伙人执行合伙事务时，应当遵守法律关于普通合伙企业的合伙人执行事务的规定，其具体办法由普通合伙人协议决定。为了激励合伙事务执行人的积极性，搞好合伙事务运营，有限合伙协议可以确定给予合伙事务执行人一定的报酬及报酬提取方式。

2. 有限合伙人对合伙的债务承担有限责任，无权执行合伙事务。这是权利与义务相一致的体现。如果有限合伙人参与执行合伙事务，就应当承担无限连带责任。《合伙企业法》第76条第1款规定："第三人有理由相信有限合伙人为普通合伙人并与其交易的，该有限合伙人对该笔交易承担与普通合伙人同样的责任。"学理上将此称为"表见合伙"。表见合伙主要是为了保护合伙的债权人。第三人要求有限合伙人对合伙的债务承担无限连带责任的，应当举证证明其理由是合理的，其理由是否合理则应当依交易习惯判断。这里需要注意的是"该有限合伙人对该笔交易承担与普通合伙人同样的责任"，对于有限合伙企业的其他债务，有限合伙人仍然承担有限责任。有限合伙人未经授权以有限合伙企业的名义与他人进行交易，给有限合伙企业或者其他合伙人造成损失的，该有限合伙人应当承担赔偿责任。

在有限合伙中有限合伙人享有相应的权利，行使其权利的行为不属于执行合伙事务。《合伙企业法》第68条规定的有限合伙人参与决定普通合伙人入伙、退伙；对企业的经营管理提出建议等八项行为，都属于保护有限合伙人利益的行为，不属于执行合伙事务的行为。

（四）有限合伙企业利润的分配

《合伙企业法》第69条规定："有限合伙企业不得将全部利润分配给部分合

伙人；但是，合伙协议另有约定的除外。"这是由有限合伙企业的特点决定的。在有限合伙企业中，特别是在风险投资领域，普通合伙人往往是具有高水平和丰富经验的人，他们对合伙企业债务承担无限责任，而入伙的资金往往较少。在国外，有限合伙人出资一般为全部合伙人出资的1%；分得的利润较高，一般为20%。由于风险投资的回报期长，在较长的时期内没有收益，而普通合伙人可以依照合伙协议的约定取得执行事务的报酬。因此，在合伙协议中可以约定，当有利润可分配时，在若干年内，将利润全部分配给有限合伙人，这样做有利于平衡有限合伙人和普通合伙人的利益，调动双方的积极性。因此，原则上有限合伙企业不得将全部利润分配给部分合伙人，但是，合伙协议另有约定的除外。

（五）有限合伙人的特有的权利与特殊规定

所谓有限合伙人的特有的权利，是指有限合伙人享有而普通合伙人不享有的权利。包括有限合伙人可以与本合伙企业进行交易，可以自营或者同他人合作经营与本合伙企业相竞争的业务。由于有限合伙人不享有合伙事务执行权，这些行为不会损害有限合伙企业的利益。但是，合伙协议另有约定的除外。所谓有限合伙人的特殊规定，是指同一事项，对有限合伙人的限制不像对普通合伙人的限制那样严格。例如，有限合伙人可以将其在合伙企业中的财产份额出质，不需要经其他合伙人一致同意。但是，合伙协议另有约定的除外。再如，有限合伙人可以按照合伙协议的约定向合伙人以外的人转让其在有限合伙企业中的财产份额，不必经其他合伙人一致同意，但是，合伙协议另有约定的除外。转让其份额的有限合伙人应当提前30日通知其他合伙人。

（六）有限合伙人的入伙、退伙

新入伙的有限合伙人对入伙前有限合伙企业的债务，以其认缴的出资额为限承担责任。这与新入伙的普通合伙人不同，新入伙的普通合伙人对入伙前有限合伙企业的债务，承担无限连带责任。有限合伙人退伙的条件与普通合伙人退伙的条件主要不同之处在于：①作为有限合伙人的自然人在有限合伙企业存续期间丧失民事行为能力的，其他合伙人不得因此要求其退伙。这是因为有限合伙人不执行合伙事务，有限合伙人丧失行为能力对合伙事业没有实质性影响。再者，有限合伙人一般投资回报期很长，要求丧失民事行为能力者退伙，他就不能取得合伙企业的收益，因而不够公平。如果合伙协议约定有限合伙人丧失民事行为能力为退伙事由，从其约定。②作为有限合伙人的自然人死亡、被依法宣告死亡或者作为有限合伙人的法人及其他组织终止时，其继承人或者权利承受人可以依法取得该有限合伙人在合伙企业中的资格。这是因为有限合伙人不执行合伙事务，有限合伙人的出资转让给有限合伙企业以外的人，对有限合伙企业事务没有实质性影响。这样处理既可减少因退伙而进行结算的麻烦，又能维护有限合伙企业财产的稳定。有限合伙人退伙后，对基于其退伙前的原因发生的有限合伙企业债务，以其退伙时从有限合伙企业中取回的财产承担责任。这与普通合伙企业的合伙人退伙不同，普通合伙企业的合伙人退伙对基于退伙前的原因发生的合伙企业债务承担无限连带责任。

（七）有限合伙人与普通合伙人的相互转变

根据自愿原则，普通合伙人可以转变为有限合伙人，有限合伙人可以转变为普通合伙人。由于有限合伙人与普通合伙人的相互转变关系到对合伙债务承担的重大问题，因此，《合伙企业法》明确规定，除合伙协议另有约定外，其转变应当经全体合伙人一致同意。有限合伙人转变为普通合伙人的，对其作为有限合伙人期间有限合伙企业发生的债务承担无限连带责任。普通合伙人转变为有限合伙人的，对其作为普通合伙人期间合伙企业发生的债务承担无限连带责任。

（八）有限合伙的解散与转变

有限合伙企业仅剩余有限合伙人的，应当解散。因为有限合伙企业的设立，至少需要有一名普通合伙人，如果仅剩下有限合伙人，就无人承担无限责任，不符合有限合伙企业成立的条件。有限合伙企业仅剩下普通合伙人的，转为普通合伙企业。如果普通合伙人不愿意继续合作或者仅剩下一个普通合伙人，有限合伙企业即解散。

四、合伙企业的解散与清算

（一）合伙企业的解散

1. 合伙企业解散的概念。合伙企业的解散又称合伙企业的终止，是指由于法定原因的出现或全体合伙人的约定使合伙企业主体资格消灭的情形。

2. 合伙企业解散的事由。合伙企业解散的事由包括：①合伙期限届满，合伙人决定不再经营；②合伙协议约定的解散事由出现；③全体合伙人决定解散；④合伙人已不具备法定人数满30天；⑤合伙协议约定的合伙目的已经实现或者无法实现；⑥依法被吊销营业执照、责令关闭或者被撤销；⑦法律、行政法规规定的其他原因。

3. 合伙企业解散的后果。合伙企业解散并不是合伙企业立即消灭，合伙企业解散后，应当开始清算，在清算期间合伙企业视为存续，合伙企业的活动限于与清算有关的事务，不得开展与清算无关的经营活动。

（二）合伙企业的清算

1. 清算人。清算人由全体合伙人担任；经全体合伙人过半数同意，可以自合伙企业解散后15日内指定一个或者数个合伙人，或者委托第三人，担任清算人。自合伙企业解散事由出现之日起15日内未确定清算人的，合伙人或者其他利害关系人可以申请人民法院指定清算人。

2. 清算事务。清算人依法执行下列事务：①清理合伙企业财产，分别编制资产负债表和财产清单；②处理与清算有关合伙企业未了结的事务；③清缴所欠税款；④清理债权、债务；⑤处理合伙企业清偿债务后的剩余财产；⑥代表合伙企业参与诉讼或者仲裁活动。清算人自被确定之日起 10 日内将合伙企业解散事项通知债权人，并于 60 日内在报纸上公告。债权人应当自接到通知书之日起 30 日内，未接到通知书的自公告之日起 45 日内，向清算人申报债权。

3. 清偿与分配顺序。清算时合伙企业财产应首先支付清算费用，然后按下列顺序清偿：①职工工资、社会保险费用、法定补助金；②所欠税款；③清偿债务；④剩余的财产按照各合伙人应得的比例进行分配。清算结束，清算人应当编制清算报告，经全体合伙人签名、盖章后，在 15 日内向企业登记机关报送清算报告，申请办理合伙企业注销登记。

4. 合伙企业注销后合伙人对合伙企业债务的责任。①合伙企业注销后，原合伙人对合伙企业存续期间的债务，仍应承担清偿责任，以保护债权人的债权的实现。否则，注销合伙就会成为合伙人逃避债务的方式。普通合伙人承担无限连带责任；特殊的普通合伙的合伙人一般也是承担无限连带责任，但是对于部分合伙人在执业活动中因故意或者重大过失造成的合伙债务，其他合伙人以其在合伙企业中的财产份额为限承担责任。在有限合伙企业中，普通合伙人承担无限连带责任，有限合伙人以其出资为限承担责任。②合伙企业注销后，原合伙人清偿对合伙企业存续期间的债务应当有期限限制。修订后的《合伙企业法》取消了 1997 年《合伙企业法》第 63 条关于 5 年期限的规定，没有具体期限限制，但不是无限期地进行保护。根据一般法与特别法适用的原理，原合伙人清偿对合伙企业存续期间的债务，应当适用《民法通则》一般诉讼时效期间的规定，这样足以保护债权人的利益。

5. 注销登记。清算结束，清算人应当编制清算报告，经全体合伙人签名、盖章后，在 15 日内向企业登记机关报送清算报告，申请办理企业注销登记。

第三节　其他组织的其他类型

一、个人独资企业

（一）个人独资企业的概念

个人独资企业是指依照《个人独资企业法》的规定，在中国境内设立，由一个自然人投资，财产为投资人个人所有，投资人以其个人财产对企业债务承担无限责任的经营实体，故应属于自然人、法人以外的其他组织的重要其他类型。

（二）个人独资企业的设立条件

个人独资企业的设立条件有：①投资人为一个自然人；②有合法的企业名称；③有投资人申报的出资；④有固定的生产经营场所和必要的生产经营条件；⑤有必要的从业人员。

（三）个人独资企业的投资人及事务管理

1. 个人独资企业投资人及其权利、责任：①个人独资企业的投资人为一个具有中国国籍的自然人，但法律、行政法规禁止从事营利性活动的人，不得作为投资人申请设立个人独资企业。②个人独资企业投资人对本企业的财产依法享有所有权，其有关权利可以依法进行转让或继承。③个人独资企业财产不足以清偿债务的，投资人应当以其个人财产予以清偿。投资人在申请企业设立登记时明确以其家庭共有财产作为个人出资的，应当依法以其家庭共有财产对企业债务承担无限责任。

2. 个人独资企业的事务管理。

（1）企业事务管理方式。个人独资企业投资人可以自行管理企业事务，也可以委托或者聘用其他具有民事行为能力的人负责企业的事务管理。投资人委托或聘用他人管理个人独资企业事务，应当与受托人或被聘用的人签订书面合同，明确委托的具体内容和授予的权利范围。受托人或被聘用的人员应当履行诚信、勤勉义务，按照与投资人签订的合同负责个人独资企业的事务管理。投资人对受托人或被聘用人员职权的限制，不得对抗善意第三人。

（2）企业事务管理内容。个人独资企业应当依法设立会计账簿，进行会计核算；应当依法与职工签订劳动合同，保障职工的劳动安全，按时、足额发放职工工资；应当按国家规定参加社会保险，为职工缴纳社会保险费。个人独资企业可以依法申请贷款、取得土地使用权；有权拒绝违法强制提供财力、物力、人力的行为，并享有法律、行政法规规定的其他权利。

（四）个人独资企业的解散与清算

1. 个人独资企业的解散。①个人独资企业解散的原因。依据《个人独资企业法》第26条的规定，其原因包括：投资人决定解散；投资人死亡或被宣告死亡，无继承人或者继承人决定放弃继承；被依法吊销营业执照；法律、行政法规规定的其他情形。②个人独资企业解散的法律效力。个人独资企业解散，应当组织清算，收回企业债权，清偿企业债务。企业解散后，原投资人对个人独资企业存续期间的债务仍应承担偿还责任，但债权人在5年内未向债务人提出偿债请求的，该责任消灭。

2. 个人独资企业的清算。个人独资企业的解散，由投资人自行清算或由债权人申请人民法院指定清算人进行清算。投资人自行清算的，应当在清算前15

日内书面通知债权人，无法通知的，应当予以公告。债权人应当在接到通知之日起 30 日内，未接到通知的应当在公告之日起 60 日内，向投资人申报其债权。个人独资企业解散，其财产清偿顺序为所欠职工工资和社会保险费用、所欠税款、其他债务。清算期间，个人独资企业不得进行与清算目的无关的经营活动。在清偿债务前，投资人不得转移、隐匿财产。清算结束后，投资人或人民法院指定的清算人应当编制清算报告，并于 15 日内到登记机关办理注销登记。

二、企业法人分支机构

企业法人的分支机构，是指由企业法人为实现其职能而在总部之外设立的，可以自己的名义进行民事活动，但不能独立承担民事责任的其他组织。

企业法人的分支机构只有在经过登记机关的核准登记后才能进行业务活动，并拥有自己的名称和组织机构，有可以使用和支配的财产或经费。在通常情况下，分支机构以自己的名义进行民事活动，享有民事权利，承担民事义务，以其使用和支付的财产或经费承担民事责任。分支机构不能清偿债务时，由法人承担责任。如根据《担保法》第 10 条第 2 款的规定，企业法人的分支机构有法人书面授权的，可以在授权范围内提供保证。最高人民法院《关于适用〈中华人民共和国担保法〉若干问题的解释》第 17 条第 3 款规定，企业法人的分支机构经营管理的财产不足以承担保证责任的，由企业法人承担民事责任。

企业法人的分支机构不同于法人的内部组织，如工厂的车间、公司的财务部等。只有能够在一定范围内对外从事法人业务活动的机构才是企业法人的分支机构，它们拥有自己的名称、住所和组织机构，有自己的财产或经费，能以自己的名义参与民事活动和诉讼活动。所以，也属于其他组织的其他类型之一。

三、其他类型

除上述其他组织外，其他组织还有不具备法人条件的中外合作企业和外资企业；行政单位或者企、事业单位开办的不具有法人资格的经营实体，不具有法人资格的公益团体等，无论是不具有法人资格的经营实体，还是不具有法人资格的公益团体，都必须依法进行登记，否则，便不是其他组织。

【思考与练习】

◎问答题

1. 简述其他组织的含义。
2. 其他组织成立应具备哪些条件？
3. 试述其他组织的法律地位。
4. 简述普通合伙企业与有限合伙企业的异同。

5. 简述个人独资企业设立的条件。

◎选择题

1. 江某是一合伙企业的合伙事务执行人，欠罗某个人债务 7 万元，罗某在交易中又欠合伙企业 7 万元。后合伙企业解散。清算中，罗某要求以其对江某的债权抵销其所欠合伙企业的债务，各合伙人对罗某的这一要求产生了分歧。下列哪种看法是正确的？（　　）

A. 江某的债务如同合伙企业债务，罗某可以以其抵销其对合伙企业的债务

B. 江某所负债务为个人债务，罗某不得以个人债权抵销其对合伙企业债务

C. 若江某可从合伙企业分得 7 万元以上的财产，则罗某可以抵销其对合伙企业的债务

D. 罗某可以抵销其债务，但江某应分得的财产不足 7 万元时，应就差额部分对其他合伙人承担赔偿责任

2. 2007 年 1 月，甲、乙、丙设立一普通合伙企业。2008 年 2 月，甲与戊结婚。2008 年 7 月，甲因车祸去世。甲除戊外没有其他亲人，合伙协议对合伙人资格取得或丧失未作约定。下列哪一选项是正确的？（　　）

A. 合伙企业中甲的财产份额属于夫妻共同财产

B. 戊依法自动取得合伙人地位

C. 经乙、丙一致同意，戊取得合伙人资格

D. 只能由合伙企业向戊退还甲在合伙企业中的财产份额

3. 甲、乙、丙、丁欲设立一有限合伙企业，合伙协议中约定了如下内容，其中哪些符合法律规定？（　　）

A. 甲仅以其出资额为限对企业债务承担责任，同时被推举为合伙事务执行人

B. 丙以其劳务出资，为普通合伙人，其出资份额经各合伙人商定为 5 万元

C. 合伙企业的利润由甲、乙、丁三人分配，丙仅按营业额提取一定比例的劳务报酬

D. 经全体合伙人同意，有限合伙人可以全部转为普通合伙人，普通合伙人也可以全部转为有限合伙人

4. 贾某是一有限合伙企业的有限合伙人。下列哪些选项是正确的？（　　）

A. 若贾某被法院判决认定为无民事行为能力人，其他合伙人可以因此要求其退伙

B. 若贾某死亡，其继承人可以取得贾某在有限合伙企业中的资格

C. 若贾某转为普通合伙人，其必须对其作为有限合伙人期间企业发生的债务承担无限连带责任

D. 如果合伙协议没有限制，贾某可以不经过其他合伙人同意而将其在合伙企业中的财产份额出质

5. 甲以夫妻共有的写字楼作为出资设立个人独资企业。企业设立后，其妻乙购体育彩票中奖100万元，后提出与甲离婚。离婚诉讼期间，甲的独资企业宣告解散，尚欠银行债务120万元。该项债务的清偿责任应如何确定？（　　）

A. 甲以其在家庭共有财产中应占的份额对银行承担无限责任

B. 甲以家庭共有财产承担无限责任，但乙中奖的100万元除外

C. 甲以全部家庭共有财产承担无限责任，包括乙中奖的100万元在内

D. 甲仅以写字楼对银行承担责任

◎案例分析题

甲从某厂退休返乡后，决定利用曾在红星公司工作多年的优势，与村民乙、丙商量合伙开办出口台布的加工业务，约定甲出资1万元，负责联系业务，乙、丙各出资4000元，负责组织村民干活并进行技术指导。三人起草了一份协议，但尚未签字。当年底，他们完成多批加工任务，获得利润五万余元，三人按约定比例进行了分配。次年，因赶上农活忙季，人手少，台布出现质量问题，给购货方红星公司造成三万余元的经济损失。红星公司要求甲、乙、丙赔偿，乙、丙称自己是受雇于甲，不能承担责任，于是甲向红星公司赔偿了全部损失。问：

（1）甲、乙、丙三人之间的关系应如何认定？

（2）对红星公司的损失，甲、乙、丙应如何承担？

（3）甲向红星公司赔偿了3万元，其可否再行追索？如可以，他应如何行使？

（4）红星公司遭受损失时，如索赔不成而起诉，可将谁作为被告？

第八章

特殊民事主体——国家

◆ 【案例导入】
国库是否对国有企业债务承担偿还责任?

2009 年 4 月 10 日起,中国建设银行代理发行 2009 年第一期储蓄国债(电子式),本期国债为固定利率固定期限品种,期限 3 年,年利率为 3.73%,最大发行额为 350 亿元,2009 年 4 月 10 日起息,按年支付利息。在这一法律关系中,中国建设银行代理国家发行国债,国家是债务人,需对公民和法人认购的国债承担按期清偿的义务。此时,国家就是民事法律关系的特殊主体。

☞ 【分析提要】
1. 依国家的性质,国家担负着哪些职能?
2. 国家在什么情况下,可以成为特殊的民事主体,享有哪些民事权利,承担哪些民事义务?

第一节 国家的民事主体地位

民事主体是民事法律关系主体的简称,是指依法参与民事法律关系,享有民事权利和承担民事义务的当事人。民事主体是民法中最基本的概念、要素和制度之一,它直接涉及民法的调整范围和规范的对象,是制定民法典必须明确的重要问题。一般认为,民事主体主要包括自然人、法人和其他组织,国家在某些特定的场合,也可以作为民事主体出现。因此,国家也被称为特殊的民事主体。

一、国家作为特殊民事主体的意义

国家作为民事主体,是指国家以国有资产为基础参与民事法律关系,享有民事权利和承担民事义务的资格。从历史的发展进程来看,自国家产生以来,国家就可以以国有资产为基础,以民事主体的身份从事某些交易活动。在我国,国家作为全体人民意志和利益的代表,既是国家政权的承担者,又是国有财产的所有者。这样,国家基于其政权履行行政管理职能,可以作为行政法、国际法的主体,同时,国家也可以作为民事主体广泛地参与民事活动。而国家要参与民事流转,作为民事法律关系的主体,就必须遵守民法规则,在与其他民事主体进行民事交往中，要按照民法的平等、自愿、公平、等价有偿等原则进行，而不允许以国家或国家行政机关的身份支配其他民事主体的财产或使其他民事主体处于不利地位。

国家作为特殊的民事主体，参与民事流转，实践证明其意义十分重大，主要表现在以下几个方面：

（1）国家作为民事主体广泛参与民事活动，是国家实现其经济职能的有效方式。在社会主义市场经济体制下，一切经济活动都直接或间接地处于市场关系之中，国家就必须采取与之相适应的管理方式。国家作为民事主体广泛地参与市场，通过投资、信贷、控股、持股、购买和提供商品等民事活动，影响市场中的商品和劳务价格，弥补市场的缺陷，实现国家对市场的宏观调控。

（2）国家作为民事主体广泛参与民事活动，是转换企业经营机制，建立现代企业制度，增强大中型企业活力的重要措施。明确国家可以作为民事主体，可以使它和企业之间建立平等的民事法律关系，在国家机关因违法行为造成企业损失时，其应当承担损害赔偿的责任。这样，有助于理顺国家和企业之间的财产关系，实现政企分开，落实企业自主权，使企业真正成为法人实体。

（3）国家作为民事主体广泛地参与民事活动，也是适应市场经济条件下实现企业产权商品化和交易过程规范化的客观规律的要求。这样，不仅使国有财产作为经营财产进入商品经济领域，推动国有资产的优化配置，保证国有资产的保值增值；而且，在国有资产受到侵害时，国家可以运用民事责任等措施保护国有财产，消除国有财产管理中的低效率和无人负责的现象。

（4）实践也证明明确国家的民事主体地位，不仅有利于维护国家主权，而且便于外商投资时明确投资的对象及法律后果，优化投资环境，吸引更多的境外投资。[1] 同时还有利于国家在更大领域内参与国际社会、经济、技术、文化各项活动，发挥国家更大的贡献和作用。

二、国家作为特殊民事主体的理论基础

国家作为民事主体，到底是作为民事主体的法人，还是作为另外特殊的民事主体，这在各国的民法学界还是多有争议的。

（一）国家法人说

在民法上，"国家法人说"实际上起源于罗马法。按照罗马法学家的观点，国家在公法上的人格为最高的人格，地方团体不过是受国家的授权和委托而存在，他们并不具有独立人格。也就是说，这种学说认为国家作为民事主体是以法

---

〔1〕 马俊驹、余延满：《民法原论》，法律出版社2007年版，第173~174页。

人的形式出现的。尽管一些西方国家的民法采纳了"国家法人说",但这一理论也遭到一些学者的反对。他们认为,国家的一切行为都是一个统一人格的行为,国家如果作为民法的法人则限制了国家主权。[1] 但是,这种学说仍然成为当今西方大多数学者的主张。

(二)特殊民事主体说

在社会主义国家,大都认为国家在民法上是特殊的民事主体,这是由国家参与民事活动的特殊性所决定的。这一理论首先来自于前苏联。其认为国家作为民事主体,参加到人人平等的民事法律关系中来,并不会丧失它作为最高政权承担者所固有的特权和主权,这种特权与主权又使国家的民事主体资格具有特殊的性质。国家所享有的某些特殊民事权利,就是由国家通过立法直接规定的,这与自然人和法人有着本质的区别。这一学说被前东欧国家所采用,它们把国家从法人中单列出来,使它成为一种特殊的民事主体。[2] 在我国,国家作为民事主体虽然没有明确的法律规定,但从已有的某些有关国家参与民事活动的法律条文及民法学理论上看,是把国家作为特殊的民事主体来确定其民法上地位的。在有些场合,国家是以特殊的民事主体的身份出现并参与民事活动的。

(三)折衷说

国家作为一个独立的民事主体,显然不是自然人,那么它就是一种法人。当然,它与一般法人相比较,有其特殊性,因而它是一个特殊的法人。所谓的"特殊民事主体说",并没有揭示国家究竟是一种什么样的民事主体。其实,该主体的特殊性恰是我们必须研究的,无论是"国家法人说"还是"特殊民事主体说",在这一点上是一致的。因此,有的学者持"折衷说"主张。

在西方国家,传统的"国家法人说"是建立在国库理论的基础上的。然而国库理论将国家人格割裂为二,即除了主权者外还拟制出一个新的独立的私法人——国库,再由国库代替国家负赔偿责任。然而自19世纪后半叶以来,由于行政诉讼制度逐渐完备,国家公权力的行使逐渐被"驯服",依法行政可以比较好地保护公民的权利,把国家割裂为两个独立的人格的国库理论已经丧失了其存在的必要。尤其是法治思想更加成熟后,公法行为甚至比私法行为受到更多的限制,如果还坚持国库理论,会使私法行为成为国家规避公法限制的手段,进而向私法逃避。随着国家功能的完善,在传统上主权者人格活动的领域,国家也逐渐采用了一些类似于民事活动的规则,而国库行为也被要求遵守公法中对国家公权

---

〔1〕 王利明、杨立新等:《民法学》,法律出版社2008年版,第91页。

〔2〕 [前苏联] 斯米尔若夫:《苏联民法》(上),黄良平等译,中国人民大学出版社1987年版,第110~116页。

力限制的规定。更为重要的是，国家的主权者人格和国库人格没有明确有效的区分标准，一些活动既可以被主权者所为，也可以被国库人格所为，难以区分国家参与人格活动的主体性质。两种人格逐渐混同，使得试图将国家人格分裂为两个相互对立的领域几乎已不可能。于是到了20世纪，传统国库理论终遭彻底扬弃。自魏玛宪法以来，通说已认为公权力主体的国家与私法主体的国家并非两个相互独立的法律人格，两者具有同一性，成为合二为一的法律人格。纵使国家以私法主体身份出现，并不改变其国家的本质。"国库"虽然继续使用，但其含义已经发生变化，它只是国家从事私法行为时使用的一个名称，并非指另一个与国家并立的独立人格体。[1]

三、国家作为特殊法人的特殊性

国家作为特殊法人的特殊性，主要表现在如下四个方面：

（一）国家直接代表全体人民的利益进行民事活动

经济关系"首先是作为利益表现出来的"。[2] 民事活动的当事人一般是为了追求一定的经济目的，为满足自己的一定利益需要而参与民事法律关系的。在社会主义公有制条件下，国家是全体人民利益的体现者，又是整个社会主义经济的领导者和组织者。企业是社会主义经济的基本生产经营单位，劳动者是直接生产者，是国家和企业的主人，国家利益和集体利益是劳动者的共同利益，而国家经济的发展，最终是为了满足人民群众的物质文化生活的需要。国家、集体和个人三者之间的物质利益在根本上是一致的，但是，国家、集体和个人的利益的一致性不能否定和掩盖其利益上的差别性。在社会主义制度下，全民所有制单位和集体所有制单位各自及相互之间，劳动者个人之间及单位之间，均有各自独立或相对独立的利益。公民参与民事活动是为了实现个人利益的需要，法人参与民事活动是为了实现法人自身的利益，每个法人的利益尽管是该法人内部成员的集体利益，却非全体社会成员的利益。在社会主义条件下，唯有国家才能代表全体人民的利益，国家利益才是全民的利益。因此，与公民、法人不同，国家参与民事活动，直接追求和实现的不是劳动者个人或者部分劳动者集体的利益，而是全体人民的利益。

（二）国家以国库财产进行民事活动，承担民事责任

国库财产是不属于任何法人或组织经营管理的国家财产。按照我国现行法律规定，经理国库是中国人民银行的职责。国库是国家进行民事活动的财产基础，这是国家不同于一般法人的重要方面。全民所有制单位或组织也是以国家所有的

---

〔1〕　马俊驹、余延满：《民法原论》，法律出版社2007年版，第174~175页。
〔2〕　《马克思恩格斯选集》第2卷，人民出版社1997年版，第537页。

全民财产进行民事活动的，但是，它们用以进行活动的财产是国家授予其经营管理的财产或国家拨归其支配的经费。这些财产不仅相互间是严格区别的，而且也与国库财产严格区分，全民所有制法人相互间不承担责任，国家也不为其承担责任，它们仅以其经营管理的那部分国家财产承担民事责任。唯有国家，才以国库财产承担民事责任，清偿债务。

（三）国家的民事主体资格是由其自己根据需要确定的

国家是主权者，有权制定各项法律。公民、法人的民事主体资格是由国家根据社会经济生活条件以法律确认的。任何一个社会组织，只有具备法定的条件，经法定程序，才能成为法人，具有民事主体资格。换言之，法人的主体资格不是由自己决定的，每个法人的民事权利能力，一方面受到法律的限制，另一方面受其章程、条例规定的经营业务范围的限制，其成立、变更和消灭都需经一定的程序。国家不同于法人，国家进行民事活动的主体资格尽管由法律确认，但这完全是国家对自己的民事权利能力的确认。对于国家，不适用也不能适用关于法人民事权利能力的规则，也不适用法人成立、变更和消灭的程序，当然更不能适用关于公民民事权利能力的规则。国家可以享有除专属公民、法人享有的权利以外的一切民事权利，并承担相应的民事义务。国家通过法律确定自己的民事权利能力和民事行为能力的内容与范围，行为能力则一般是通过国家机关来实现的。

（四）国家不受强制执行的约束，不受外国司法管辖

国家作为民事主体，与其政权地位并不是分割的。因此，它作为国家主权者，在民事纠纷中不受强制执行的约束，不受外国司法管辖。在国内，国家与其他民事主体发生纠纷时，可由一定的国家机关（如财政机关）向人民法院起诉或应诉，但不经国家同意，不能对其适用任何强制措施。对于国家财产（国库），不能扣押或按法院的判决强行追索。国家不受外国司法管辖，没有它的同意，不能将其作为被告起诉到其他国家。

国家是特殊的民事主体，这表明国家作为民事主体有不同于公民、法人的特点。但是，作为民事主体资格的特点，与主体间的民事法律地位是否平等是两回事。民事法律关系的主要特点就是当事人的法律地位平等。因此，国家在民事活动中，与公民、法人的法律地位是平等的。法律地位既可指主体资格，也可指在具体的权利义务关系中所处的地位。从主体资格上说，国家的法律地位是特殊的，其民事权利能力和行为能力的内容和范围，参与民事活动的财产基础和方式等，有自己独有的一些特点；从具体参与的民事法律关系上说，国家的法律地位与公民、法人的法律地位是平等的，它不能有什么特权。国家与公民、法人之间形成的某种关系如果不平等，那么，该关系就不是民事法律关系，国家进行的有关活动也就不是民事活动。国家是政权组织，担负着国民经济的管理和领导的职

能，同时国家为适应社会经济活动和发展的需要，参与民事活动，所以在实践中，国家以不同的主体身份参与经济关系。而在这两种情况下，国家的主体地位是不同的。在以管理者和组织者身份参与经济活动时，国家与其他主体间的关系是一种管理和被管理、领导和被领导的关系，双方之间是一种不平等的服从关系。在国家以民事主体身份参与经济活动时，国家与其他主体间的关系则是一种平等的关系，不存在谁服从谁的问题，双方须依法协商确定其权利义务，并依法承担相应的责任。[1]

第二节　国家成为特殊民事主体的途径

一、国家作为特殊民事主体的障碍

国家成为民事主体，广泛地参与民事活动，是市场经济体制的客观要求。在我国目前的情况下，由于社会主义市场经济体制尚未完全建立和完善，国家成为民事主体，在民法理论、立法规定和具体实践上，尚存在一定的障碍。这主要表现在以下方面：

（一）关于国家在民法上的地位问题

在我国，法律尚未对国家在民法上的法律地位作出明确的规定。首先应强调国家在进行民事活动时应当成为国家法人，其与其他民事主体处于平等地位。这样，国家才可能真正参与市场经济活动。同时，也要承认国家作为民事主体的特殊性，不能把国家与其他法人、自然人等完全等同起来。

（二）国家成为民事主体尚缺乏足够的立法依据

在我国的现行立法中，对国家作为民事主体虽有一些零星规定，如《民法通则》规定国家为国家所有权主体；《继承法》规定国家可以作为受遗赠和接受无人继承遗产的主体；《著作权法》规定国家可以作为接受无权利义务承担者的法人或非法人单位的著作权主体。但这些规定都没有明确国家作为民事主体的法律地位，并且不够系统、规范，与国家参与民事活动的客观情况不适应。

（三）国家成为民事主体，在实践中尚存在很多的障碍

具体表现在：

（1）由于长期的政企职责不分，在实践中，国家往往通过行政手段来行使国家所有权，行政权力与民事权利混淆不分，扭曲了国家所有权，忽视了国家作为政权承担者的同时还拥有民事主体的身份。

---

〔1〕　佟柔、王利明等：《中国民法学·民法总则》（修订版），人民法院出版社 2008 年版，第 142 ~ 144 页。

（2）国家作为民事主体的意思机关、执行机关不明确，其结果是代表国家的机关都代表不了国家。从 20 世纪 80 年代中期开始实行的承包制、租赁制，从理论上说国家应是国有企业承包合同的发包方，但在实践中，既有企业的上级主管机关，又有财政部门、税务部门、审计部门等，一旦发生问题，却无人负责，即使负责，也只是"负责处理"，而不承担相应的法律责任。成立于 1988 年的国有资产管理局，也未取得真正独立的地位，仍归财政部归口管理，并未真正实现其国有资产代表者的职能。

（3）国家作为民事主体时，承担民事责任的方式和范围不明确，妨碍了国家对民事活动的参与。此外，由于我国市场体系不完善，产权交易和转让的渠道不畅，国家在参与民事活动的范围上也受到限制。[1]

二、国家作为特殊民事主体的民事能力

国家作为主体是一种特殊的民事主体，这种主体的特殊性很大程度上表现在权利能力和行为能力方面是特殊的。一方面，这种权利能力和行为能力受到特殊的限制；另一方面，国家的权利能力和行为能力要通过法律作出专门的规定。因为在市场经济中，其基本主体是公民、法人和其他组织，国家不能以主要的市场主体的身份出现，也就是说，它不能从事所有类型的民事活动。在从事民事活动中，国家的特殊能力体现在：

1. 国家享有的从事某些活动的能力，往往是国家所专有的，不能由任何公民和法人享有。例如，只有国家才具有发行国家公债的能力。国家的民事权利能力和民事行为能力在很大程度上是由国家作为政权的承担者和主权者所决定的。国家虽不能享有专属于公民和法人的能力，如公民的人格权、法人的名称权等，但法律对公民和法人的民事权利能力和民事行为能力的限制，一般也不适用于国家。

2. 国家从事民事活动能力，应该受到其特殊政策目的的限制。一般说来，国家要以调控市场为目的参与民事活动，不能实际进入各种竞争性行业与普通民事主体进行竞争。通常是在公民、法人所不能从事的领域，国家才能介入。因为这种市场活动具有非常强的导向性，且国家不宜介入到公民、法人以及其他普通民事主体的竞争中。

3. 国家从事民事活动大量地需要通过机关法人来进行，此时就需要区别机关法人的行为和国家作为特殊主体的行为。一些交易活动尽管是以机关的名义进行的，但还是一种国家的民事行为，如土地使用权的转让。由于在我国，土地所

---

〔1〕 马俊驹、余延满：《民法原论》，法律出版社 2007 年版，第 176～177 页。

有权自始至终都属于国家或集体，国家土地管理机构只是代表国家在进行使用权的转让。

国家所享有的民事权利能力和民事行为能力的范围，是由国家通过立法程序来决定的。国家可以为自己设定能力，这是由国家的主权决定的。但是，这并不意味着国家可以无视客观经济生活的要求，为自己任意设定民事权利能力和民事行为能力。国家作为民事主体的能力要受到客观经济关系的制约。同时，国家的能力在由法律规定以后，国家必须在法律所规定的能力范围内活动，必须遵守民法关于民事主体地位平等的规定和民事活动应当遵循的规则。国家在不履行债务时，也要承担清偿债务和损害赔偿责任。[1]

三、不断完善国家民事主体制度

在我国，要逐步完善国家民事主体制度，应该解决这样几个问题：

（一）彻底转变政府职能，实行政企分开，实现国家所有权与国家行政权的分离，为国家成为民事主体扫清障碍

商品经济的内在属性和市场竞争机制的本质要求在于平等竞争、等价交换，在商品和市场面前平等。在传统的社会主义经济体制下，国家的行政组织取代经济组织，使生产资料所有制直接依附于国家的政治、行政权力，生产者不是以在市场竞争面前拥有平等权、责、利的商品生产者身份展开竞争，而是被纳入等级森严的行政权力网络，使企业成为政、企不分的混合体，难以真正接受市场调节。因此，只有逐步实现国家作为资产所有者的职能和作为政权权力主体的职能的分离，才能从根本上改变国家在管理企业上的政企不分状况。我国在经济体制改革的实践中，认识到实行股份制是实现两权分离的最有效途径。不论是有限责任公司还是股份有限公司，公司的组织规范化，股东权和企业财产权明显分离，国家可以股东身份通过控股、持股实现所有权，但股东权是一种民事权利，而非行政权力，国家不能对企业再行任意干预。

（二）应从立法上确立国家民事主体的法律地位

国家成为民事主体，也应该像自然人和法人一样，直接由法律确认其法律地位。在民法典尚未制定之前，应由国家立法机关制定单行法规或条例，就国家作为民事主体参与民事活动的方式、范围、意思机关、执行机关、承担民事责任的形式作出具体规定。也可以在修改《民法通则》时，将国家民事主体的有关内容作为一章加以规定。

（三）建立健全国有资产管理机构，专门负责代表国家行使所有权

国家作为民事主体从事民事活动，必须通过一定的机构来进行。建立国有资

---

〔1〕 王利明、杨立新等：《民法学》，法律出版社 2008 年版，第 92～93 页。

产管理机构专司国有资产所有权职能，这已成为理论界和决策部门的共识，但对这一机构的地位、职责、组织体系、管理方式等方面仍然存在较大的分歧。从性质上来说，国有资产管理部门应是一个既能管理国有资产又能与企业处于平等法律地位的机构，并被赋予国有资产所有者的代表权、国有资产监督管理权、国家投资和收益权及资产处置权等。对国家来说，它是国有资产的代表，要对国家承担国有资产保值增值的责任；对企业来说，它应是与企业具有平等法律地位的经济实体，它与企业之间的民事经济交往应通过协议、合同等民事方式进行。

国有资产管理机构对国有资产的管理，可以通过如下途径实现：①通过对国有企业的股份制改造，由国有资产管理部门代表国家持股，通过股东权实现国家所有权；②实行国有资产代理制，建立至少3倍于中央、地方两级国有资产管理机构的国有资产代理投资公司，接受国有资产管理机构的委托，行使对生产资料所有者的权利，并直接参与证券市场交易，国有资产管理机构保有对国有资产收益及其使用的监督检查权，并根据委托合同条款对履行不好的投资公司解除委任，重新委托其他代理机构。[1]

【思考与练习】

◎问答题

1. 国家作为特殊民事主体在法律上、社会生活中有何意义？

2. 国家与法人的区别有哪些？

3. 如何认识国家作为特殊民事主体的法律地位？

4. 国家作为特殊民事主体在现实社会生活中的具体表现。

5. 论述国家作为特殊民事主体的现实障碍及其制度完善。

◎选择题

1. 国家作为特殊民事主体，其具体表现形式为（　　）。

A. 国家法人

B. 一般法人

C. 机关法人

D. 特殊法人

2. 下列行为，属于国家特殊民事主体民事行为的有（　　）。

A. 国家财政部发行国库券

B. 中国人民银行发行人民币

---

〔1〕 马俊驹、余延满：《民法原论》，法律出版社2007年版，第177~178页。

C. 国家向非洲国家捐助赠款

D. 国家征用集体的土地

3. 国家作为特殊的国家法人，其特殊性表现在（　　　）。

A. 国家对社会经济活动进行宏观的管理和调整

B. 国家直接代表全体人民利益参与民事活动

C. 国家以国库财产进行民事活动，承担民事责任

D. 国家作为特殊民事主体，不受强制执行的约束和国家的司法管辖

◎案例分析题

某省国贸集团公司，系大型国有企业，因经营不善，负债 106 亿人民币，到期不能偿还。债权人甲、乙、丙联合向该省会某市中级人民法院申请该集团公司破产偿债，认为国家对该公司破产负有失察责任，应负责赔偿，某市人民法院受理了该国企破产案件。问：

（1）国有企业财产是一种什么性质的财产关系？其与国家法人财产是一种什么关系？

（2）法院在处理该国有企业破产还债时，因资不抵债，可否请求国库承担民事责任？阐明其法理。

第九章

民事法律关系客体

◆ 【案例导入】

骨灰遗失引发的纠纷

李甲弟弟因病去世，遗体在某殡仪馆火化。火化后，死者家属花 100 元买了一个骨灰盒，将死者骨灰存放在该殡仪馆，寄存期限 5 年，寄存费每年 20 元，并领取了骨灰寄存证。死者亲属除有其妹李乙外，还有其父、其妻。此后，每年死者忌日时，其亲属都会去供祭骨灰以寄托哀思。但在第 4 年忌日，死者亲属前去祭拜时，被殡仪馆工作人员告知骨灰盒遗失。当时，殡仪馆表示尽力寻找。后经多次寻找，均无下落。殡仪馆向死者亲属表示歉意，但死者家属仍要求寻找骨灰。至死者骨灰寄存期限届满，死者亲属要求殡仪馆归还骨灰未果。李甲向所在区人民法院提起诉讼，认为殡仪馆丢失其弟骨灰，致使寄存期满不能归还骨灰，造成死者亲属精神上极大痛苦，要求法院判决殡仪馆赔偿死者亲属精神损害费 5000 元，并修墓一座下葬死者生前遗物。

☞ 【分析提要】

1. 李甲弟弟死亡后，其遗体骨灰是否可成为民事客体？
2. 原、被告就骨灰存放成立保管关系，骨灰是否成为保管物？
3. 因殡仪馆保管出错，致骨灰遗失应承担什么责任？
4. 原告的请求，法院应否支持？

第一节　民事法律关系客体概述

一、民事法律关系客体的概念、特征

民事法律关系客体，简称民事客体，它是民法的基本范畴之一，是指民事权利义务共同所指向的对象或目标，即民事权利的利益载体。由于民事权利在民事法律关系中处于主导地位，而且民事权利义务是相互对应的，民事权利所指向的对象也就是民事义务所指向的对象。因此，民事权利的客体也就是民事法律关系

的客体.[1] 民事客体与民事主体是相对应的，民事权利在本质上就是主体对客体进行合法支配的力量，如果没有客体，那么谈论民事权利就如无的放矢，没有任何意义。在民事法律关系中，民事客体具有以下特点：

（一）客观性

民事客体是客观存在的。客观上不存在的，仅是主体想象中的事物，不能成为民事权利的客体。民事权利客体的客观性并不意味着它必须是有形的，某些无形的东西也是客观存在的，也可以成为民事客体，如电力、热能、知识产品以及某些权利。

（二）利益性

主体与客体之间的关系在民法上是借助于民事权利得以建立的。民事权利主体之所以追求或支配客体，是因为客体能给其带来某种利益，能够满足其某种需要.[2] 由此可见，利益性是民事客体的一个固有属性。民事客体所承载的利益既包括物质利益，也包括精神利益，如名誉、隐私、荣誉等。不具有利益性的东西不能成为民事客体。某种东西是否具有利益性，应当主要从民事主体的立场予以衡量，尤其是涉及精神利益时。

（三）可支配性

只有在客观上能够被民事主体支配的东西才能成为民事客体，因为民事客体在本质上是为民事主体服务的，如果某种东西不能被民事主体支配，那就意味着它不能给该主体带来现实的利益，根本没必要以之为客体设立一项民事权利。

二、民事客体的类型及其意义

在现代社会，可成为民事客体的事物是多种多样的。通说认为，现代民法中的民事客体主要包括以下几种：

（一）物

无论在哪个时代，物都是最为基本的民事客体。以物为客体的权利为物权。继承权也是以物作为权利客体，债权的主要客体虽然是给付，但作为其载体的仍然是物，使物在民事法律关系中具有很高的地位。

除一般形态的物外，货币与有价证券是物的特殊形态。货币作为市场交易的一般等价物，具有很强的流通性与可替代性。有价证券是指记载着一项财产权利并且能够流通的一种书面凭证。有价证券具有双重属性：一方面，作为一种特殊的物，它是权利的客体；另一方面，它是另一项财产权利的载体。

---

〔1〕　郭明瑞：《民法》，高等教育出版社2003年版，第85页。
〔2〕　李建华、彭诚信：《民法总论》，吉林大学出版社1998年版，第201页。

（二）行为

债权是请求特定人为一定给付的行为，这种行为通常体现财产利益，所以，债务人的作为和不作为是债权的客体。

（三）智力成果与某些权利

知识产权是对智力成果享有的权利，智力成果是知识产权的客体。通常情况下，权利是民事法律关系的内容，但由于权利的利益属性，使其可以成为民事法律关系的客体。如依《担保法》的规定，土地使用权可成为民事法律关系的客体，知识产权可成为质权的客体。

（四）人身利益

人身权的客体为人身利益，亦称精神利益。如人格权的客体是人格利益；自由权的客体是自由价值；身份权的客体是身份利益等。

物、特定行为、智力成果、人身利益这些有价值或对人类有特殊意义的事物，因它们各自的存在而形成了不同类型的民事法律关系。也就是说，对于当事人而言，由于这类事物要么能满足其生产、生活所需，要么能为其带来物质或精神的利益，因而成为权利和义务所共同指向的对象。但是，人们的需求是多样的，因之所产生的法律关系也是多样的。即使以民事法律关系而言，不同的客体也会导致不同的法律关系的形成。王泽鉴先生曾例举言道："人格权的客体为存在于权利人自身的人格利益。身份权的客体为存在于具有一定身份关系的他人的利益。债权的客体为债务人的给付。无体财产权（如著作权）为权利人的精神创造。"[1] 总之，根据不同的客体类型，人们设立了不同类型的法律关系。客体是划分法律关系的重要标准。

第二节 最基本的民事客体——物

一、民法意义上物的概念和特征

（一）民法上的物的概念

民法上的物，是指能够满足民事主体的需要并且能够为民事主体所支配的物体或自然力。所谓物体，是指占据一定空间、具备一定形体、能够被人眼看到的物质实体，如土地、房屋、家具、汽车、汽油等固体物和液体物。所谓自然力，是指不具备一定的形体、不能被人眼看到，但能够被人控制、能够给人提供一定能量用于生产或生活的自然因素，如电力、热能等。这些自然力是随着科技的发

---

〔1〕 王泽鉴：《民法概要》，中国政法大学出版社 2003 年版，第 68 页。

展逐渐被人支配并进入商品交换领域的，尽管它们在形态上与物体存在区别，但具备与物体类似的功能与价值，所以在现代民法中被列入物的范畴。

在日常生活中，人们经常把物称为财产。在民法上，财产与物这两个概念不完全相同。财产的外延更为宽泛，不仅可以指物，还可以指一定范围内的物与各种财产性财产的整体，比如作为责任财产的债务人的全部财产、死者留下的全部财产、作为财团抵押标的的企业财产整体，甚至企业本身也经常被作为一笔财产进行转让。[1] 民法上的物有其特定的内涵，与生活观念中的物以及物理学上的物、哲学上的物不完全相同。

（二）民法意义上物的特征

民法意义上物的特征表现在以下四方面：

1. 主要限于有体物。有体物是相对于无体物而言的。在罗马法中，有体物是指："实体存在于自然界之物质，而为人之五官所可觉及者也。如土地、房屋等。"无体物是指："法律上拟制之关系，而为人之五官所不可觉及者也。如用益权、地役权。"[2] 在英美法中，由于对物和财产的概念未作严格区分，财产既可以是有体物，也可以是无体物，因此，无形财产也可以成为所有权的客体。在大陆法系国家，法国民法继受了罗马法上对于物的理解；德、日等国民法，则就物采狭义概念，仅以有体物为限。我国现行民事立法未就物的概念和种类作出专门规定。通说认为所有权的客体原则上应限于有体物，他物权的客体则可包括有体物和作为无体物的权利。[3]

2. 物是人体之外的客观存在。民法上的物必须是客观存在的。无论是物体还是自然力都是不以人的意志为转移的客观存在。当然，并非所有客观存在的物质都可以成为民法上的物。人类社会自废除了奴隶制之后，就不能把人当作权利之客体了。有生命之自然人的活体及肢体器官不能作为物，至于自然人的尸体，与自然人分离的器官、血液、毛发，在不违背善良风俗和法律的规定情况下，可以作为物。但尸体、血液、器官只能作为捐赠物，不能有偿转让。例如，一个人的假肢被打坏，是否是破坏了他的物？这就需要看是否与人体相分离。如果与人体相分离，就属于物，如果未与人体分离，则属于人体的一部分，就不是物。

3. 物必须能被人支配与控制。物体或自然力只有被人支配和控制时，才能成为民法上的物。不能被人支配的东西，如太阳、星星、太平洋底的土地，虽然

---

〔1〕 ［德］卡尔·拉伦茨：《德国民法通论》（上册），王晓晔等译，法律出版社2003年版，第410页。

〔2〕 陈朝璧：《罗马法原理》（上册），商务印书馆1936年版，第84页。

〔3〕 参见王利明：《物权法论》，中国政法大学出版社1998年版，第40~41页。

是客观存在的，而且可能是有价值的，但却遥不可及，不能成为民法上的物，只能成为物理学与哲学上的物。从海中取出的海水、太空陨石、从月球取回的岩石就不是民法上的物。

4. 物必须具有效用。物体和自然力只有能满足人的物质利益和精神需求时，才能表明它具有一定的价值，可用来进行交换。至于物的经济价值是否是由劳动创造，在所不问。如天然存在的土地、森林，都可作为民法上的物。没有效用的东西，即便是客观存在、可以被人支配的，也不能作为民法上的物。如垃圾、污水因为不具有效用，不能满足人们的需求，就不是民法上的物，当然在现代垃圾、污水可以通过回收利用再成为物。

二、物在民法上具有重要意义

在民法上，物具有重要意义。首先，物是民事法律关系中最普遍的客体，如物权关系的客体是物，债的客体虽为行为，但多数情况下仍以物为其标的，称为标的物。其次，物可以决定法律关系的有效或无效。例如，限制流通物只能在限制的范围内流通，在该范围内以流通物为交易对象的，法律关系可有效，而超出该范围进行限制流通物交易的，其交易关系就无效。再次，物可以决定法律关系的类别。例如，如以消耗物为标的物只能成立借贷关系，而以非消耗物为标的物成立的只能是租赁关系或借用关系。最后，物不仅在实体法上具有重要意义，在程序法上也有重要意义。这主要表现在物在某些情况下关系到案件的管辖。例如，依民事诉讼法规定，因不动产纠纷提起的诉讼，应由不动产所在地的法院管辖。

三、物的法律分类及其意义

根据物的属性，依照我国法律规定，可将物作以下分类，不同种类的物在民事流转过程中有不同的规则和方法。

（一）动产与不动产

根据能否移动的属性，将物划分为动产和不动产。凡是能在空间上移动而不会损害其经济价值的物，称为动产。在空间上占有固定位置，移动后会影响其经济价值的物，称为不动产。

关于不动产的具体类型，各国规定不一。《法国民法典》第518条规定，土地及建筑物，依其性质为不动产。《日本民法典》第86条规定，土地及其定着物为不动产。

我国《担保法》第92条第1款规定："本法所称不动产是指土地以及房屋、林木等地上定着物。"其中土地，根据《土地管理法》的规定，包括耕地、建设用地、林地、草原、水面、荒山、荒地、滩涂等。土地中的土沙、岩石以及地下水，为土地的组成部分。但土地中的矿物，专属于国家所有，并非土地的构成成分。除土地外，不动产还包括房屋、林木、尚未与土地分离的农作物等地上定着物，土地使用权等不动产权利也被视同不动产。

把物区分为动产和不动产，是物最重要的一种分类。区分动产和不动产的意义在于：

1. 物权变动的条件不同。动产物权的变动，一般仅依交付即可生相应的法律效果；而不动产非经登记，不生物权变动的法律效果。如甲乙买卖一幅名画，价值为 5000 元，乙已交付 5000 元，约好第二天取画，当天夜里，一场意外大火，将名画烧毁，乙要求返还已交付的 5000 元，甲认为这画已经是乙的了，意外灭失的风险应该由乙承担，因此发生纠纷。物的意外灭失的风险应该由所有人承担，动产物权变动以交付为转移。甲乙约定第二天取画，该画并未交付，仍在甲手中，其所有权未转移，所以该画的意外灭失的风险应当由甲承担。甲因不可抗力致使名画灭失无法交付，因此，甲应当将乙交付的 5000 元返还给乙。又如甲乙买卖一栋房屋，已经过户付款，约好一个月后甲腾房给乙，不料第二天发生地震，房子塌了，乙要求甲返还房款。不动产物权变动以登记为公示，尽管在本案中房屋未实际交付，但已办理房屋产权的过户手续，房屋所有权已经发生转移，所以房屋意外灭失的风险应当由房屋所有人乙承担。乙的请求不予支持。

2. 可以设定的他物权类型不同。他物权中的用益物权，仅能设定在不动产上。

3. 法律适用地不同。就不动产发生的纠纷，依物之所在地法解决。且发生法院的专属管辖，如《民法通则》第 149 条规定："遗产的法定继承，动产适用被继承人死亡时住所地法律，不动产适用不动产所在地法律。"我国《民事诉讼法》第 34 条就确认，因不动产纠纷提起的诉讼，由不动产所在地人民法院管辖。

（二）特定物与种类物

根据是否具有独立的特征或者是否被权利人指定，将物划分为种类物和特定物。

种类物，是指具有共同特征，能够用品种、规格、质量、数量等单位加以确定，并可以用同种类物代替的物。如品种相同的大米、木材、水泥等。

特定物，是指具有单独特征，或者被权利人指定而特定化，不能以其他物代替的物，它包括三种：第一种是在一定条件下，处于一种绝无仅有地位的物。如清朝邮政衙门发行的"龙"邮票，现在中国只发现了一张，这张邮票就是特定物。第二种是以特殊标志区别于同类物的物。如某工厂使用的编号于某年出厂的某台电视机。第三种是根据民事主体的意志而从同类物中挑选出来的物。如在出售的一批凤凰自行车中挑选出来的一辆自行车，又如画家的某幅画。

区分种类物和特定物的意义在于：

（1）不同的民事法律关系对物的要求不同。所有权关系中客体只能是特定物，在债权法律关系中，除少数情形外（如租赁），标的物既可以是不特定物，也可以是特定物。

（2）标的物的灭失责任不同。以特定物为标的物的债，在债务履行前该物灭失的，由于特定物有不可代替性，所以债务人可以免除交付实物的义务，但应赔偿对方所遭受的损失。以种类物作为债的标的物的，在履行之前发生灭失时，由于种类物具有可代替性的特征，债务人则应交付同种类、同质量、同数量的种类物。

（三）流通物、限制流通物与禁止流通物

根据物的流通性标准将物划分为流通物、限制流通物和禁止流通物。

流通物，是指法律允许在民事主体之间自由流转的物。在现实社会生活中大部分物皆为流通物，如衣服、大米、煤炭等。限制流通物，是指在流转过程中受到法律和行政法规一定程度限制的物。如炸药、镇静药品等，需经过一定批准手续，才允许流通。禁止流通物，是指法律或行政法规禁止自由流转的物。限制流通物与禁止流通物是由法律直接明确规定的，我国的限制流通物主要包括非国家专有的自然资源、文物、麻醉药品、运动枪支弹药等。金银原来也是限制流通物，但国家在逐渐放开对其的限制。禁止流通物主要包括国家专有的财产（如国有土地、矿藏、水流等）、假币、毒品、淫秽物品。

区分流通物、限制流通物和禁止流通物的意义在于：合同标的物为流通物的，具备了合同的其他生效要件，合同即可生效；合同标的物为限制流通物的，除须具备合同的一般生效要件外，还应办理批准或登记手续，合同方可完全生效；合同标的物为禁止流通物的，合同无效。

（四）主物与从物

根据是否在物理上互相分离，而在经济用途上又互相联系，将物划分为主物和从物。

凡是两种以上的物互相配合，由一定经济目的而组合在一起时，起主要作用的是主物，配合主物的使用而起辅助作用的物为从物。如锁和钥匙，船与桨等。

从物必须具备以下条件：①须与主物同属一人所有。分属两个人所有的物，不存在主从关系。②须独立存在。从物与主物都是独立存在的物，从物是主物之外的另一物，而不是主物的成分。物的成分是物的一部分，而不是独立的物。例如，窗子与房屋、汽车与轮胎、西装上衣与裤子、鞋子的左右脚均为物的一部分，不是主物与从物的关系。③须与主物共同使用才能发挥物的作用。在商品交换中，可以依据交易习惯来确定主物和从物。

区分主物和从物的意义在于：在法律无相反规定、合同无相反约定时，从物的归属依主物的归属而定。在转让所有权时，从物应随主物一起转移。如甲有一辆跑车，现欲转让给乙，双方约定：甲将跑车以 40 万元卖给乙，一周后交车。一周后，甲将车交付给乙，乙发现车上原来配备的一个备用轮胎被甲拆除了，遂要求甲把轮胎再给安上，甲称该轮胎不是跑车的组件，他有权拆除留给自己。双方因此发生纠纷。备用轮胎是跑车的从物，依据从物随主物原则，在买卖双方没有特别约定的情况下，备用轮胎应当跟随跑车一并转让，所以乙有权要求甲再把备用轮胎安装到跑车上。

（五）可分物与不可分物

根据物能否分割以及分割是否损害其用途及价值的特点，将物划分为可分物与不可分物。

凡是可以进行实物分割而不改变其经济用途、性质和价值的物，称为可分物，如粮食，一匹布，一大桶油。凡经实物分割将使该物失去原有的经济用途、性质，降低其价值的物，称为不可分物，如一头牛，一辆汽车，一台电视机等。

区分可分物与不可分物的意义在于：

（1）在共有财产关系中，分割财产的方式不同。分割可分物时可以将其进行实物分割；分割不可分物时，则只能有人获得原物，有人获得金钱补偿或进行变价分割。

（2）便于明确多数人之债的债权债务。标的物为可分物的，发生按份之债，债权人各按自己的份额分享债权，债务人各按自己的份额分担债务；标的物是不可分物的，则为连带之债，债权人享有连带债权，债务人承担连带债务。

（六）原物与孳息

根据能否产生收益，将物划分为原物与孳息。

原物，是指能产生收益的物，孳息是由原物所产生的收益。母牛与所生牛犊、果树与所结的果实、银行存款与利息、出租房屋与所收取的租金等，在每一对关系中，前者为原物，后者即为孳息。

孳息，有天然孳息和法定孳息之分，依自然法则所生收益，如牛犊、果实称为天然孳息；因民事法律关系所生收益，如利息、租金称为法定孳息。

区分原物与孳息的意义在于：孳息的所有权，除法律另有规定或当事人另有约定外，应归原物所有人。《合同法》第 163 条规定："标的物在交付之前产生的孳息，归出卖人所有，交付之后产生的孳息，归买受人所有。"转移原物所有权时，孳息的所有权也同时转移给新所有人，如甲从集市买回 1 只怀孕的母羊，不久生下 3 只羊羔，母羊、小羊均属某甲所有。无法律根据占有他人财产的，所得孳息原则上应随原物一并返还。如某甲在村头发现一头无人照管的母牛，便领回村里，反复打听，没有人知道该牛是从哪儿来的。某甲遂将此牛放在自己牛栏里养了几天，后某甲发现此牛属系优良品种，就将自己家的公牛与其进行交配。不久，母牛怀胎，某甲更是精心照料，就在母牛临产不久，牛的主人某乙找上门，将母牛牵回。某甲去找某乙交涉未果，遂诉至法院，要求确认他对小牛的所有权，并要求某乙返回小牛。本案中的母牛与小牛的关系是原物与孳息的关系。除法律另有规定或者当事人另有约定处，原物的所有人取得孳息的所有权。根据法律规定，拾得失散的饲养动物，应当归还原主；因归还原主而支出的费用由失主偿还。某甲不能因自己的行为而取得拾得物的所有权，也不能取得母牛的孳息即小牛的所有权。但某乙可以适当偿付某甲一定酬金（或费用）。

（七）单一物、合成物与集合物

根据物的构成部分的个性或物的独立性时间保持的不同，可将物分为单一物、合成物与集合物。

单一物，是指形态上独立成一体的物，包括自然形成的单一物，如树、牛等，以及基于时间观念而形成的单一物，如布匹等。

合成物，也称结合物，是指由数个物结合而成的物。合成物的各个构成部分虽有独立的个性，但经过相互结合形成了多数单一物，形态上综合成为一体。典型的合成物有汽车、钻戒等。

集合物，是指由多数的单一物或合成物聚集而成的、各个物仍保持独立性但具有经济上单一作用的物。例如，工厂的全部机器设备、商店的全部商品等。

此外，依据物的性质，不集合为一定数量就不具有经济价值的物亦为集合物，例如，一粒米、一滴矿泉水等并不具有经济价值，只有一袋米或一瓶水才具有经济价值。至于集合多少数量才具有经济价值，通常取决于社会习惯或当事人的约定。例如，有的商场规定，不能出售少于一两的糖果。

区别单一物、合成物和集合物的意义在于：对于单一物或合成物，原则上，权利存在于物的全部，其一部分不能单独成为权利的客体。如购买一部车就不能以其发动机作为单独的权利客体为交易行为。例外的情况也有，如建筑物区分所有权就是以建筑物的单元为所有权的标的。对于集合物，原则上其权利应存在于物的各个部分，物权的变动亦应就个别的物作成。[1] 如收买一家工厂，应以该工厂的各个机器设备分别作为权利的客体进行交易，但如果收购的是一间公司的全部或一定比例的股权，则属于另外的问题。

（八）消耗物与非消耗物

根据物在使用以后是否还能再用于同一目的，可将物分为消耗物和非消

---

[1]　王泽鉴：《民法总则》（增订版），中国政法大学出版社 2000 年版，第 53 页。

耗物。

消耗物，是指依据其性质因使用一次而消耗，不能再用于同一目的的物。反之，则是非消耗物。柴米油盐酱醋茶为消耗物，金钱因其使用之后所有权主体发生变更，因此也是消耗物。电脑、汽车、衣服、首饰等可反复使用，为非消耗物。

区别消耗物和非消耗物的意义在于：在借贷、租赁及寄托、保管合同中，均以非消耗物为租赁或使用借贷或保管合同的标的物，而就消耗物则成立消费借贷。

四、货币及有价证券

（一）货币

货币是物的一种，是指可以用票面金额来表现其价值的一种特殊的物。货币具有以下特征：

（1）货币属动产。

（2）货币是种类物，而且是具有高度代替性的种类物。它的价值是通过票面上的数额来表示的，可以进行交换，是一般等价物，是法定的支付手段、流通手段和结算手段。在民事法律关系中，货币是许多交易的法定支付手段。

（3）货币是可消耗物。货币一经其所有人使用，即转入他人之手，发生了所有权的移转，所以辗转流通是货币的特有机能，而供人消费更是货币的唯一目的。[1]

由于货币是一种特殊的种类物，在交易上可以互相替代，所以，作为所有权客体的货币，具有以下特点：

（1）货币所有权与对于货币的占有是合一的，货币的占有人可以推定为所有人。

（2）所有人将一定数额的货币出借给他人时，借用人即时取得货币的所有权，借用人只须在借用期届满时返还同样数额的货币即可。

（3）丧失对货币占有，一般即丧失对货币的所有权，所以只能主张不当得利返还请求权，而无法行使所有物返还请求权。

（二）有价证券

1. 有价证券的概念和特征。有价证券，是指设立并证明某种财产权利的书面凭证，是物的一种。有价证券持有人享有两种不同性质的权利，一是对有价证券本身的所有权；二是有价证券上所记载的权利。

---

〔1〕　参见梁慧星：《民法总论》，法律出版社 1996 年版，第 42 页。

有价证券具有以下特征：

（1）有价证券记载的财产权利与证券本身不能分离。离开证券，权利也就无所依附。权利人主张权利时必须提示和交付设定该权利的证券。如果证券丧失，权利人往往便丧失了证券上所记载的财产权利。在我国，依《民事诉讼法》规定，目前只有可依法背书转让的票据，其持有人在该票据因被盗、遗失或者丢失的情况下，可以向法院申请公示催告，从而保护和行使票据所记载的财产权利。因此，有价证券与一般的借据不同。借据遗失，可用其他证据作为依据来主张权利。同时，证券所体现的民事权利，是当事人之间为交易方便而设定的。当事人通过在证券上记载财产权利的方式来主张权利或履行义务。而货币与之不同。货币是由国家发行的，它所体现的经济价值是法律规定的，不允许当事人自由设定。

（2）有价证券持有人只能向特定的，对证券负有支付义务的人主张该票面上的财产权利。如支票持有人只能向票面上指定的银行办事机构主张权利。

（3）负有支付义务的人是单方履行义务，无权要求证券持有人给予相应的报酬。

2．有价证券的分类和类型。

（1）依有价证券记载权利人的方式不同，可以分为不记名的证券、指定人的证券和记名的证券三种。不记名有价证券，是指在有价证券中没有指明该证券的权利享有人的证券。在这种情况下，持有不记名有价证券的人，就享有该有价证券中所包含的权利。不记名有价证券可以用民法上的交付方式转让给他人。可以兑换一定金额的不记名有价证券，不能以遗失、被盗、非法出让为理由，要求善意取得人返还。不记名有价证券人的权利同该证券原占有人的权利不发生关系。所以证券义务人不能因为自己同证券原占有人之间发生纠纷，而拒绝对证券现持有人履行义务。

指定人有价证券，是用指明一定的第一个取得人的名字的方法，或者指明根据"其指示"进行交付的方法制定的有价证券。第一个取得指定人有价证券的人在把该证券转让给他人时，不是按照民法上普通转让债权的方法，而是用在该证券背面签注的方法办理，这就是"背书"。在这种背书中，可以指明接受证券的人，并由背书人签名盖章；或者仅有背书人签名盖章，这就叫"空白背书"。在后一种情况下，指定人有价证券实际上变成了不记名有价证券。债务人对持有指定人有价证券的人不得提出他对第一取得人或其他原持有人的异议。

记名有价证券，是指在有价证券中记载该证券权利人的证券，记名有价证券可以按照民法上转让普通债权的手续转让给他人。对于记名有价证券，只有证券上指定的人或者能够证明是合法受让的第三人，才有权要求债务人履行债务，实现权利。

（2）有价证券的类型。①票据。这是发票人依法发行的、由自己无条件支付或委托他人无条件支付一定金额的有价证券。根据我国《票据法》的规定，票据包括汇票、本票和支票。汇票是指由出票人签发，委托付款人在见票时或者在指定日期无条件支付确定的金额给收款人或者持票人的票据。汇票分为银行汇票和商业汇票。本票是指由出票人签发的，承诺自己在见票时无条件支付确定的金额给收款人或者持票人的票据。本票主要是指银行本票。支票是指由出票人签发的，委托办理支票存款业务的银行或者其他金融机构在见票时无条件支付确定的金额给收款人或者持票人的票据。②股票。这是由公司签发的，证明股东所持股份的凭证。它是股份有限公司股份的表现形式，是资本有价证券，又是流通证券、要式证券。股票可以作以下分类：一是记名股票和不记名股票。所谓记名股票，是指在票面上记载股东姓名或者名称的股票；所谓不记名股票，是指在票面上不记载股东姓名或者名称的股票。二是普通股和特别股。普通股是股份有限公司发行的标准股份或股票。持有普通股的股东，根据法律或章程的一般规定享有权利、承担义务，不享有或不承担特别的权利、义务；特别股是指其所代表的权利、义务大于或小于普通股的股份或股票，包括后配股和优先股两类。三是 A 种股票、B 种股票和 H 种股票。A 种股票，又称人民币股票，指以人民币标明面值，以人民币认购和交易的股票；B 种股票，又称人民币特种股票，指以人民币标明面值，以外币认购和交易，专供外国和我国港澳台投资者买卖的股票；H 种股票，指获香港联合交易所批准上市的人民币特种股票，即以人民币标明面值，以港币认购和进行交易的股票。③公司债券。这是指公司依照法定程序发行的、约定在一定期限内还本付息的有价证券。公司债券依据不同的标准，可以有不同的分类，如根据公司债券是否记载债权人的姓名或名称，可以把公司债券分为记名公司债券和无记名公司债券。记名公司债券，是指在债券上记载债权人姓名或者名称，并在置备的公司债券存根簿上载明债券持有人的姓名或名称及债券编号等事项的公司债券；无记名公司债券，是指在债券及债券存根簿上均不记载债券持有人的姓名或名称的公司债券。根据公司债与公司股份的联系，可以把公司债券划分为可转换公司债券、不可转换公司债券以及带股票买入权的公司债券。根据公司债是否设置有担保，可把公司债券分为担保公司债券和无担保公司债券。根据公司债券持有人是否有权参与公司的决策和经营管理，可以把公司债券分为参加公司债券和非参加公司债券。④国库券。这是指国家发行的，到期还本付息的有价证券。⑤提单。这是指用以证明海上货物运输合同和货物已经由承运人接受或者装船，以及承运人保证据以交付货物的单证。⑥仓单。这是指保管人向存货人开具的证明保管物已经入库的有价证券。仓单是要式证券，是物权凭证。

第三节 重要的民事客体——行为

一、作为民事客体的行为的概念、特征

作为民事法律关系客体的行为，是指体现一定经济利益或某种实际效益的人为活动。例如，因完成工作成果的建设工程勘察设计、建筑安装工程承包，以及提供劳务的运输、文艺演出、服务、保管、委托、行纪、居间等合同所发生的民事法律关系，通常都是以行为作为客体的。

行为作为民事客体，具有如下特征：

（1）须是民事法律关系成立后的民事主体所为。行为人不是旨在设立民事法律关系而实施的民事行为，不是客体。

（2）须是为实现民事法律关系的内容而为的。这就是说，作为客体的行为，旨在通过某项民事义务的履行以实现某种民事权利。这与目的不在于实现民事权利义务，而是企图变更或终止民事权利义务关系的某些民事行为，又是一个区别点。

（3）须是权利主体享有的民事权利和义务主体承担的民事义务的直接体现。如按照旅客运输合同的要求，将旅客安全准时送达到目的地的行为，正是旅客享有的权利所体现出的具体利益，同时也是运输方承担民事义务最直接的表现。

二、行为在民事客体上的地位和表现

行为是一种重要的民事客体。行为是债权的客体，亦即给付，包括交付标的物、提供劳务、完成并提交工作成果、保密、容忍等。就交付标的物而言，标的物本身并不是债权的客体，交付行为才是债权的客体。民法上的行为具备双重属性，一方面是民事法律关系变动的原因，也可以说是民事权利变动的原因，如合同、侵权行为、无因管理；另一方面是民事权利的客体，包括作为与不作为。作为民事客体的行为往往能够导致另一个民事权利发生变动。如在买卖合同关系中，买方债权的客体是卖方的交货行为，该行为的实施将会导致货物所有权的转移，亦即发生权利变动。

根据我国有关法律、法规规定，作为民事法律关系之客体的行为有"给"、"做"、"供"等几种表现。

"给"：是指交付他人某一已有的物。如买卖合同类型的债。

"做"：是指为他人制作一尚不存在的物。如承揽合同类型的债。

"供"：是指为他人提供某种服务。如运输合同的债。

"做"和"供"两者的主要区别是：前者是一种物化劳动，并以独立的物化劳动的成果表现出来，从而使对方当事人取得一定经济利益。如某建筑公司为某

单位建筑一栋房子并及时交付使用。后者一般不形成物化劳动成果，当事人只是以技术劳动或者体力劳动的行为方式来履行其承担的义务，从而为对方当事人带来一定的实际效益。如技术咨询服务合同关系。

上述以行为为客体的民事法律关系中，行为大都以物为作用的对象，如被买卖的物、定作物、被运输的物，但它们不是法律关系的客体。

第四节 不可缺少的民事客体——某些权益

一、作为民事客体的权益的概念和特征

随着人类社会的发展，人们的创造力、想象力日益增强，改造自然的能力也进一步提高，因而出现了许多此前从来不能想象的法律关系的客体。除了已经被纳入民事客体体系的智力成果和人身利益外，新出现的虚拟财产、养老金、就业机会、营业执照、补贴、政治特许权利等无形财产权利都有可能成为新的民事客体的类型。民事客体呈现出不断发展扩大的趋势。

作为民事客体的权益，是指能够满足民事主体需求的非物质利益。能够成为民事客体的权益必须具备以下特征：

1. 具有价值性。权益要作为民事法律关系的客体首先必须具有价值性，对民事法律关系的主体是有用之物，即为有价值的物质或精神资源，能够满足主体的需要，"法律关系客体又具有自己的特殊性，它能够满足主体的物质利益和精神需要，是满足权利人利益的各种各样的物质和非物质的财富，它得到法律规范的确认和保护"[1]。没有了价值，客体就失去了生命力。主体一切行为的目的就是要实现价值。

2. 具有可控制性。凡是可以作为民事客体的利益，必须是人们可以支配的一种利益。如果某种利益不可以被人们支配和利用，其永远都不可能成为民事客体。当然，作为客体利益的可支配性是一个不断发展的概念。随着人们支配能力的增强，原来不能被人支配的东西，将来也可能成为人们所支配的对象。

3. 具有法定性。也就是说，并不是所有的利益都可以成为民事客体。只有国家法律确认和允许的利益才可以成为民事客体。如，商标、专利、作品等要作为民事法律关系的客体，必须具备法律规定的条件，否则均不能作为民事法律关系的客体。

---

〔1〕 魏振瀛主编：《民法》，北京大学出版社、高等教育出版社 2000 年版，第 395 页。

二、权益在民事客体上的地位和表现

(一) 智力成果

智力成果，又称知识产品或智慧产品，是指民事主体通过其脑力劳动创造的并以一定形式表现出来的非物质化产品。智力成果是知识产权的客体。在古代民法中，民事客体不包括知识产品，近代工商业与出版印刷业兴起之后，人们逐渐认识到智力成果的价值，所以智力成果在近现代民法中成为民事客体的一种。随着人类进入知识经济时代，智力成果在经济生活中扮演了越来越重要的角色，以智力成果为客体的知识产权在民事权利体系中的地位也显得更加重要。

1. 智力成果的特征。

(1) 非物质性。智力成果是一种非物质化的产品，属于无形财产、无体物，它是人类精神活动的构造物，并不占有一定的空间，尽管智力成果通常都借助于一定的有形载体表现出来，但载体本身并不是智力成果，载体里面所蕴涵的思想、创意以及凝结着的公众认同的符号，才是智力成果。

(2) 创造性。智力成果是脑力劳动的产物，这种产物不是对已有成果的简单重复，应该有一定的创新与突破。知识产权法之所以被制定，就是为了鼓励人们创新，争取在科技与思想理论上的超越，知识产权法保护的是有创造性的新科技、新理论、新创意，而不是一般的常识。

(3) 外部表现性。智力成果虽然是一种精神现象，但这种精神现象只有通过一定的行为表现于外部，才能为公众所知晓，才能为社会造福，才值得民法去保护。某种创意与理论尽管有创造性，但如果仅仅埋藏于脑力劳动者的头脑中，没有表达出来，是不能获得知识产权法保护的。

2. 智力成果的主要类型。

(1) 作品。根据《中华人民共和国著作权法实施条例》(以下简称《著作权法实施条例》) 第2条规定，作品是指在文学、艺术和科学领域内，具有独创性并能以某种有形形式加以复制的智力创作成果。作品必须具备两个条件：一是作品必须具有特定的思想内容，即作品必须表达一定的思想、构思、感情、事实、人物形象等内容；二是作品必须具备客观表现形式，如图书、绘画、雕刻、演说、舞蹈等形式。作品的特征包括：①独创性。一般认为，独创性是指由作者自己创作，而非抄袭他人的作品。②可复制性。一般说来，可复制性，是再现作品内容的可能性。③具有经济上的利用价值。作品的可复制性与作品的财产性紧密相连。一般说来，凡能大量复制的作品就很有可能获得财产上的利益。

(2) 发明。依《中华人民共和国专利法实施细则》(以下简称《专利法实施细则》) 第2条规定，发明是指对产品、方法或者其改进所提出的新的技术方案。发明是专利权的客体之一。无论是产品发明，还是方法发明，要想被授予专利权，依据《专利法》第 22 条规定，应具备的实质性要件是：①新颖性。这是指在申请日前没有同样的发明在国内外出版物上公开发表过，在国内公开使用过或者以其他方式为公众所知。但是，申请专利的发明创造在申请日前 6 个月内在我国政府主办或者承认的国际展览会上首次展出的；在规定的学术会议或者技术会议上首次发表的；他人未经申请人同意而泄露其内容的，不丧失新颖性。②创造性。这是指同申请日以前已有的技术相比，该发明具有突出的实质性特点和显著的进步。③实用性。这是指该发明能够制造或者使用，并能够产生积极效果。

（3）实用新型。依《专利法实施细则》第 2 条规定，实用新型是指对产品的形状、构造及其组合所提出的适用于实用的新的技术方案，俗称"小发明"。实用新型不包括方法发明。实用新型是专利权的客体之一。根据《专利法》规定，对实用新型授予专利权的实质要件包括新颖性、创造性和实用性。其新颖性要求和实用性要求与发明的新颖性、实用性要求相同，但其创造性要求为具有实质性特点和进步，比发明的创造性要求要低。

（4）外观设计。依《专利法实施细则》规定，外观设计是指对产品的形状、图案、色彩或者其结合所做出的富有美感并且适于工业上应用的新设计。外观设计应具有的特征：①必须与产品有关，二者具有不可分性；②以产品的形状、图案、色彩或者其组合为内容；③富有美感；④适于工业上应用。外观设计是专利权的客体之一。授予外观设计专利权的条件除应适于工业应用外，还应具有新颖性，即应当与申请日前在国内外出版物上公开发表过或者国内公开使用过的外观设计不相同或者不相近似。

（5）科学发现。这是指阐明客观物质世界的现象、特性或者规律而提出的一种新认识。所谓现象是指事物本质的表现或者显露；特性是事物差别的质量特征；规律是事物内在的必然联系。《自然科学奖励条例》第 2 条规定："凡集体或个人的阐明自然的现象、特性或规律的科学研究成果，在科学技术的发展中有重大意义的，可授予自然科学奖。"科学发现是发现权的客体。一项发现要取得发现权的条件是：①必须是阐明自然现象、特性或者规律的科学研究成果；②这种成果具有重大意义，能使科技发展发生变化。

（6）商标。这是指以显著的文字、图形或两者的组合并置于商品表面或者商品包装上的标识。它具有以下特征：①合法性。商标的设计和使用应符合法律的规定。②显著性。商标的设计应具有独特的构思，以使其具有显著的特征。③表现性。商标应通过一定的形式表现出来。商标是商标权的客体。依照《商标法》规定，一件商标要取得商标权应依照法律程序核准注册。

（二）权利

权利也可以成为民事法律关系的客体。最典型的是从土地上分化出来的权利本身成为法律关系的客体这一事实。土地使用权与土地所有权的分离，土地使用权出让、转让制度的法律化，实际上表明土地使用权早已成为我国法律关系的标的。德国民法上也是承认权利本身成为客体的："只有当权利作为法律交易的客体时，权利才可以单独转让。当权利作为一个由法律行为处分的客体时，这种权利是一个'第二顺位的法律客体'。"[1]

权利成为民事法律关系的客体最早可回溯到古罗马，罗马人将权利也视为一种无体物。盖尤斯在《法学阶梯》中说："有些物是有体物，另一些物是无体物。有体物是能触摸到的物，如土地、奴隶、衣服、金、银及数不胜数的其他物；无体物是不能触摸到的物，如遗产继承权、用益权及以任何形式设定的债权。被称为役权的城市和乡村土地上的权利也属于无体物。"[2] 物是法律关系的客体，这是毫无疑问的，物又可分为有体物和无体物，有体物是所有权、用益权等支配权的客体，无体物如智力成果则是知识产权的客体。"之所以一种权利也会被视为物，原因在于此种权利对界定其他权利也会承担类似于'物'的作用，如德国民法上'权利物权'概念。权利物权概念之所以成立，原因在于'某些权利如股东权、著作权等，它们除自身原本的价值外，也能带来收益，这些权利的此种性质是它们成为限制物权的客体的客观条件'。"[3]

我国《物权法》第2条第1、2款规定："因物的归属和利用而产生的民事法律关系，适用本法。本法所称物，包括不动产和动产。法律规定权利作为物权客体的，依照其规定。"可见，从古罗马法到我国物权法，从实际生活中隐含的规则到法律上的明确规定，权利本身都是可以成为民事客体的。在民法中，虽然没有明确的规定，权利质权、债权之用益、股票或合伙股份之用益权、地上权之抵押、用益权之抵押等，都是以权利本身作为民事客体的。这些权利在性质上属于无体物。作为权利客体的民事权利一般只能是财产性权利，而且应具有非专属性。权利成为民事权利的客体，是经济生活趋于复杂化、财产利用趋于多重化的必然结果。

（三）人身利益

人身利益是人身权关系的客体，即人身权关系中权利、义务所共同指向的对象，它是一种受法律保护的、无形的、不具有直接财产内容的人格和身份利益。

----

〔1〕 ［德］卡尔·拉伦茨：《德国民法通论》（上册），邵建东等译，法律出版社2003年版，第281页。

〔2〕 王涌："权利的结构"，载郑永流主编：《法哲学与法社会学论丛》（四），中国政法大学出版社2001年版，第288页。

〔3〕 王涌："权利的结构"，载郑永流主编：《法哲学与法社会学论丛》（四），中国政法大学出版社2001年版，第291页。

首先，与一般财产权（物权、债权）的客体不同，人身权的客体是一种无形的人身利益，它不以物、行为等实体形态被感知，而主要体现为精神上的利益。譬如，健康、生命安全、名誉的享有，以及父子、配偶之情感，都不具实体形态，也是无法以通常的方法度量的。其次，这种无形的人身利益必须是受法律保护的，也就是说是一种合法利益。超过法律界限的人身，不能成为人身权保护的客体。最后，人身权的客体还是一种不直接具有财产内容的利益，纯民事的人身利益是不能直接参与商品交换的。

人身权关系客体的特殊性，是由民事主体的人身利益的特殊性所决定的，是现代法律普遍保障人身利益的结果。人身利益包括人格利益和身份利益两个方面，它虽然包含民事主体一定的物质性利益，但主要方面体现于人的精神领域。它是适应人的精神生活的需要而由法律所划定的保护对象。人身利益作为精神利益在法律上的抽象概括，虽然是无形的，却是客观存在的，是可以体验的，并非无法捉摸的。

人身利益的表现形式是具体的、活生生的，主要表现在以下几个方面：

1. 人格利益。这是指民事主体自然生存和社会生存所必需的利益。人具有自然属性，同时也具有社会属性，因此，人格利益包括自然生存和社会生存所需要的各种利益。人格利益是个人生来就有的而且在其一生中不可或缺的因素，在民法上，人格利益可以分为具体人格利益和一般人格利益。具体人格利益是指由法律列举的人格利益，包括生命、健康、身体、姓名或者名称、名誉、肖像、隐私，甚至贞操、信用等人格利益。一般人格利益是指法律列举的具体人格利益之外，民事主体自然生存和社会生存所需要的其他重要利益，比如人格独立、人格平等以及人格尊严等。一般人格权的内容当然包括了所有的具体人格权，但社会关系日益复杂、科学技术日益发达使得人们的活动空间越来越小，人们之间摩擦、碰撞的可能性越来越大，人格利益将呈纷繁多彩的势态。这就要求人格权的边界不能像其他权利一样明确，而应当具有相当大的伸缩性。所以，现行立法中规定的具体人格权所不能包含的内容都可以归在一般人格权的内容之中。正是因为这个特征，一般人格权为补充和完善具体人格权的立法不足提供切实可靠的法律依据。当人们遇到自己的人格利益遭到侵害但该人格利益又超出了具体人格权保护的范围时，可以依据关于一般人格权的法律规定，寻求法律上的救济。

2. 身份利益。这是民事主体基于一定的身份关系所拥有的利益。身份利益大多是精神上的利益，一般不具有经济价值。包含：①父母身份利益。亲属法上的父母，包括生父母、养父母与形成抚养教育关系的继父母，具有此种身份便享有对其未成年子女在人身财产方面管教和保护的权利，即亲权。②配偶身份利益。配偶指夫妻相互间因结婚而产生的亲属身份关系。此种关系所产生的身份利益，系配偶权的保护对象。③智力成果创造者身份利益。因作品、专利、技术的创作、发明而产生的创作者的身份及其利益，乃著作权、专利权制度中身份权保护的对象。

民事客体具有多样性与时代性。社会的发展、人类的进步、个人自主性的增加，诸如此类的新的要素的出现，使法律关系变得日益复杂。在量上，法律关系的种类不断增加，由此带来客体的范围也随之而扩大；在质上，此前许多不可能的"关系"，如网络上虚拟社会中的法律关系问题，也呈现在人们的面前。因此立法者通常无法统计到现实生活中所有的民事权利客体类型，也无法预见到将来会出现哪些新的民事权利客体，所以应当实行这样的原则：在现实生活中，凡是能够满足人们需要的各种可支配利益，都可以成为民事客体。

【思考与练习】

◎问答题

1. 试述物的特征和分类。

2. 简述我国不动产的类型。

3. 简述从物应具备的条件。

4. 如何理解有价证券？

5. 如何理解作为法律事实的行为与作为法律关系客体的行为之间的区别？

◎选择题

1. 下列属于民法上的物的是（　　）。

A. 阳光　　　　　　　　B. 一滴油

C. 房屋上的门　　　　　D. 钻石

2. 下列各选项中，哪些属于民法上的孳息？（　　）

A. 出租柜台所得租金

B. 果树上已成熟的果实

C. 动物腹中胎儿

D. 彩票中奖所得奖金

3. 下列属于禁止流通物的是（　　）。

A. 黄金　　　　　　　　B. 毒品

C. 赃物　　　　　　　　D. 文物

4. 代表一定债权的有价证券是（　　）。

A. 本票、支票和股票

B. 汇票、支票和提单

C. 债券、仓单和汇票

D. 债券、支票和汇票

5. 甲有 4 匹马要卖掉，便对乙方说："你先牵回去试用 1 个月，满意的话你就买下，价款 5000 元。"乙牵回了 4 匹马，未付款。设该马在试用期间生下了一匹小马，该小马应归谁所有？（　　　）（2000 年律考题目）

A. 甲　　　　　　　　B. 乙

C. 甲和乙　　　　　　D. 甲或乙

◎案例分析题

1. 1997 年 3 月 20 日，农民张某与某肉联厂口头商定：由肉联厂将其两头黄牛宰杀，宰杀后按净得牛肉以每斤 2 元 2 角的价格进行结算，由肉联厂收购；牛头、牛皮、牛内脏归肉联厂，再由张某给付宰杀费 7 元，结算在 5 月 1 日进行。在宰杀过程中，肉联厂屠宰工人王某在一头牛的下水中发现牛黄 70 克，告知厂长。厂长决定将这些牛黄出售，得款 2100 元。张某于 5 月 1 日去肉联厂结算款项时，听到工人们议论此事，于是张某去肉联厂要 2100 元牛黄款被拒绝后，即向法院起诉。问：

（1）在本案中，牛黄在性质上属于从物还是孳息，抑或是牛的组成部分？

（2）牛黄应当归谁所有？

2. 张某因儿子患白血病，需用一笔巨款治疗。为筹资，张某决定出卖自己的一个肾脏，于是就向社会上发出来一个广告，言明：愿以 10 万元，将自己的肾出让给急需者，于是李某的亲属就跟张某联系上，双方订立一协议：由张某提供一个肾为李某换肾之用，李某付给张某 10 万元；达成协议后李某预付 5 万元，另 5 万元于换肾后支付。协议签订后，李某当即付给张某 5 万元，李某与医院联系作换肾的准备。此时，张某的妻子和儿子得知张某出让肾的事情坚决不同意，张某的儿子甚至以拒绝接受治疗抗议。无奈，张某只好将收取的 5 万元退还给李某，并向李某表示歉意。但李某不同意张某退款，表示如果张某解除合同，则要求张某赔偿其为换肾做准备所造成的损失。问：

（1）张某是否可以将自己的肾出让给他人？

（2）双方的协议是否有效？

民事法律关系内容

◆　【案例导入】

购物车致人损害赔偿之争议

某妇女甲与其6岁的儿子乙到某商场购物。其间，甲将乙置于商场的购物车上，边购物边推着车前进。在甲到货架上拿货时，购物车翻了，致孩子乙重伤。后经调查，丙商场的购物车五成以上左右两轮的高度不一致。甲以商场购物车不合安全标准为由将商场告到了法院，商场则辩称，购物车为购物专用，本就不是用来载人的，故不存在安全不安全的问题。

☞　【分析提要】

1. 本案中，甲的购物行为是否使其成为商场的实际上的顾客，此时商场是否对其负有先契约义务，包括保护义务？

2. 商场提供的购物车一半有瑕疵，一半没有瑕疵，在"加害"购物车有无瑕疵不得而知的情况下，如何确认商场有无过错，是否应承担缔约过失责任？

3. 商场以购物车不得用于载人主张免责是否有法律依据？

4. 本案应作怎样处理？

第一节　民事法律关系内容概述

一、民事法律关系内容的概念

民事法律关系的内容，是指民事法律关系主体享有的民事权利和负有的民事义务，以及违反民事义务所要承担的民事责任。民事法律关系的内容是民事法律关系的要素之一，民事主体的具体要求，决定着民事法律关系的性质。

民事权利，是指民事法律关系主体在法定范围内有权进行的各种民事活动。享有民事权利的主体可以要求其他法律关系主体作出一定的行为或不作出一定行为，以实现自己的民事权利。因其他法律关系主体的行为而使其民事权利不能实现时，有权要求国家机关加以保护并予以制裁。民事权利构成了民法的核心内容，整个民法就是以权利为核心构建的体系。与民事权利紧密相连的概念是民事义务与民事责任。民事义务，是指民事法律关系主体必须按法律规定或约定为或不为一定的必要性行为。民事义务和民事权利是相互对应的，相应主体应自觉履行民事义务，义务主体如果不履行或不适当履行，就要受到法律制裁。三者的逻辑联系在于：有民事权利，必然有相应的民事义务，反之亦然；违反民事义务，必然产生相应的民事责任。

民事权利和民事义务作为民事法律关系的内容，具有以下突出的特征：

1. 对等性。在民事法律关系中，权利和义务是互相对应、互相依存的。不可能只有权利而没有义务；也不可能只有义务而没有权利。权利的内容通过相应的义务来表现，义务的内容亦由相应的权利来限定。

2. 具体性。存在于民事法律关系中的权利义务是具体的，是抽象的权利义务在具体民事生活中的实现。在不同的民事法律关系中，当事人享受的权利和承担的义务是不同的。

民事权利和民事义务有些是由民事法律规范直接规定的，有些是在法定范围内由当事人协商决定的。不同的民事法律关系有不同的内容，不同的民事权利义务是不同的民事法律关系的具体表现，也是民事法律关系性质的具体体现。因此，从民事法律关系的内容也可以认定该项民事法律关系的性质。

二、有关民事权利和义务本质的争论

权利、义务的本质是什么？它们是怎样在日常生活中调整人们的行为？至今学界对此众说纷纭。归结起来，主要有以下三种观点：

1. 自由说。认为权利是法律所赋予的自由，是"法律上关于权利主体具有一定作为或不作为的许可"[1]。而义务则是法律所赋予的自由之约束，是"法律上关于义务主体应作出或不作出一定行为的约束"[2]。

2. 法力说。此种学说较为具有代表性的表述是："权利意指法律关系中的主体以相对自由的作为或不作为的法定方式获得利益的一种能动的手段。"[3]

3. 利益说。这一种学说倾向于："权利是权力所保护的利益，是社会所承认的必须且应该得到的利益，义务是权力所要求履行的不利益，是社会所承认的必须且应该付出的利益。"[4]

综观以上观点，利益说较为客观，值得赞同。权利和义务是一种利益的获得或付出。这种利益包括以物质形态表现的利益，也包括无形的精神利益。在民法领域中，当事人行使权利、负担义务是以物质利益的获得与付出为主，精神利益

---

〔1〕《法学辞典》，上海辞书出版社 1984 年版，第 267 页。

〔2〕《法学辞典》，上海辞书出版社 1984 年版，第 48 页。

〔3〕 徐显明：《公民权利义务通论》，群众出版社 1991 年版，第 12 页。

〔4〕 孙英："权利与义务新探"，载《中国人民大学学报》1996 年第 1 期。

的获得和付出为辅。自由说和法力说的缺陷就在于它们所定义的权利和义务失之过窄。自由说以偏概全:自由或不自由仅仅是权利或义务的一种,而不能包括全部的权利和义务。法力说则把权利与权力等同起来,其所定义的,与其说是权利,不如说是权力,国家强力的过度介入将会导致权利的弱化,进而导致人权的丧失,权利的被剥夺。

三、权利、义务、责任的关系

权利、义务、责任三者有机结合,这是民法理论体系的重要特色。权利和义务构成了民事法律关系内容的基础,责任则起到了平衡的作用。正是由于这个坚强的三角架构的存在,人们之间的法律关系才得以顺利地建立与运行,社会主体的正当目的才得以实现。本文所要阐述的责任的转化及权利义务的守恒正是基于此种架构才得以成立。权利与义务之间有历史发展上的离合关系,逻辑结构上的对立统一关系,数量上的等值关系,功能上的互补关系,运行上的制约关系,价值意义上的主次关系。[1] 没有无权利的义务,也没有无义务的权利。在正常的状态下,一个人的权利和义务是相互平衡、相互对应的。

义务与责任原本是同一概念,都是权力所保障的必须且应该付出的利益。但是它们所强调的方面不同,义务强调应为性,责任强调必为性。凡是与职务有关的,职务所要求的必须且应该付出的利益,便都因为其更强调必须性而叫做责任(职责);与此相对,与职务无关的不是职务所要求的,因为其着重于应该性而叫做义务。另外,任何义务,虽然强调应为性,但当其被违反时,其必为性便立即充分显露出来而远远重于其应为性,于是便成为责任了。本章所提到的责任特指在民事法律关系中义务违反后所生的责任,而与职责无关(如果采广义概念,在后面的表述中可以发现,责任守恒会陷入自相矛盾之中)。

权利与责任也有着密切的联系:一方面,从权利人的角度来看,他有权依法行使自己的权利,并负有不得滥用权利的义务,如果他没有做到这一点,就会承担相应的法律责任,在这里,责任起到了监督的作用;另一方面,对于相对方来说,他的权利是不容别人肆意侵犯的,如果他人滥用自己的权利对该相对方的权利造成侵犯的话,滥用权利者要承担法律责任,在这里,责任起到了补偿作用。

第二节 民事权利

一、民事权利概述

法律赋予民事法律关系主体民事权利,实际上是确定民事法律关系主体享有

---

〔1〕 徐显明主编:《法理学》,中国政法大学出版社1994年版,第263页。

利益和实现某种利益行为的限度。在这个法定限度内，权利主体可以依自己自主的意志享有某种利益，或者依自己的意志实现某种利益。民事权利是民法的核心与基石。民事权利是一种法律权利，它是权利中的私权，由利益、主张、资格、权能和自由等要素构成。民事权利是公民在社会上存在和生活的最基本的权利，也是与公民日常生活联系最为密切的一项权利。

民事权利在本质上是民事主体行为的限度，是权利人意思自治的范围，在此范围内，有充分的自由，可实施任何行为，法律对此给予充分的保障。反之，行为超出法律划定的界限，不仅得不到保障，反而要被追究责任。权利的具体作用样态，谓之权能；法律所确认的当事人的意思作用范围，谓之权限。权能、权限是与民事权利相邻近的概念。

二、民事权利分类

（一）人身权与财产权

从权利的具体内容来划分，民事权利主要包括人身权与财产权。人身权，是指以人身要素为客体的权利。人身权所体现的利益与人的尊严和人际的血缘联系有关，故人身权与其主体不可分离。人身权可以进一步划分为人格权和身份权。财产权，是指以具有经济价值的利益为客体的权利。财产权与人身权不同，财产权可以予以经济评价，并可转让。以权利的效力和内容为标准，财产权还可以进一步划分为物权、债权、知识产权和继承权。物权是支配物并具有排他性效力的财产权；债权是得请求债务人为特定行为的财产权；知识产权是以受保护的智慧成果为客体的权利；继承权是按遗嘱或法律的直接规定承受被继承人遗产的权利。

人身权与财产权的区别主要有以下三点：

1. 人身权与特定的民事主体的人身密不可分，具有专属性。人身权是专属于主体的权利，即人身权与权利主体不可分离。这是人身权与财产权等权利相比较所具有的突出特点。不可分离意味着人身权只有权利人本人才能享有，不能通过转让或继承由他人享有。许多国家法律还规定人身权不得抛弃。人身权的专属性还表现在，人身权并不需要有独立意志的个人实际享有，也不需要主体实施一定的行为去实际取得，不论个人是否意识到有这些权利存在，不论主体在年龄、智力、经济实力、社会地位等方面存在何种区别，都应平等地享有人身权。它随着公民的出生或法人的成立而产生，并随着公民的死亡或法人的注销而消灭。

2. 人身权是一种没有财产内容，不直接体现为一定的财产利益的民事权利。人身权是以主体的特定人身或人格利益为内容的，这一点使人身权与财产权相区别，也就是说，人身权具有非财产性。一般说来，人身权的客体如姓名、生命、肖像、名誉等不是财产，不像有形财产那样可以用金钱来估算与衡量，而是表现为民事主体的精神利益。对人身权的侵害，必然造成主体的精神上的痛苦，损害的只能是主体的精神利益。当然，一些特殊的人身权，如法人名称权，则具有财产权和人格权的双重属性，但这只是例外现象。

3. 人身权虽无财产内容，但与权利主体的财产权有一定的关联。人身权的非财产性仅是指人身权不具有直接的财产内容，而不是指人身权与财产无任何联系。事实上，人身权与财产也有一定的关联性，这是人身权的又一特征。一方面，人身权是个人作为社会的人存在的前提，也是个人从事社会交往和活动的必备条件。人身权的享有会直接决定或影响一个人财产权的享有及行使，由此影响一个人获得财产的范围。另一方面，对人身权的损害往往间接带来受害人的财产的损失。在这方面，法人的人格权与财产的相关联性表现得尤为突出。比如盗用法人名称或贬损法人名誉不仅会影响法人信誉、造成法人客户减少，还会造成法人与他人之间合同的履行困难及企业管理的混乱，这些无疑都会导致法人财产的损失。所以人身权与财产权又是密切联系在一起的。

（二）绝对权与相对权

以义务主体是否特定以及权利的特点为标准，可将民事权利分为绝对权与相对权。绝对权，是指无需通过义务人实施一定的行为即可实现并可以对抗不特定人的权利，如人身权、物权、知识产权等。由于绝对权的义务主体不特定，故又称对世权。相对权的主体是特定的，又称对人权，是必须通过义务人实施一定的行为才能实现并只能对抗特定人的权利，最典型的是债权。

二者的区别在于：

（1）绝对权的义务人不特定；相对权的义务人特定。

（2）绝对权法律关系中的权利义务不对应，权利人享有权利但无义务，义务人负有义务但不因此享有权利；在相对权法律关系中，双方主体的权利义务具有相对性。

（3）绝对权具有排他性，在遭受侵害时可以针对任何第三人提起主张或者诉讼；相对权只能是针对特定人产生效力的权利。

（4）绝对权大多是公开的，适用权利公示原则，并应当受到侵权法的保护；相对权存在于特定的双方当事人之间，是一种不公开的权利，仅在特定当事人间有约束力，不具有公示性，所以债权人一般不得向第三人主张侵权责任。

（5）绝对权受到侵害，其救济的方法首先要考虑到恢复原状，而后才是赔偿损失。而相对权的侵害通常采用损害赔偿的补救方式。

（三）既得权与期待权

以权利是否已经取得为标准，民事权利可以分为既得权与期待权。既得权，是指权利人已经取得且可以实现的权利。期待权，是指将来有取得与实现的可能性的权利。一般的民事权利都是既得权，期待权是当事人尚未取得，必须有一定的事实发生才能实现的权利，主要包括以下几种类型：

（1）在所有权保留买卖中，买受人对标的物的所有权所享有的期待利益。

（2）在附期限和附生效条件的合同中，在条件尚未成就或期限尚未到来之前，一方就合同所产生的债权享有的期待利益。

（3）保险合同中受益人的利益就属期待利益。

（4）继承人的权利。如法定继承人在继承开始前对法定继承遗产的期待；遗嘱成立之后遗嘱继承人对遗嘱继承的财产享有的期待；遗赠抚养协议成立后抚养人对于用于遗赠的财产所有权的期待均属期待权。

（四）主权利与从权利

根据民事权利之间的主从关系，可以将民事权利分为主权利和从权利。主权利，是指在相互关联的几项权利中，不依赖于其他权利即可独立存在的权利。从权利则是不能独立存在而从属于主权利的权利，又称附属权，如为担保债权实现而设定的担保物权，就是相对于主债权的一种从权利。可见，主权利与从权利是一对相对的法律概念，只有在具有主从关系的法律关系中才存在这种划分。主权利是从权利的基础与前提，从权利依附于主权利而存在。所以，从权利随主权利成立而成立、生效而生效、变更而变更、转让而转让、消灭而消灭。权利人不能在转让主权利的情况下单独保留从权利，也不能在抛弃主权利的情况下单独享有从权利。

（五）支配权、请求权、抗辩权与形成权

以民事权利的作用不同为标准，可以将民事权利分为支配权、请求权、抗辩权与形成权。

1. 支配权。这是指权利人可以直接支配权利客体（物、人身利益与智力成果）并享有其利益的权利，典型者如物权、知识产权、人身权。支配权的特点主要有：①权利主体是特定的；②义务主体是不特定的；③客体是特定的；④实现权利不需要义务人的积极作为；⑤具有排他效力。支配权常常是确认之诉的对象。

2. 请求权。这是指权利人要求他人为特定行为的权利。请求权的特点是具有相对性和非公示性，而且大多表现为实体权利。请求权作为独立的实体权利，是连接了实体法与程序法的权利。因为民事诉讼可以分为三种，即确认、给付、请求变更之诉。这三种诉讼中给付之诉是民事诉讼的核心，而给付之诉的基础就是请求权。请求权可以独立存在，也可以只是某权利的内容。请求权与债权的关系是：请求权是债权的主要内容，但债权的范围大于请求权，债权的权能除了请求权能之外，还包括选择、解除、终止等权能。而且，债权请求权因时效而消灭时，债权虽然减损了其强制力量，但仍然存在。债务人仍为履行之给付者，不得以不知时效为理由，而主张返还。请求权既然可以是某权利的内容，说明它是基于基础权利而发生的，有基础权利，才能有请求权。请求权因基础权利的不同可分为：

（1）物权请求权：如返还原物请求权、停止侵害请求权、排除妨害请求权、消除危险请求权等。

（2）债权请求权：如合同履行请求权、违约损害赔偿请求权、缔约过失请求权、无因管理请求权、侵权请求权、因不当得利所产生的请求权等。

（3）占有保护请求权：如占有返还请求权、停止侵害请求权、排除妨害请求权、消除危险请求权等。

（4）人格权和身份权意义上的请求权：如人格受到侵害而产生的停止侵害、排除妨害、消除危险请求权，以及身份法上的抚养请求权、赡养请求权等。

（5）知识产权法上的请求权：如知识产权受到侵害产生的停止侵害请求权等。

请求权是诉权产生的基础，但请求权本身不等于诉权。请求权具有可诉性，因此只有当事人进入诉讼领域后，才能由请求权派生出诉权，诉权正是请求权在诉讼上的表现。

3. 抗辩权。又称异议权，这是指对抗对方的请求权的权利。抗辩权的特征主要有：

（1）其行使以请求权的行使为前提，没有请求权的行使，抗辩权也就没有必要行使。

（2）抗辩权只能由法律明确规定而产生，约定的抗辩事由只能产生债法意义上的权利，而不是抗辩权。

（3）抗辩权为私权，是否行使完全由当事人自行决定，不主动行使的，视为放弃；法官不得主动依职权审查抗辩权是否存在，也不得主动代当事人行使抗辩权。

（4）抗辩权的行使有一定的期限限制，该期限要么由法律规定，要么推定为合理期限。

抗辩权的作用在于对抗而非否认对方的权利。抗辩权的行使以请求权存在且提出请求为前提。在权利已经消灭的情况下，如时效期间经过，不适用抗辩权。

4. 形成权。这是指权利人依单方意思表示就能使民事法律关系发生、变更、消灭的权利。形成权具有以下特征：①形成权的行使表现为单方行为；②单方意思表示一经到达对方即为生效，行使形成权的意思表示可以撤回但是不得撤销；③权利效力的产生不需要另一方做出某种辅助行为或共同的行为；④形成权不能与其所依附的原权利分割而单独转让；⑤形成权的存在有一定的除斥期间。此外，形成权的行使还要遵循两条规则：一是不得附任何条件或期限；二是一经行使不得撤销。因为行使形成权的意思表示一旦到达对方即生效，故无所谓撤销。但在到达对方之前，意思表示尚未生效，故可以撤回。

（六）专属权与非专属权

以民事权利与主体之间是否存在专属关系为标准，可分为专属权与非专属权。

专属权，是指专属于某特定民事主体的权利，如人格权、身份权均为专属权。专属权的性质决定专属权不得让与、抛弃和继承，但也有例外。例如企业名称可以转让。

非专属权，是指不属于某特定民事主体专有的权利。非专属权可以让与、抛弃和继承。一般财产权多为非专属权。但依照《宪法》第9~10条的规定，矿藏、水流、森林、城市的土地、无线电频谱资源、国防资产等归国家专有，为专属权。

（七）原权利与救济权

以民事权利发生的先后次序不同，可将民事权利分为原权利与救济性权利。原权利，是指民事法律规定的当事人所享有的客观权利，它为当事人划定了自由行动的范围和为某种行为、不为某种行为的资格，是法律对社会生活资源的一种分配，属于"分配正义"的范畴。救济权，是指民事法律为了保护当事人的原权利，在当事人的原权利受损的情况下，赋予原权利人救济受损权利的权利。它是在不当行为人的行为发生时，法律对社会资源的再分配，属于"矫正的正义"范畴。可见，救济权产生的前提是当事人的原权利遭受了损害，其后果是当事人可以依据此权利向侵害人请求赔偿其所受的损失。在侵害人拒绝对这种损害进行赔偿时，当事人可以向法院提出诉讼，请求法院判令侵害人对受害人的损害进行赔偿。

救济权可以分为救济性形成权、救济性请求权、救济性抗辩权。其中，救济性形成权的内容侧重于救济人单方面变更、撤销、消灭相对人的权利。救济性请求权侧重于请求相对人为给付。救济性抗辩权侧重于救济人拒绝相对人的请求。受害人可以综合运用这三种权利，实现受损法益保护。在受害人要求对方给付财产，以弥补其损失时，救济性请求权是实现法益保护最主要的方式。总之，这种通过概括规定的方式对于一定条件下的受损法益通过救济权予以保护的方法，依托于明确的法律规定与司法界熟知的受损权利救济途径，比通过长时间的实践逐步将法益转化为权利加以保护的方法更具有立竿见影的效果，因而值得理论界深入研究，也值得立法者在制订我国未来的民法典时予以参考。

第三节　民事义务

一、民事义务的概念和分类

民事义务，是指当事人为实现他方的权利而受行为限制的界限。也就是指民事法律规范规定或当事人依法约定，义务人为一定行为或不为一定行为，以满足权利人利益的法律约束或必要性。

民事义务与民事权利呈对应关系：有权利必有义务；有义务也必有权利。表现为一定的行为约束。这种行为既可以是作为即应当完成一定行为，也可以是不作为即不为一定行为。作为法律义务，它由国家强制力加以保障履行。义务人不履行义务时，权利人可以请求有关国家机关强制其履行。义务人负有义务是构成民事责任的要件之一，且有一定限度，权利人无权要求义务人超过限度履行义务。违反民事义务，则要承担民事责任。

对民事义务的分类主要有以下几种：

（一）法定义务与约定义务

以民事义务发生的根据为标准，民事义务可以分为法定义务与约定义务。法定义务，是指民事法律规范规定的民事主体应负的义务，如赡养抚养的义务等。约定义务，是指由当事人协商确定的义务，约定的义务不违反法律规定即受法律保护，如交付货物的义务、支付货款的义务等。

法定义务是高于约定义务的，具有法律强制力。而约定义务主要发生在民事活动（如合同）等尊重当事人意思自治的活动中，一旦双方的约定成立，该约定义务在当事人之间具有法律强制力，一方不履行约定义务时，守约方可通过法定途径要求其履行。

（二）积极义务与消极义务

以民事义务人的行为方式为标准，可以分为积极义务与消极义务。积极义务，又称作为义务，是指义务人应作出一定积极行为的义务。消极义务，又称不作为义务，是指义务人必须为消极行为或者容忍他人行为的义务。

积极义务是由命令性规则所规定的，是人们必须或者应当作出某种行为的规则，如我国《婚姻法》第33条规定"现役军人的配偶要求离婚，须得军人同意，但军人一方有重大过错的除外"，《公司法》第11条规定的"设立公司必须依法制定公司章程"，等等，就属于规定积极义务的情况。消极义务又叫不作为义务，是禁止性规则所规定的，禁止人们作出一定的行为。例如《宪法》规定"禁止任何组织或者个人用任何手段侵占或破坏国家的和集体的财产"；《公司法》第36条规定的"公司成立后，股东不得抽逃出资"；等等，就属于规定消极义务的情况。

（三）基本义务与附随义务

在《合同法》中，根据义务的基础不同，分为基本义务与附随义务。基本义务，是指根据合同约定或法律规定所产生的给付义务，包括主给付义务和从给付义务。附随义务，是指合同当事人依据诚实信用原则所应当承担的照顾义务、通知义务、协助义务等。附随义务有广义和狭义之分。广义的附随义务是于合同关系发展的各个阶段均可发生的，当事人依诚信原则所应负担的义务。狭义的附随义务，为合同履行中依诚信原则产生的给付义务以外的义务。

二、民事义务的发展

（一）合同法中义务的来源多样化

合同义务主要是合同当事人约定的义务，但现代合同法上的合同义务来源多样化，导致违约责任概念的改变。传统合同法认为仅仅只是当事人约定的义务才能称为合同义务，违反约定的义务才构成违约责任。既然民事主体建立在平等性和互换性基础上，不会导致不平等的结果，国家自然就可以对其活动采取放任态度，让他们根据自由意志进行交易，并肯定缔结的契约的法律效力，这就形成了古典合同法中的契约自由原则。但是，这种契约自由原则所实现的只能是形式正义。因为在任何社会中，完全的平等性和互换性是根本不存在的，特别是资本主义进入垄断阶段后，政治稳定、经济平稳发展的自由资本主义理想状态被政治动荡和经济急剧变化所取代，平等性和互换性的基本前提荡然无存。在这样的社会背景下坚持古典合同法中的契约自由原则，只能导致不正义的结果。所以，现代合同法对古典合同法中的契约自由原则进行了一系列修正，用诚实信用原则匡正扭曲了的契约自由原则，合同义务来源多元化就是这一修正的表现。

现代合同法认为，基于诚信原则产生的附随义务也是合同义务，如保密义务等，这些义务体现在合同的履行及合同终止之后。合同义务来源多元化主要反映为附随义务和不真正义务的产生，而这些义务主要是通过法律规定和法官的诚信解释产生，这表面上似乎压缩了缔约人意思自治的空间，实则不然。附随义务中的先合同义务、合同履行中的协助义务、后合同义务的目的，无不以缔约人真实意志的实现为最终归宿。先合同义务是在诚实信用原则基础上，为保护缔约人的信赖利益而产生，意在防范心怀不轨、恶意订立合同的缔约人；合同法规定履行过程中的通知、协助、保密等义务，保证了缔约人在自由意志基础上订立的合同得到履行，缔约人的期待利益得到实现，实际上也反映了契约自由原则的要求；后合同义务中，根据交易习惯产生的履行通知、协助、保密等义务也是为了巩固缔约人在合同中获得的成果。不真正义务实际上也是从消极的方面保障缔约人期待利益的实现。另外，尽管合同义务来源已经多样化，但是，从总体上说合同义务主要还是约定义务，法定或依诚信原则产生的义务通常在合同约定内容不明确或存在漏洞的情况下产生，主要起补充的作用。

（二）侵权法中安全注意义务的发展

现今社会生活中的法律关系日益复杂，而法律自有的滞后性和不周延性使得传统的侵权法难以应对某些新生问题。当前的一个突出问题是，人们因某些从事经营活动或社会活动的人怠于采取合理的防范措施而遭受人身或财产损害，却无法获得全部、及时的赔偿。针对这一问题，法官们借助手中的自由裁量权创设了为保障他人人身或者财产安全的积极作为义务，如德国法上的一般安全注意义务、法国法上的安全义务、日本法上的安全关照义务、英美法上的合理注意义务，以切实保护人们的人身和财产的安全。我国在借鉴国外做法和结合我国具体情况的基础上，出台了相关司法解释，明确规定了经营者和其他社会活动组织者的安全注意义务。根据最高人民法院《关于审理人身损害赔偿案件适用法律若干问题的解释》的规定，我国侵权法领域的安全注意义务，广泛适用于经营者对消费者、社会活动组织者对活动参加者、学校对未成年学生、雇主对雇员、被帮工人对帮工人等多种关系中。

第四节　民事权利救济

一、民事权利救济的概念

民事权利的救济，又称民事权利的保护，按照保护措施的性质可以分为民事权利的公力救济和民事权利的私力救济两类。民事权利的公力救济，又称为民事权利的国家保护，是指在权利受到侵害时，由国家机关给予保护。通常情况下公力救济主要指通过诉讼救济民事权利，当事人提起的诉讼请求主要涉及确认之诉、给付之诉和形成之诉三类。民事权利的自力救济又称为私力救济或者自我救济，是指权利人采取各种合法手段保护自己权利不受侵犯。自力救济分为自卫行为和自助行为，前者为《民法通则》中规定的正当防卫和紧急避险，后者存在于学说中。采取自力救济方法受到法律的严格限制，权利主体只能以法律许可的方式和在法律允许的限度内保护自己的权利。

二、民事权利救济的分类

（一）公力救济

公力救济是指民事权利受到侵害时，由专门的国家机关通过一定的程序予以保护。公力救济是国家保护民事权利的方法，是在权利受到侵害时，依国家权力实行的救济措施。公力救济只能由行使国家公权力的国家机关行使，并以国家强制力为后盾。既是对民事权利受侵害时的救济，又是对违法行为人不法行为的制裁。例如，原告被打伤后，起诉到人民法院要求被告赔偿，即是寻求公力救济。

（二）私力救济

私力救济又称自力救济，是指权利人自己采取一定的措施来保护自己的权利。自力救济的主要方式是自卫行为和自助行为。

自卫行为是指民事主体为使自己或他人的权利免受不法侵害而采取的防卫或躲避措施，包括正当防卫和紧急避险两项制度。考虑到正当防卫和紧急避险的含义及要件在刑法中已有详细的讨论，本书不再重复。自助行为是指民事主体为保护自己的权利而对他人的人身或财产予以强制的行为。一般认为，自助行为的构成要件包括：①是为保护自己的权利；②事情紧迫、来不及寻求公力救济；③采取合适的手段，且不得超过必要的限度；④事后及时提请国家机关处理。

三、民事权利救济的选择方式

目前我国正处在一个深刻的变革时期。是私力救济重要，还是公力救济重要？要公力救济，还是要私力救济，或两者都要？这是一个看似简单却值得讨论的问题。在国家、法律产生以前，私力救济就出现了，人们彼此之间以各种形式寻求各种各样的援助，解决种种纠纷，它与人类社会相伴而生。当社会分工出现，在阶级、国家以及它所制定的法律产生以后，公力救济才渐渐产生出来。社会越发达、越文明、越规范，政府服务的功能越到位，人们越忠于职守，公力救济的能力越强，诚信力越高。反之，私力救济的空间越大，人们使用的机会越多。在这个意义上，公力救济与私力救济是此消彼长的关系，而不是一个简单的非此即彼的关系。今后的发展趋势是，公力救济、私力救济、社会救济和市场救济都是必要的，要形成合力，对它们作最佳配置，使其彼此间达到良性互动。当前社会上的悬赏通缉、悬赏打假、悬赏寻人寻物取证等只不过是这些救济的具体内容而已，关键是以什么方式、什么途径去救济。

四、民事权利救济的形式

关于民事责任的形式，我国《民法通则》作了专章规定，第106条规定，公民、法人违反合同或者不履行其他义务的，应当承担民事责任。公民、法人由于过错侵害国家的、集体的财产，侵害他人财产、人身的，应当承担民事责任。没有过错，但法律规定应当承担民事责任的，应当承担民事责任。第110条对责任的承担作了延伸性的规定：对承担民事责任的公民、法人需要追究行政责任的，应当追究行政责任；构成犯罪的，对公民、法人的法定代表人应当依法追究刑事责任。具体来说，依据《民法通则》第134条规定，民事责任的承担方式主要有停止侵害，排除妨碍，消除危险，返还财产，恢复原状，修理、重作、更换，赔偿损失，支付违约金，消除影响、恢复名誉，赔礼道歉等10种方式。其中修理、重作、更换和支付违约金两种方式主要适用于违约责任，其他方式均以侵权责任适用为主。具体由民事责任专章介绍，本节不作累述。

【思考与练习】

◎问答题

1. 民事法律关系的内容有哪些？

2. 民事权利的分类有哪些？

3. 民法中，人身权和财产权有何区别？

4. 请求权和债权的关系是什么？

5. 简述民事权利的救济分类。

◎选择题

1. 民事主体所享有的民事权利和应承担的民事义务是民事法律关系的（   ）。

A. 概念   B. 内容

C. 客体   D. 结果

2. 在行为人进行的下列行为中，哪些属于行使形成权的行为？（   ）

A. 被代理人对越权代理进行追认

B. 监护人对限制民事行为能力人纯获利益的合同进行追认

C. 受遗赠人于知道受赠的期限内未作受赠的意思表示

D. 承租人擅自转租，出租人作出解除合同的意思表示

3. 关于民事权利，下列哪些选项是正确的？（   ）

A. 甲公司与乙银行签订借款合同，乙银行对甲公司享有的要求其还款的权利不具有排他性

B. 丙公司与丁公司协议，丙公司不在丁公司建筑的某楼前建造高于该楼的建筑，丁公司对丙公司享有的此项权利具有支配性

C. 债权人要求保证人履行，保证人以债权人未对主债务人提起诉讼或申请仲裁为由拒绝履行，保证人的此项权利是抗辩权

D. 债权人撤销债务人与第三人的赠与合同的权利受诉讼时效的限制

4. 下列关于民事权利的表述哪些是错误的？（   ）

A. 抵销权是形成权

B. 知识产权是支配权

C. 债权请求权具有排他性

D. 支配权不存在对应义务

5. 民事义务是指由（   ）的对民事主体为一定行为的约束。

A. 法律规定   B. 政府规定

C. 当事人约定　　　D. 社会承认

◎**案例分析题**

1. 陈文雄是四海贸易公司的业务科长。1992 年 6 月因其个人的债务需要用钱，找到吕国栋，说是因公司的业务需要借款 5 万元，吕国栋同意借款，但要求陈文雄提供担保。陈文雄找到他的小学同学王卫东，说是因四海贸易公司的一笔业务很紧急，由于资金不足需向吕国栋临时借款 5 万元，7 月就可以偿还，请求王卫东为借款作担保。王卫东由于与陈文雄以前是同学关系，而四海贸易公司实力雄厚，遂同意作担保。王卫东是当地有名的个体户，资金充裕，吕国栋见王卫东是保证人，遂同意借款。吕国栋与陈文雄签了 5 万元借款合同，在借款人一栏，陈文雄填上了四海贸易公司，并签了自己的名字，没有盖公司公章。在保证人一栏，王卫东也签上了自己的名字。陈文雄拿到款后，即用以偿还其个人债务。现借款期满，陈文雄无力偿还借款，吕国栋要求保证人王卫东还款，王卫东则认为自己是因被欺诈而担保的，拒绝代为偿还。问：

（1）本案涉及哪几种民事法律关系？

（2）本案应如何处理？

2. 原名"齐玉玲"的齐玉苓 1990 年从山东省滕州市八中毕业。在当年的中专考试中，她被济宁商校录取。但她的录取通知书却被同届毕业生陈晓琪半路截走。陈晓琪从滕州八中领取该通知书后，即以"齐玉玲"的名义入济宁商校就读。1993 年，陈晓琪毕业时，其父陈克政伪造体格检查表和学期评语表与原档案中两表调换。目前，陈晓琪在工作单位人事档案和工资单上的名字仍是"齐玉玲"。齐玉苓怎么也不会想到，自己竟然被人冒名顶替上学直至参加工作长达 11 年。一边是自己的下岗，清苦的劳作，另一边却是冒名者现今银行职员的舒适生活，生存状态的如此反差挨到谁头上都难以接受。1999 年，得知真相的齐玉苓以姓名权和受教育的权利被侵犯为由提起诉讼。

请根据以上案情，结合我国民法中的权利义务理论，分析当事人受教育的权利和义务。

第三编

民事法律事实论

第十一章

民事法律事实概述

◆　【案例导入】

本案的民事法律关系是由哪些法律事实引起的?

　　某市甲服装厂为了装修门面与乙建筑社签订一份装修门面承揽合同。合同规定按甲的设计图纸进行装修，由乙包工包料，报酬及费用 13.2 万元于装修工程竣工时一次付清。为了保证装修工作顺利进行，甲乙雇佣了一个临时工人丙，负责料理装修期间的各种杂务，日工资 50 元，结算时一次付给。但在工程进行过程中，突然因遭雷击起火，不仅将未完的工程付之一炬，并烧毁丁食品厂来料委托甲加工定作已经制成的工作服 120 套及剩余原料布六尺多，造成经济损失两万八千余元。事后双方因经济损失及费用的负担问题发生争执诉诸法院。乙建筑社请求甲服装厂给付已经为装修门面施工而进行的劳动报酬和用去的材料价款 10.4 万元，工人丙请求甲给付未付的工资 1200 元，丁食品厂请求甲服装厂赔偿加工定作的所有工作服和剩余布料损失 28 000 元，而甲服装厂辩称所有一切损害都是由于雷击这一不可抗力的原因引起，甲厂并无过错，并以甲损失也很大为理由，不仅对上述各种请求一概拒绝，还请求丁食品厂偿付已缝制 120 套工作服的加工费 7200 元。

☞　【分析提要】

　　1. 什么是民事法律事实? 其具有哪些法律特征?

　　2. 本案发生的各种民事法律关系都是由哪些民事法律事实引起的? 各种民事法律事实有何不同特征?

　　3. 法院对本案应作如何判断和处理? 为什么?

第一节　民事法律事实的意义

一、民事法律事实的概念和特征

（一）民事法律事实概念

　　民事法律事实，简称法律事实，是指符合民事法律规定的、能够引起民事法律关系发生、变更和消灭的客观现象。

任何的民事法律关系的发生、变更、终止，都是有一定的原因的，这一原因就是民事法律事实。如人的出生，会引起父母子女法律关系，产生抚养的法律义务，在孩子未成年时父母要抚养教育子女；在子女成年后，父母没有生活来源时，成年子女有赡养父母的法律义务。又如人的死亡，首先发生父母子女关系终止，如果该自然人已结婚，又会引起婚姻关系的终止；其次，人的死亡还会引起继承关系的发生。再如，甲与乙经过充分协商，达成买卖房屋的协议，并经过房管部门办理登记过户手续，由此发生房屋买卖合同关系和房屋所有权转移关系。还如张某在路上拾到走失山羊一只，寻找无人认领，亲自喂养管理，后找到失主，将山羊归还，并请求给付必要管理费用，由此发生无因管理之债的关系。以上所列举人的出生、人的死亡、甲乙订立房屋买卖协议、张某管理失主走失山羊行为等等，因为能引起相关民事法律关系的产生、变更和终止的法律后果，就是我们所说的民事法律事实。

（二）民事法律事实的特征

由于民事法律事实与民事法律规范、民事法律关系以及民事法律责任有着非常密切的关系，故本教材刻意设置四论体系，旨在表现其间的密切关系。但民事法律事实与民事法律规范、民事法律关系、民事法律责任又是各自独立的民法概念和民法制度，具有不同的法律特征：

1. 客观性。民事法律事实必须是一种客观的现象，而不是人们一种主观内心意识。例如，某甲内心存在订立合同的意思却未表示出来，这种内心意思不能使合同成立，不是法律事实。又如某乙内心想买电脑，别人无从知晓，只有将此想法表示出来，向特定的人或商场达成电脑买卖的一致意见，才能发生买卖电脑的后果。本章开头的案例导入中，甲乙签订装修门面承揽合同、甲乙与丙签订雇佣合同都属于双方法律行为，发生雷击事件是属于自然事件。这些都是客观的现象。

2. 后果性。这是指客观现象必须同一定的法律效果相联系，才能够引起民事法律关系的发生、变更和消灭。但是，并非一切客观情况都可作为法律事实。例如，日出日落、散步、读报、闲谈等均不能引起民事法律关系的发生、变更和消灭，不属于法律事实。而人的出生、死亡、成年、失踪等却能引起民事法律关系的发生、变更和消灭，因而是法律事实。本章开头导入案例中甲乙之间的承揽合同在甲乙之间产生债权债务关系，乙在承揽过程因发生雷击火灾致使甲乙之间原债权债务的消灭和损害赔偿关系的发生，都是因为一定法律事实产生的一定法律后果。

3. 适法性。这种客观现象必须符合法律的规定。任何客观现象能否成为法律事实，取决于法律的规定，凡符合民法的规定产生一定法律后果的，是法律事实。不符合民法规定，不能产生民事法律后果的客观现象，不是法律事实。前例所说日出日落、散步、读报、闲谈等客观现象，不是民法规定的调整内容，因此，不产生任何法律上的效果，就不属于民事法律事实。而导入案例中甲乙之间承揽合同符合法律的规定，产生权利义务关系，应属于民事法律事实。

然而，民法的规定本身，并不能直接引起民事权利义务的产生、变更或消灭。如民法规定，民事主体可以对合法取得的财产享有所有权。但这一规定并不能直接使某个具体的当事人享有某项具体的所有权。当事人要实际地享有所有权，必须通过自己的行为（如买卖、赠与、继承等）才能取得对特定财产的所有权。因此，在符合民法规定的前提之下，当出现某种可以导致民事法律后果的客观情况时，民事法律关系才能产生、变更或消灭。这些能够依法引起民事法律后果的客观情况，被称为民事法律事实。

二、民事法律事实的功能

民事法律事实，是依照民法规范，能够引起民事法律关系的产生、变更或终止的法律后果的客观情况。民事法律事实具有能够产生、变更和终止民事法律关系法律后果的重要功能，这使之成为民法理论不可缺少、十分重要的组成部分和内容。民事法律事实的功能具体表现在以下三个方面：

（一）引起民事法律关系法律后果的产生

民事主体的民事法律关系的发生或民事权利的设定，必须以一定的民事法律事实的出现作为前提条件，不同的法律事实产生不同的民事法律关系。具体表现如下：

（1）依照法律规定的事实或者合同约定的行为可以产生财产所有权或其他物权法律关系。

（2）依照当事人之间签订合同的行为（即双方法律行为）可以产生各种合同关系。

（3）附生效条件或者附始期法律行为，在所附的条件成就时或者始期届至时，该民事法律关系产生。

（4）因被继承人死亡，依照法律规定，继承人与被继承人之间发生继承法律关系。

（5）因侵权人发生了侵害国家、集体财产权或侵害他人的人身、财产权利行为，受害人与侵权人之间发生侵权民事责任法律关系。

（6）因无因管理行为或不当得利行为的发生，同样可以在相关当事人之间发生无因管理或不当得利的债权、债务关系。

（二）引起民事法律关系法律后果的变更

已发生的民事法律关系或已设定的民事权利不是一成不变的，它可能因引起其发生的某些民事法律事实变更而变更。因此，某一民事法律关系或民事权利，在实现的过程中，当原来引起民事法律关系的某些法律事实发生变化，同样会使其原来的民事法律关系发生变更。具体表现在：

（1）当事人依法订立的各种合同关系，在履行过程中，因主客观发生变化，当事人通过协商修改原合同各个条款的行为，就会产生原合同法律关系变更的法律后果。这是民事法律关系变更的典型事例。

（2）在物权关系中，权利人依照法律规定的物权行为及其他法律事实，同样可以变动各类物权关系，以满足权利人的需要。

（3）在继承关系中，立遗嘱人（被继承人）依法立下遗嘱，因时过境迁，在立遗嘱人死亡之前，立遗嘱人依照法定程序和形式，部分修改了遗嘱的内容，由此就会产生遗嘱继承的变更。

（4）在人身权关系中，当事人依照规定改变自己的姓名或名称，或收养人与被收养人父母签订收养协议，并依法办理收养手续，这些法律事实同样会引起姓名或名称法律关系或身份法律关系的变更后果。

（三）引起民事法律关系法律后果的终止

世上万物有生有灭，这是永恒不变的规律。与此相同的是，民事法律关系也有产生、变更和消灭的运行轨迹。民事法律关系的消灭，是指因一定民事法律事实的出现而致使当事人之间既存的民事法律关系的效力归于终止。民事法律关系的消灭分为绝对消灭和相对消灭两种情形：前者是指民事法律关系因客体的灭失而不复存在；后者是指因一定的民事法律事实出现而致使原来的民事法律关系脱离原主体而消灭。具体表现在：

（1）最多表现在合同关系中，《合同法》第 91 条明确规定了合同的权利义务终止的七种原因：债务已经按照约定履行、合同解除、债务相互抵销、债务人依法将标的物提存、债权人免除债务、债权债务同归于一人以及法律规定或者当事人约定终止的其他情形。当以上这些法律事实的任何一种出现，都会引起合同关系的终止。

（2）在婚姻关系中，因夫妻任何一方死亡或依法离婚，都会引起夫妻关系的终止。

（3）在其他民事法律关系中，某些法律事实的出现，同样也会引发某些相关民事法律关系的终止。如所有权或其他物权人的死亡或撤销，或所有物灭失，会引起所有权关系或他物权关系的绝对消灭；所有权或他物权关系因出让人与受让人之间订立转让协议而发生相对消灭，即出让人消灭其所有权或他物权关系，受让人则依法取得新所有权或他物权关系。又如，在知识产权关系中，可以因知识产权人死亡或知识产权保护期限届满而绝对消灭，同样，知识产权转让也会引发该项民事法律关系的相对消灭。

从以上所列举的具体事例中，可以清楚地认识到民事法律事实是引起民事法律关系产生、变更、终止的根本原因，民事法律事实依法产生民事法律关系法律后果的功能和作用，决定了它应成民法理论和民法制度上不可或缺、非常重要的组成部分和内容。

三、民事法律事实的构成

（一）民事法律事实的构成含义

所谓民事法律事实构成，也称为民事法律事实组合，是指由两个或两个以上的客观事实组合在一起，才能引起一定的民事法律关系的产生、变更或消灭的情况。此时，有的学者认为，事实构成总和是一种法律事实，但构成总和的每一个客观事实并不能单独引起该特定的民事法律关系的产生、变更和消灭。所以，它尚不是法律事实。[1] 这一观点与一般学者主张有较大的差异。但不管怎样论述，在通常情况下，一般的民事法律关系，一个民事法律事实（事件或行为）就能独立地引起该民事法律关系的产生、变更和消灭的法律后果；而在特定的情况，某些民事法律关系的产生、变更和终止，必须由两个或两个以上的民事法律事实结合在一起才能产生其法律后果。这是民法对特殊的民事法律关系运行轨迹作出的特别的规定。

（二）民事法律事实构成的具体表现

为适应市场经济和社会生活的特殊需要，在现实生活中，因法律事实构成引发的民事法律关系的具体表现有：

（1）在合同关系中，《合同法》第 44 条规定："依法成立的合同，自成立时生效。法律、行政法规规定应当办理批准、登记等手续生效的，依照其规定。"因此，在要式民事法律关系中，除当事人作出单方或双方法律行为外，还必须履行法律规定的或者当事人约定的法律形式或手续才能产生民事法律关系的法律后果。如《担保法》第 41 条规定："当事人以本法第 42 条规定的财产抵押的，应当办理抵押物登记，抵押合同自登记之日起生效。"由此决定抵押担保的事实构成为抵押合同的订立 + 抵押物办理登记，需由这两个法律事实结合才能产生法律后果。《担保法》第 79 条对权利质押也有同样的规定。《物权法》第 187、224～228条也作了同样的规定。又如《民法通则》第 62 条、《合同法》第 45 条规定，民事法律行为或合同的效力均可以约定附条件，附生效条件的，自条件成就时民事法律行为或合同生效；附解除条件的，自条件成就时失效。表明了这类民事法律

---

〔1〕　江平主编：《民法学》，中国政法大学出版社 2003 年版，第 173 页。

关系的效力构成是由合同成立＋所附条件的成就等法律事实的组合。

（2）在继承关系中，依据我国《继承法》的有关规定，法定继承关系的发生须由被继承人死亡（事件）和法定继承人不表示放弃继承（即接受继承的法律行为）两个法律事实组合构成，而遗嘱继承关系的发生则须由立遗嘱人立下有效的遗嘱、立遗嘱人死亡和遗嘱继承人接受继承的默示法律行为等三个法律事实组合构成，否则，就不会发生两类继承关系。

（3）在其他民事法律关系中，也存在事实构成问题。如我国《物权法》第9条规定："不动产物权的设立、变更、转让和消灭，经依法登记，发生效力；未经登记，不发生效力，但法律另有规定的除外。依法属于国家所有的自然资源，所有权可以不登记。"由此可以看出，不动产物权关系由取得、变更、消灭的法律事实＋依法登记两个法律事实构成。又如我国《商标法》第39条规定："转让注册商标的，转让人和受让人应当签订转让协议，并共同向商标局提出申请。转让注册商标经核准后，予以公告。受让人自公告之日起享有商标专用权。"由此可见，商标权转让关系的法律事实构成为当事人签订转让协议＋共同向商标局申请核准两个事实组合而成。

四、民事法律事实与民事法律规范、民事法律关系三者之间的关系

就民事法律规范、民事法律事实以及民事法律关系三者的关系而言，民事法律规范是确认民事法律事实的依据，民事法律事实是引起民事法律关系产生、变更或消灭的具体原因，民事法律关系的产生、变更或消灭则是民事法律事实所必然导致的结果。而从根本上讲，民事法律关系的产生、变更或消灭，是民事法律规范作用于社会的客观表现，这就表明：

（1）只有当民法规范把某种客观情况与一定的法律后果相联系时，这种客观情况才具有法律意义，才被认为是民事法律事实。例如，根据民法的规定，损害他人财产应予赔偿，即损害他人财产的行为应当引起赔偿的法律后果。因此，这种行为是民事法律事实。但是，一般的生活中的行为（如读书、看报），则不引起任何法律后果，因而不构成民事法律事实。

（2）随着社会生活的发展和法律对各种行为评价的变化，民事法律事实的种类、范围及其导致的法律后果也会随之发生变化。例如，在我国《民法通则》颁布以前，损害他人名誉权的行为不能导致财产赔偿后果，即精神损害不能成为产生损害赔偿后果的民事法律事实。但在《民法通则》颁布以后，精神损害赔偿为法律所确定，即同样的行为能够成为引起赔偿后果的民事法律事实。现在，

越来越多的权益获得了法律的承认和保护，民事法律事实也越来越多样化。[1]

第二节　民事法律事实的分类

民事法律事实，可以从不同的角度，按照不同标准进行各种分类。以更好地认识和把握各种民事法律事实，进而正确地理解、掌握民事法律事实的理论和适用民事法律事实的法律规定。

一、民事法律事实的基本分类

根据民事法律事实是否与当事人的意志有关，可分为事件和行为两大类。

（一）事件

这是指与行为人或者行为人意志无关、但能引起民事法律关系的产生、变更、终止法律后果的客观情况。事件又以与当事人的意志关系为标准分为自然事件和人为事件两种。

1. 自然事件。这是指与人的意志无关，能够引起民事法律关系发生、变更和消灭的客观现象。如人的出生和自然死亡、自然界的灾害、一定时间的经过、天然孳息的产生、无意志能力行为人实施的行为等等。人的自然死亡可能导致继承关系的发生和婚姻关系以及父母子女关系的消灭，也可能导致保险关系的消灭；自然灾害的发生，可能导致保险合同所附条件的成就，引起保险公司对投保人的赔偿关系；又如，物的自然灭失可引起所有权关系的消灭；一定时间的经过，可以引起非所有人依法取得所有权、债权人丧失债的请求权；无意志能力人实施的行为，同样会引起侵权民事责任的发生，其仍应属自然事件范畴。

2. 人为事件。这是指与当事人意志无关的客观现象。如战争、罢工、动乱、人为事故、凶杀、行刑、人的失踪等等，这些与当事人意志无关、但能引起民事法律关系产生、变更、终止法律后果的客观现象，也是事件中的人为事件，同样是民事法律事实的一种。

（二）行为

行为是指当事人有意识、有目的的动作，并能够引起民事法律关系发生、变更和消灭的人的活动。行为必须是行为人有意识、能控制的活动，无意识、无法控制的活动，如人在熟睡或昏迷状态中的动作，是由于外在强制力被迫所为的动作，均不属于行为。无行为能力的未成年人和精神病人的活动，以及限制行为能力人所做的超过其能力范围的活动，因其无意识判断能力，都不应称为行为。行

---

［1］　载 http://vip.chinalawinfo.com/newlaw2002/fax/mfx/contents/class02_4_1r.htm.

为包括表意行为与非表意行为、合法行为与违法行为、民法上行为与具有民法意义的行政行为、司法行为等类型。

二、民法上行为的具体分类

民事行为是引起民事法律关系产生、变更、消灭最重要的法律事实，通常可分为合法行为与违法行为；表意行为与非表意行为等多种类型。

（一）合法行为与违法行为

这是根据民事行为是否符合法律规定的标准所作的分类。

1. 合法行为。这是指符合法律规定，至少是不违反法律、行政法规的强制性规定，并能引起民事法律关系发生、变更和消灭的行为。合法行为具体包括法律行为、准法律行为、无因管理行为等。至于对行政行为、司法行为属性，有两种主张：①当然合法行为说，认为行政行为、司法行为是国家行政机关和司法机关作出的执法行为、自然应属合法行为；②相对合法行为说，认为行政行为、司法行为并不绝对是合法行为，只有行政机关、司法机关严格依法行政、依法执法、依法司法才属于合法行为，否则就不是合法行为。如乱执法现象，法院审判制造的冤假错案就不是合法行为。

2. 违法行为。这是指违反法律规定，侵犯他人合法权益，依法应承担民事责任的行为，主要包括侵权行为和违约行为。侵权行为，是指侵害他人人身或财产权利依法应承担民事责任的不法行为。例如，故意或过失地伤害他人身体，剥夺他人自由，毁损他人财产的行为，均属于侵权行为。违约行为，是指当事人不履行合同义务或者履行合同义务不符合约定条件的行为。例如，不按合同约定交付货物或价款，交付货物不符合约定的质量或数量要求等行为，均属于违约行为。侵权行为和违约行为均构成违法行为。不当得利行为是否属违法行为，亦有两种主张：一是违法行为；二是最初不为违法行为，但不当得利以其行为取得不当得利时即构成违法行为。

（二）表意行为与非表意行为

这是根据民事行为是否以当事人的意思表示为要件的标准所作的分类。

1. 表意行为。指以当事人的意思表示为要件，能够引起民事法律关系的产生、变更、消灭法律后果的行为。包括民事法律行为、准法律行为、效力待定民事行为、无效民事行为、可变更、可撤销民事行为等各类。

（1）法律行为。这是指由民法确认的，以意思表示为要件，能够在当事人之间产生、变更、消灭民事法律关系的合法行为。我国《民法通则》第54条对此作了定义性的规定："民事法律行为是公民或者法人设立、变更、终止民事权利和民事义务的合法行为。"这是最主要、最常见的法律事实。例如，依法签订合同，设立遗嘱等行为均属法律行为。法律行为通常应具备三个要件，即行为人具有相应的民事行为能力，意思表示真实，不违反法律或社会公益。其中，意思表示为法律行为的核心，决定了法律行为是最为典型的表意行为。

（2）准法律行为。这是指行为人以法律规定的条件业已满足为前提，将一定的内心意思表示于外，从而引起一定法律效果的行为。它主要包括：①意思通知行为，即表示内心某种意思的行为，如拒绝要约、履行催告等；②观念通知行为，即对某种事项表示一定观念的行为，如承诺迟到通知，发生不可抗力通知，债权让与通知等；③感情表示行为，即表示某种感情的行为，如被继承人对继承人违法行为的宽恕。这三类行为虽然都是由法律规定而当然发生效力的，但均以表示一定心理状态于外部为特征，与法律行为极为相似，故学说上称为准法律行为。如刘老师有一侄子甲和一养女乙，刘老师去世之前留有遗嘱，将房子等全部遗赠给侄子甲，养女乙问起甲，甲只是说遗嘱对她非常不利，也没有表示接受遗赠，后来，甲将遗嘱给村委会的干部看也没有表示接受遗赠，养女乙怀疑遗嘱的真实性，起诉到法院要求继承遗产。法院查明情况，侄子甲在得知受有遗赠后两个月之内没有表示接受遗赠，根据《继承法》规定，受遗赠人应当在知道受遗赠后两个月内，作出接受或者放弃受遗赠的表示，到期没有表示的，视为放弃受遗赠。因此，判定侄子甲无权获得遗赠，按照法定继承分配遗产，养女乙获得全部遗产。此案件中，侄子甲的沉默产生了视为拒绝接受遗赠的法律效果。如果侄子甲在得知受遗赠后的两个月内，表示接受遗赠，在法律上就构成了准法律行为，侄子甲可以获得遗赠的财产。

（3）效力待定的民事行为。这是指虽已成立，但是否发生法律效力尚不确定，只有经过特定第三人的意思表示，才能确定生效或不生效的民事行为。依照我国《合同法》的规定，效力待定民事行为多为因民事主体不合格而引发的民事行为。如某甲，15周岁，某中学初三年级学生，家中为其上学方便，给他购置申花牌电动车一辆，半年后，某甲与同学某乙打赌，结果把电动车输给某乙，某甲的父母得知以后，对儿子打赌输车行为非但不予追认，而且认为其行为违反法律规定，应属无效的民事行为。实际上，某甲打赌输车行为，不仅是一种违法行为，而且主体实施了不能独立实施的民事行为，应属于效力待定民事行为，且其法定代理人未予以追认，该行为不生效力。这个案例，从主体不合格角度应认定为效力待定民事行为，从行为内容违反法律规定或社会公共秩序角度，应认定为无效的民事行为。

（4）无效的民事行为。这是指当事人实施的虽已经成立，但严重欠缺生效要件，因而不发生当事人所预期的法律效果及法律效力的民事行为，依我国《合同法》规定，无效的民事行为多为当事人实施的民事行为违反了法律强制性的规定和社会公共利益，存在严重的违法生效要件，因而非但不能产生当事人所预期的法律后果，而且会产生相反的、对自己不利的法律后果。如黎明公司在经营中因缺乏资金，向大宝公司要求借款 200 万元，大宝公司董事长愿意借款，但他听说企业之间借贷不合法，必须通过银行拆借才可以。为了规避法律，大宝公司董事长建议两公司签订联营合同，约定大宝公司出资 200 万元，不参加经营，每年应分得红利 20 万元，不承担任何经营亏损责任，后来黎明公司经营效益欠佳，到期不能返本付息发生纠纷，大宝公司告上法庭，最后法院以双方当事人实施的是以合法的形式掩盖非法目的的行为，认定为无效的民事行为，判决假联营合同无效，真借贷关系违法，并作出罚没所有非法所得的判决。

（5）可变更、可撤销民事行为。这是指当事人实施了虽已成立但相对欠缺生效要件，并可因为当事人撤销权的行使，而使其归于无效的民事行为，故又称为相对无效的民事行为。依我国《合同法》的规定，可变更、可撤销的民事行为，多为当事人一方所实施的民事行为违背了意思表示真实的要件，损害了另一方当事人的利益，法律允许受损害的当事人行使撤销权，可申请法院或仲裁机构予以变更或撤销。如张某为了以绝对优惠的价格购买李某的某套房产，利用他得知李某一次交通事故压伤行人而逃逸的事实，胁迫李某答应他低价购买的要求，张某为此获得重大利益。这些事实构成了因胁迫而实施的民事行为，属可撤销的民事行为。

2. 非表意行为。这是指基于某种事实的状态或经过一定时间则发生法律所特别规定的效力的行为，也就是说，行为人实施的一定行为，一旦符合了法律的构成要件，不管当事人主观上是否有发生、变更或消灭某一民事法律关系的意思，都会由于法律的规定，引起一定的法律后果。这种非表意行为，就是人们常说的事实行为。依民法规定，只要能产生一定法律后果的事实行为，也是法律事实的类型。社会生活中最常见的事实行为有先占、添附、作为债权标的给付行为的交货、付款以及遗失物、漂流物的拾得、埋藏物的发现等等，都是一种事实行为。民法上最典型的事实行为，如无因管理、不当得利、侵权损害、正当防卫、紧急避险、抢救制止等行为，《民法通则》都作了具体的规定。

（1）无因管理行为。指无因管理人没有法定或约定的义务，为了避免他人利益受损失而进行管理或服务的行为，依照法律规定，管理人与受益人之间就发生债权债务关系，即无因管理之债，管理人有权要求受益人偿付由此而支付的必要费用。如某甲一天晚班下班回家路上，发现路边躺着 3 只小羊，估计是从车上摔下来受伤了。某甲等了半天，未见人寻找，便雇车拉到其所在的红光啤酒厂，交给保卫部门。此后厂部为这 3 只小羊，请兽医给摔伤的羊接骨，雇临时工割草精心喂养，并在报纸上刊登招领启事寻找失主，半月后失主找上门来，啤酒厂将羊归还失主，并请失主支付半月来的各种管理费用。啤酒厂这个请求是否有根据，是否有悖拾金不昧的道德精神要看其行为是否构成无因管理。很明显，啤酒厂的行为属于无因管理行为，其请求应得到支持。

（2）不当得利行为。指行为人没有合法根据取得不当得利，而使他人遭受损害的行为，依照法律规定，在不当得利人与受损害人之间产生一种债权债务关系，即不当得利之债，受损害人有权请求不当得利人返还所取得的不当利益。仍如上例，如果某甲拾到的 3 只小羊，不是交还厂部管理，而是拉回家去，喂养了几天，拉到市场上出卖，收取了 1500 元价款。某甲这种行为没有任何合法根据，应属不当得利行为。如失主找上门，某甲应当如数返还所取得的利益。

（3）侵权行为。指行为人实施了不法侵害他人的人身权利和财产权利的行为，依照法律规定，侵权人与受损害人之间就发生一种侵权民事责任之债，侵权人应承担各种侵权民事责任。如林某酒后驾车，将万某撞伤，致使万某人身和财产受到损害，对此损害，林某不仅负有赔偿责任，而且对酒后驾车还要承担一定行政责任。

（4）正当防卫行为。指行为人对于外来的不法侵害，采取正当防卫措施，由此造成损害，不承担法律责任。但正当防卫超过必要的限度，造成不应有的损害的，应当承担适当的民事责任。由此而产生一定的损害赔偿责任之债。这种事实行为，不仅在刑法上具有意义，而且也是民法上债的发生原因之一。

（5）紧急避险行为。指行为人对于外来的紧急危险而采取避险措施，由此造成他人损害，依照法律规定，这种事实行为同样会发生不同的债的关系。如果危险是由第三人引起，由第三人承担民事责任；如果危险是由自然原因引起的，行为人可以不承担或适当承担民事责任；如果紧急避险是由于行为人采取措施不当或超过必要限度，应当由行为人承担适当的民事责任。

（6）抢救制止行为。指行为人因抢救、防止、制止国家、集体的财产或者他人的财产、人身遭受侵害而使自己受到损害的行为，这种事实行为，依照民法规定，同样会引起受害人与侵害人之间、受害人与受益人之间的债的关系的发生。

（三）民法上的行为与行政行为、司法行为

这是根据某种行为所产生的民事法律后果应适用具体法律的标准不同所作的分类。

1. 民法上的行为。以上所述的表意行为与非表意行为，只要能发生民法上法律后果的，都属于民法上行为。这是引起民事法律关系产生、变更、消灭法律后果最常见、最重要的法律事实。

2. 行政行为。指某些行政规范或行政机关实施的行政行为，会引起民事法律关系的产生、变更和消灭法律后果的，同样成为民法上具有法律意义的行为。

如解放初期，中央政务院政令宣布，解放前农村一切债务全部作废。这一政令行为消灭了解放前一切债权债务关系。又如20世纪90年代初期国家行政法规宣布，城市土地归国家所有，农村土地归集体所有。由此消灭了城乡私人土地所有关系，而产生了国家土地所有关系和集体土地所有关系。再如，我国《物权法》规定，国家为了社会公共利益需要征用、征收集体和公民的财产，不仅要依法履行征用征收手续，而且要给予被征人以合理补偿。这一行政行为同样会引起集体和公民的财产所有或使用关系的变更或消灭。可见，行政行为在特定情况下，也是引起民事法律关系产生、变更或消灭的一种重要法律事实。

3. 司法行为。指国家司法机关或者仲裁机构，通过相应的法律程序作出裁判，而引起原来的民事法律关系的发生、变更或消灭的法律后果。在这种情况下，司法行为也成为民事法律关系产生、变更或消灭的重要法律事实。如农户甲与村委会签订土地承包经营合同，一年后，村委会改变承包人，单方解除合同。甲为此诉至法院，法院经查明事实，认定村委会单方解除合同无效，判决撤销村委会解除合同的行为，新承包合同无效，甲原承包合同继续履行。又如利民公司与新花公司签订借款合同，新花公司不能按期返本付息，利民公司根据合同约定仲裁条款，申请某市仲裁机构处理。经审理，仲裁机构裁决企业之间借款合同违反金融法无效，新花公司应全部返还借款本金，其利息应按违法所得追缴国库。仲裁机构这一仲裁行为，同样产生法律后果，都应属于法律事实类型。

【思考与练习】

◎问答题

1. 试述民事法律事实的基本分类，并列举具体事实加以说明。

2、简述民事法律事实的具体分类。

3. 民事法律事实的概念及功能是什么？

4. 简述民事法律关系、民事法律事实、民事法律规范之间的关系。

5. 民事法律事实的特点及其在民法上的地位和意义如何？

◎选择题

1. 下列事实中哪些可以成为民事法律事实？（　　　）

A. 公民A死亡

B. 甲乙两企业合并成丙企业

C. 因暴雨B家池塘的鱼进入C家的池塘

D. 甲请朋友乙吃饭

2. 下列现象中属于法律事实中的行为的有：（　　　）。

A. 甲将乙打伤

B. 乙将其手表丢入江中

C. 丙创作一幅画

D. 丁下落不明达 6 年

3. 下列民事法律事实中属于事件的有：（　　　）。

A. 不当得利

B. 无因管理

C. 自杀

D. 时效期间的经过

4. 遗嘱继承法律关系的产生，需要两个以上法律事实，即遗嘱人立有遗嘱和遗嘱人死亡。这两个法律事实分别是什么？（　　　）

A. 事件、事件

B. 行为、行为

C. 事件、行为

D. 行为、事件

5. 甲杀害了乙，乙的继承人因乙死亡而继承乙的遗产，引起该继承关系发生的法律事实属于（　　　）。

A. 事件

B. 民事行为

C. 违法行为

D. 事实行为

◎案例分析题[1]

1. 某甲在某百货公司购买服装，在甲到收银台交款时，因地面太滑而摔伤，甲即找公司经理要求赔偿。该公司的保安人员认为甲在购货中有盗窃行为，就强行将甲带入办公室。

问：甲与百货公司之间因何法律事实发生何法律关系？

2. 某甲开车将某乙撞伤致某乙死亡，为此某甲赔偿某乙 15 万元。某乙的继承人继承了某乙的遗产。

问：本案中有哪些法律事实？引发哪些法律关系？

---

〔1〕 郭明瑞主编：《民法·习题集》，高等教育出版社 2007 年版。

第十二章

民事法律行为

◆ 【案例导入】

于某出卖他人房屋是否有效?

王某准备出国读书,遂将其房屋出租给于某,并告知该房屋只能使用,不得出租转让。于某照看半年后,想去南方打工,而该房屋一时无法找人托管,遂将房屋以 2 万元的价格卖给了李某,双方签订了合同。李某将房款 2 万元交给了于某,于某则将房屋钥匙交给了李某。第二天,李某搬进房屋居住。

一年后,王某回国,发现房屋已被转让,遂找到李某,要求其退出房屋。李某以已签订合同且支付房款为由拒不退出。王某无奈,于是诉诸法院。

☞ 【分析提要】

1. 什么是要式民事法律行为?要式民事法律行为产生法律效力的条件是什么?

2. 房屋买卖行为是否属于要式民事法律行为?于某出卖房屋的行为是否有效?李某主张拒退房屋的理由是否成立?

3. 房屋买卖合同有效成立是否意味着买受人享有房屋的所有权?如何理解房屋买卖中债权行为与物权行为的并存关系?

第一节 民事法律行为概述

一、民事法律行为的含义

民事法律行为,简称法律行为,是指民事主体基于意思表示为要素,旨在产生民事法律后果的合法行为。我国《民法通则》第 54 条规定:"民事法律行为是公民或者法人设立、变更、终止民事权利和民事义务的合法行为。"如订立各种合同、立遗嘱等都是根据当事人的意思表示而进行的法律行为。

法律行为的概念,最早为德国学者胡果在其著作中使用并创立。法律行为最早规定在 1896 年的《德国民法典》中,这部民法典对其作了系统、完整的规定,然后为大陆法系各国所沿袭和采用,成为民法上的一项重要民事法律制度。我国旧中国民法也使用法律行为概念,并确立了法律行为制度。1986 年我国《民法通则》第四章民事法律行为和代理作了专门规定，确立了民事法律行为制度，使用了民事法律行为和民事行为两个概念，由此引发民法学界许多争议：有的学者持全盘否定态度，认为民法通则在"法律行为"概念前加上"民事"二字，成为"民事法律行为"，且生造所谓"民事行为"和"民事法律行为"，存在逻辑矛盾[1]。有的学者持肯定态度，认为民事行为作为上位概念，包括了民事法律行为、可变更和可撤销民事行为，效力未定的民事行为和无效民事行为[2]。所谓民事行为，是指民事主体参与民事活动，能够产生一定民事法律后果的行为。但是，并非一切能够产生民事法律后果的行为都是民事法律行为，只有符合法律规定条件的民事行为，才称为民事法律行为。所以，民事行为包含合法行为与不合法行为两种情况。例如《民法通则》第60条规定："民事行为部分无效，不影响其他部分的效力的，其他部分仍然有效。"这就具体指明民事行为包含了合法行为与违法行为两部分，合法的有效，违法的无效。因此，民事行为包括民事法律行为、无效民事行为和可撤销的民事行为。民事行为和民事法律行为既有联系又有区别。有的学者对民事法律行为概念提出了尖锐的批评，认为《德国民法典》规定的法律行为是指"私人的，旨在引起某种法律效果的意思表示，此种效果之所以得依法产生皆因为人希冀其发生法律行为之本质，在于旨在引起法律效果之意思的实现，在于法律制度以承认该意思表示而于法律世界中实现行为人欲然的法律判断。"[3]这种产生私法效果的法律行为，应是民法独有的概念，但在我国，由于对法律行为的核心理念——私法自治没有把握好，有人将所有能够引起法律后果的现象通称为"法律行为"。甚至在有些法理学、行政法教科书中出现了"行政法律行为"、"刑事法律行为"的概念，这完全是对法律行为制度的误读。在这种误读的前提下，为了与其他法律行为相区别，《民法通则》及民法理论中出现了一个连"法律行为"的发明者都不能理解的东西——"民事法律行为"概念，这种做法相当于承认了"法律行为"不是私法独有的概念[4]。学者们这些见解，值得我们深思和研究。

二、民事法律行为的特征

（一）法律行为以行为人意思表示为基本要素

意思表示是行为人内在意志的外部表现。即行为人把设立、变更、终止民事

---

〔1〕 梁慧星：《民法总论》，法律出版社2007年版，第159页。

〔2〕 韩松主编：《民法总论》，法律出版社2006年版，第221页。

〔3〕 〔德〕穆格丹：《德国民法典资料总汇》，转引自〔德〕迪特尔·梅迪库斯：《德国民法总论》，邵建东译，法律出版社2001年版，第142～143页。

〔4〕 江平主编：《民法学》，中国政法大学出版社2007年版，第151页。

权利义务关系的内心意思，用一定的方式表示于外部的行为。例如，订立合同时，双方当事人都必须把自己的愿望和要求用一定的方式表达出来，即要约、承诺过程，经过协商，才能达成协议。民法上的意思表示必须具备三个条件：

1. 有内在意志。这是指当事人必须具有追求某种民事法律后果的愿望，即存在于内心的目的，这是法律行为产生的前提条件。如果不是出于这种目的，而是从发展友情出发，如邀请朋友吃饭，就不是法律行为。

2. 有意思表示。这是指行为人内在意志的准确表示。表示意志不仅要包括行为人的目的，更重要的是对如何设定民事权利和义务表明自己的意见。要达到自己的目的，关键在于使表示的意思与自己的真实意志相一致。否则，就达不到预期的目的。表示意思的重要性还在于，行为人的内在动机如果不为相对人所知道，法律行为就不能发生。

3. 有行为表示。这是指当事人作意思表示的行为方式。如以书面或当面谈判或以某种具体动作（如排队、打手势）表示意思均可以。至于具体采用什么方式，则应根据法律的规定或当事人的约定，或者根据地区或行业的习惯。

以上三个条件反映了人们进行意思表示的必经过程，揭示了法律行为的客观规律。

没有意思表示，就没有法律行为。但是，意思表示并不等同于法律行为。因为有些法律行为的构成，除必须有意思表示基本要素外，还要有其他法律事实要素，否则，不能发生法律后果。如民间借贷关系，除双方当事人的意思表示一致外，还需要有交付标的物的事实，否则，借贷合同不能成立。

（二）法律行为必须能够引起行为人预期的法律后果

法律后果是指行为人为设立、变更、终止民事权利和义务关系，而引起所预期的后果。这是判断某项行为是否构成法律行为的一个重要标志。在社会生活中，人们的行为多种多样，有的行为并无产生民事法律后果的目的，如练字、散步、闲谈等；有的行为虽有预期的目的，但并无预期的法律后果，如一方作出要约，他方未予承诺，这种要约就没有达到预期的后果；有的行为虽有法律后果，但其后果并非行为人事先所预期的，如因实施违法行为而意外地致人损害，带来了损害赔偿的法律后果，这种行为是违法行为，却不是符合行为人预期目的的法律行为。

（三）法律行为是一种合法行为

法律行为从实质上讲，应当是一种合法行为。行为的合法是指其主体、客体、内容和形式都符合民法规范。因为只有行为不违背法律和政策，才能得到国家法律的承认和保护，从而产生行为人预期的法律后果。而那些利用合法的形式，追求非法目的的行为，不但达不到行为人的主观目的，而且还会带来承担法律责任的后果，这类行为不是法律行为。

《民法通则》第 57 条规定："民事法律行为从成立时起具有法律约束力。行为人非依法律规定或者取得对方同意，不得擅自变更或者解除。"当事人所进行的民事行为只要符合法律规定，就是法律行为，从成立时起就发生法律效力。如签订合同生效之后，双方当事人都要受到约束，恪守信用，履行约定的义务，如违反合同，就要承担民事责任。

三、民事法律行为与相关概念的区别

（一）法律行为与准法律行为

所谓准法律行为，是指法律行为以外，当事人通过意思表示，直接根据法律规定而产生法律后果的行为。如意思通知、观念通知、感情表示等均属准法律行为。意思通知，这是当事人表示内心某种愿望或意思的行为，如拒绝要约、履行催告等，不管当事人是否意欲发生一定法律效果，这些行为根据法律规定均会直接发生某种法律后果。观念通知，又称事实通知，这是当事人表示对于某种事项之观念的行为，如承诺迟到通知、发生不可抗力的通知、债权转让通知、债务的承认等，均属观念通知之类。感情表示，是指当事人表示某种感情的行为，如被继承人对继承人违法行为的宽恕等。以上种种可见，准法律行为都是当事人实施的有助于确定其民事法律关系事实因素的意愿表达或事实通知行为，其与法律行为具有一定联系和区别。

（1）相同之处。准法律行为与法律行为同属于表意行为，都是当事人将一定的内心意愿表现于外部，都是以意思表示为要件的合法行为。

（2）区别之处。法律行为的法律后果基于当事人意思表示内容而发生；而准法律行为的法律后果是基于法律规定而产生的其他民事法律后果。

（二）法律行为与民事行为、事实行为

所谓民事行为，是指当事人实施某种依据法律规定能产生、变更、终止民事法律关系的行为。民事行为是行为的一种，民事行为是大概念，它包括法律行为、无效民事行为、可变更和可撤销民事行为、效力待定民事行为等四种，法律行为仅仅是民事行为的一种。但也有人认为，依照《民法通则》的立法精神，合法的民事行为称法律行为，不符合法律行为成立要件的行为称无效的民事行为，可变更、可撤销的民事行为，效力待定的民事行为。所谓事实行为，也称非表意行为，是指当事人实施的，一旦符合法律规定的构成要件，不管当事人主观上是否有产生该法律关系的意思，都会因法律规定而引起一定法律后果的行为。如无因管理行为、不当得利行为、侵权行为、防卫过当行为、紧急避险行为等均属于事实行为。事实行为与法律行为也有一定关系和区别。

（1）相同之处。两者都是法律事实中的重要行为，都能引起一定的民事法律关系的产生、变更、消灭的法律后果。

（2）区别之处。①法律行为属于表意行为，而事实行为属于非表意行为；②法律行为依当事人意思表示的内容而发生效力，而事实行为则依法律规定而直接产生法律效果；③法律行为的本质在于意思表示，而事实行为只有在行为人实施的行为符合法律规定的构成要件时，才产生法律规定的效果；④法律行为以行为人具备民事行为能力为生效条件，而事实行为不要求行为人具备民事行为能力。如无行为能力人实施的侵权行为由其监护人或法定代理人承担责任就属此类。

第二节　民事法律行为的分类

法律行为的内容繁杂，形式多种多样。从不同的角度按照不同的标准，对法律行为可以进行各种分类，这对于研究各类法律行为的特点，明确其性质，确定其效力，正确适用法律，都有着重要意义。法律行为的分类，主要有：

一、单方法律行为、双方法律行为和共同法律行为

这是根据法律行为的成立应有几个方面的意思表示为标准所作的分类。

（一）单方法律行为

单方法律行为，是指根据一方当事人的意思表示即产生民事法律后果的法律行为。这种法律行为的特点是不需要对方同意，就能发生法律效力。如立遗嘱行为、追认行为、抛弃债权行为、放弃继承权行为等。

（二）双方法律行为

双方法律行为，是指须当事人双方或多方的意思表示一致达成了协议，才能产生法律效力的法律行为，如签订各种合同的行为。在双方法律行为中又可分为：

1. 合致行为。指双方当事人追求的具体目标一致。如合伙合同、联营合同的当事人达成一致协议的行为即属此种行为。其本质上应属于共同法律行为。

2. 交叉行为。指双方当事人所追求的具体目标不一致，意思表示是对立的，各方权利义务是交叉的行为，又称对应行为。如买卖合同中卖方要求得到价款，买方要求取得物品，双方追求目的各异。这才是真正的双方法律行为。如我国台湾地区"民法"所称的契约，是指双方当事人以发生债的关系为目的、进行目的对立、意思表示对立、方向相反的法律行为。

（三）共同法律行为

共同法律行为，是指多个当事人就共同的民事权利、义务及责任等取得一致的意思表示才能成立的法律行为。如社团成员会议的决议、董事会议、股东会议、债权人会议的决议，以及合伙、联营者的决议等。共同法律行为不同于双方法律行为，前者权利义务关系是平行的，各方共享权利、同负义务；而后者则是在双方当事人之间，一方享有权利，一方负有义务，或者相互享有权利，相互负有义务。

区别上述三类法律行为的意义在于，其使我们认识到不同法律行为，意思表示要件不同，产生效力要求也不相同。

二、诺成法律行为和实践法律行为

这是根据法律行为的成立是否要求实际交付标的物的标准所作的分类。

诺成法律行为，是指以双方当事人的意思表示一致作为成立要件的法律行为。对这种法律行为，法律规定要约只要一经承诺，取得一致的意思表示，即能发生民法上的效果，当事人之间即发生民事权利义务关系。如买卖、租赁、承揽等合同。

实践法律行为，是指除当事人意思表示达成协议外，还须实际交付标的物才能成立的法律行为，故又称要物法律行为。例如民间借贷、借用、保管、运输等合同均属此类。

区别上述两类法律行为的意义在于：使人们认识和掌握这些法律行为因不同的成立条件，产生不同的效力状况，从而根据事实，正确适用法律。

三、有偿法律行为和无偿法律行为

这是根据一方当事人所为的法律行为是否要求对方为对待给付的标准所作的分类。

有偿法律行为，是指一方当事人为对方承担某种义务时，有权要求对方承担相应的民事义务的法律行为。再具体地说，双方当事人互为某种给付，或者互为实施某种行为，都是按照等价有偿的原则来进行。所谓给付，指将财物或货币交付给对方，如租赁、买卖合同中一方当事人租赁物的交付、货物的交付，要求另一方当事人对应支付租金或货款；所谓实施行为，是指如承揽、运输合同一方提供劳务或完成某项工作，则要求对方给付相应的报酬或费用。因此，都属于有偿法律行为。

无偿法律行为，是指当事人一方为某种给付或实施某种行为，对方不负担相应义务的法律行为。例如，赠与合同、借用合同、无偿使用借贷合同、无息消费借贷合同、无偿保管合同均是无偿法律行为。

区分有偿与无偿法律行为的意义在于：分清法律行为的性质，确定不同的民事责任。有偿与无偿的法律行为，只有在双方法律行为中才存在。一般情况下，双务法律行为都是有偿的，单务法律行为多为无偿的；在单务合同中有的是有偿，如有息借贷合同；有的是无偿，如无息消费借贷合同。租赁合同只能是有偿的，否则，便成为借用合同。赠与合同只能是无偿的，否则，就会成为买卖合同。而借贷、保管合同，既可以是有偿，也可以是无偿，它以双方当事人的意思表示所达成的协议为准。

四、要式法律行为和不要式法律行为

这是根据法律行为的成立是否需要具备法律规定的形式为标准所作的分类。

要式法律行为，是指必须具备法律要求的形式才能成立的法律行为。如《合同法》第十八章技术合同明确规定，技术开发合同、技术转让合同应当采取书面形式，而技术咨询合同和技术服务合同则无此规定。《城市私有房屋管理条例》第6、7、9条规定，公民之间买卖城市私有房屋，不仅需要采用书面形式，而且还要到房屋所在地的房管机关办理所有权转移的登记手续，否则，私有房屋买卖合同不能产生所有权转移的效力。以上都称为要式法律行为。

不要式法律行为，是指不需要法定或约定的形式就能成立的法律行为。一般情况下由当事人自由选择形式。这种法律行为，不强求某种形式，只要事实清楚，能够证明某种法律行为的存在，就能发生法律效力。如一手交钱一手交货的合同、即时履行的合同等，这种情况，在人们日常生活中发生最多，广泛采用。

区分要式与不要式民事法律行为的意义在于：明确不同性质的法律行为，确定履行不同的法律手续与承担不同的民事责任，从而减少和预防民事纠纷的发生。

五、主法律行为和从法律行为

这是根据两个或两个以上有密切联系的法律行为之间是否存在主从关系为标准所作的分类。

主法律行为，是指同时存在的两个法律行为之中，一个法律行为处于主导地位，另一个法律行为处于从属地位，处于主导地位的法律行为即主法律行为。如设立担保的借贷合同，其中借贷合同是主法律行为，担保合同是从法律行为，没有借贷合同（主合同）的存在，担保合同（从合同）也不复存在。

从法律行为，是指处于从属地位的法律行为，如上例中的担保合同。

区分主、从法律行为的意义在于：明确两个法律行为的主从关系，正确处理法律行为的变更和消灭，以便准确地适用法律。

六、独立法律行为和辅助法律行为

这是根据法律行为的成立是否取决于行为人自己独立的意思表示为标准所作的分类。

独立法律行为，是指行为人自己作独立的意思表示所成立的法律行为。如具有完全行为能力人，以自己独立的意思表示所进行的法律行为就属这一类。

辅助法律行为，是指一个法律行为的成立，必须要由他人进行辅助才能发生法律后果的法律行为。如限制行为能力人需要进行不能独立进行的法律行为时，就应有他的监护人（法定代理人）的同意才能生效，监护人的意思表示，就是辅助的法律行为。还有被代理人对无权代理的行为表示追认，也属辅助法律行为。

区分这两类法律行为的意义，在于明确不同法律行为的地位和作用，从而确定它们的法律后果与民事责任。

七、财产法律行为与身份法律行为

这是根据民法调整的内容不同作为法律行为标准所作的分类。

财产法律行为，是指以财产关系为内容的法律行为。包括债权行为、物权行为、知识产权行为等。债权行为，又称债权法上的法律行为，是指以发生、变更、终止某种债权债务关系为内容的法律行为。物权行为，又称物权法上的法律行为，是指以发生、变更、转让或消灭某项物权关系为内容的法律行为。知识产权行为，又称知识产权法上的法律行为，是指以发生、变更、转让或消灭知识产权关系为内容的法律行为。以上法律行为除适用《民法通则》有关法律行为规则的规定外，还分别要遵循债权法、物权法及知识产权法的相关规定。

身份法律行为，是指以身份关系为内容的法律行为。包括亲属行为和继承行为等。亲属行为，又称亲属法上的法律行为，是指在亲属领域产生法律效果的法律行为。包括非婚生子女的认领等单方法律行为和结婚、离婚协议、订立或解除收养关系的协议、约定夫妻财产的协议等双方法律行为。继承行为，又称继承法上的法律行为，是指依照继承法规定，发生继承法律效果的法律行为。包括设立遗嘱、继承权的接受或抛弃、遗赠的接受或抛弃等单方法律行为和遗赠扶养协议等双方法律行为。

区分此类法律行为的意义在于：区别不同调整内容的法律行为，明确其适用不同民事法律规定的不同规范要求。

八、财产负担法律行为与财产处分法律行为

这是根据法律行为是否直接发生财产权的转移和消灭效果为标准所作的分类。

财产负担法律行为，是指一方相对于另一方承担为一定行为或不为一定行为义务的法律行为，即产生某种债务关系。如债权债务法律行为，即债务人负有履行债务的义务，债权人享有请求债务人履行债务的权利。

财产处分法律行为，是指权利人直接使其财产权利变更或消灭的法律行为。如财产权利的转让、财产权利的消灭、在财产权利上设定负担或消灭财产权利的内容等，均属财产处分法律行为。

区分这两类法律行为的意义在于：①财产处分行为适用标的物特定原则，而财产负担行为无此限制；②财产处分行为应以处分人享有处分权为要件，无处分权的处分行为产生效力待定的后果，而财产负担行为则不以处分权为要件；③财产处分行为应遵循物权法规定的物权变动应遵循公示、公信原则，而财产负担行为不适用公示、公信原则。

九、生前法律行为和死后法律行为

这是根据法律行为发生效力的时期不同为标准所作的分类。

生前法律行为，是指行为人生前就发生效力的法律行为。根据法律规定，一般法律行为如果不附有死后生效的条件，均在当事人生前发生效力。

死后法律行为，是指在行为人死后才能发生效力的法律行为。如遗嘱继承、遗赠、遗赠扶养协议等法律行为都属此类。这类法律行为，必须以行为人死亡作为法律行为成立并生效的条件。

区分此类法律行为的意义，在于明确各种法律行为在什么时期方能产生民事法律后果。

此外，根据法律行为划分的其他标准，还可以将法律行为分为要因与不要因、单务与双务、完全与不完全等类型的法律行为。因篇幅关系，本节从略。

第三节 民事法律行为的形式

法律行为的形式，是指行为人意思表示所采取的方式。任何意思表示都必须通过一定的形式。人们只有通过某种形式把自己内在的意愿表达出来，才能使对方了解自己所要进行的法律行为。所以，一定的形式是法律行为的重要条件之一。

根据法律规定和国家管理需要，对于法律行为所采取的形式有两种基本要求：一是强制使用，二是自选使用。强制使用，是指法律明确规定某种特定形式，当事人必须严格按照法律规定形式进行法律行为，否则，就会影响其效力。自选使用，是指法律没有明确的规定，允许当事人自由选用某种形式进行法律行为。

法律行为的具体形式可分为两大类，一为明示形式，二为默示形式。

一、明示形式

明示形式，是指当事人明确、直接地表示自己意思的形式。明示形式又分为：

(一) 口头形式

这是指以语言来进行意思表示的形式，包括当面交谈、电话交谈、录音交谈、现货交易等。这种形式有直接明了，简便迅速的优点，但有缺乏切实根据之弊端，在发生争议时，不易找到可靠的证明。所以，多用于价额不大或能够即时清结的法律行为。而后果重大，内容复杂的法律行为不宜采用口头形式。

（二）书面形式

这是指以文字进行意思表示的形式。如书信、电报、合同书、协议书等。这种形式的特点是明确肯定，可作根据查证，对于明确各方的权利义务关系，预防和处理纠纷，都能发挥很好的作用。因此，凡属内容比较重要的以及不能即时清结的法律行为都应采取书面形式。书面形式又分为一般书面形式和特殊书面形式两类：

1. 一般书面形式。这是指行为人采用文字形式表达自己的意思，签名盖章后，即可发生法律效力，而不需要履行其他法律手续，如协议书、合同书、契约书等均属一般书面法律行为形式。

2. 特殊书面形式。这是指行为人除用文字形式表达自己的意思外，还需要履行其他法律手续的形式。它包括：

（1）公证。这是指当事人向公证机关申请，对其书面的法律行为给予证明，并取得公证文书的法律行为，它的真实性、合法性有较强的证明力，如合同公证、遗嘱公证等。一般法律行为是否需要公证，由当事人决定，但是法律规定需要公证的，则必须公证。

（2）鉴证。这是指工商行政管理机关和其他有关主管机关，对合同的合法性进行审查而给予鉴定证明。合同是否需要鉴证，亦由当事人决定。但法律规定必须鉴证的，则必须鉴证。

鉴证与公证的区别：①主管单位不同。鉴证工作由国家工商行政管理机关或其他主管机关管理；公证工作由司法行政机关管理。②作用不同。鉴证是行政机关对当事人申请的书面法律行为的合法性进行审查、鉴定并加以证明；公证后的书面法律行为的合法性较强，并可供民事诉讼直接采证之用。③证明范围不同。鉴证多用于经济合同；公证适用于遗嘱、合同和其他文书、证件等。

（3）见证。这是指实施某种法律行为时，需要有一定无利害关系的第三人在场作证。如我国《继承法》第17、18条明确规定，采取代书遗嘱、录音遗嘱、口头遗嘱等法律行为形式时，应当有两个以上见证人在场见证，并对见证人资格作了严格规定，这些见证规则同样可以适用于双方法律行为。

（4）审批、登记。这是指国家有关主管机关对某些法律行为进行审查、登记。如某些涉外合同须经国家主管机关审核批准方能成立。房屋、船舶、某些车辆的买卖，需要经过一定的审核、登记手续才发生效力。我国《合同法》第44条规定，依法成立的合同，自成立时生效。法律、行政法规规定应当办理批准、登记等手续生效的，依照其规定。

二、默示形式

默示形式，是指以非明示的、间接的、需要推理方能确定其意思的形式。这种形式又分为推定形式和沉默形式两种。

（一）推定形式

这是指行为人实施某种积极的行为，根据其作为可以推断其内在意思的形式。这种无语言、无文字而以自己积极的作为形式进行的法律行为，民法称为推定行为。如我国《合同法》第36、37条规定，法律规定或当事人约定采取书面形式订立合同，但当事人未采用，或采取合同书形式订立合同，在签字或盖章之前，当事人一方已履行主要义务，对方接受的，应推定该合同成立。又如租赁合同期限届满，根据承租人继续交付租金，出租人仍然接受租金的双方行为，就可以推定双方同意延长租赁合同。

（二）沉默形式

这是指行为人没有任何积极的行为，但根据法律的明文规定，从其沉默的"行为"中可以推断行为人的内在意思。通常情况，沉默不能作为意思表示的形式，只有在法律有明文规定的情况下，才可以采用。如我国《继承法》第25条规定："继承开始后，继承人放弃继承的，应当在遗产处理前，作出放弃继承的表示。没有表示的，视为接受继承。受遗赠人应当在知道受遗赠后两个月内，作出接受或者放弃遗赠的表示。到期没有表示的，视为放弃受遗赠。"《继承法》这些规定，正是沉默形式的具体适用。又如1988年国务院颁行的《全民所有制小型工业企业租赁经营暂行条例》第21条明确规定："租赁经营合同一方要求变更或者解除合同时，应当及时以书面形式通知对方，双方未达成书面协议以前，原合同仍然有效。租赁经营合同一方接到另一方要求变更或者解除合同的书面通知后，应当自收到书面通知之日起15日内作出书面答复，逾期未作出答复的，即视为默认。"这一条款也是典型沉默形式法律行为的法律规定。

第四节　民事法律行为的效力

法律行为的效力问题，不仅是民法的重要理论问题，而且也是法律行为制度、规则及适用的重要法律问题，我国《民法通则》明确规定，民事法律行为从成立起具有法律约束力，当事人非依法不得擅自变更或解除。这是对法律行为效力的总括规定，由此衍生了法律行为效力的具体标准，即法律行为的有效条件，和不具备法律行为有效条件而产生法律行为效力瑕疵的各种表现形态，即效力待定民事行为、无效民事行为、可变更和可撤销民事行为等。

一、法律行为的成立与生效

（一）法律行为的成立

法律行为的成立，是指法律行为已具备全部构成要素的客观情况。具备全部构成要素，包括主体要合格，意思表示要真实，内容、标的要合法等基本要素和其他要素，如实践法律行为应履行标的物交付行为，要式法律行为应履行法定的形式或手续行为才能使法律行为成立。

（二）法律行为的生效

法律行为的生效，是指已成立的法律行为因符合法律规定的有效条件而取得法律的认可，产生当事人预期所要达到的法律后果。对法律行为的生效条件，我国《民法通则》第55条作了明确规定，即行为人具有相应的民事行为能力、意思表示真实、不违反法律或者社会公共利益。这是法律行为生效的实质要件，除此之外，法律行为成立还应具备特别条件，即形式要件。主要有以下几类：

（1）实践法律行为，以标的物的实际交付为特别生效条件。

（2）要式法律行为，以办理完特定的法定形式或手续时生效。

（3）死因法律行为，以行为人的死亡时间为特别生效条件。

（4）附生效条件法律行为，以所附的条件成就时发生效力。

（5）附始期法律行为，以期限到来时生效。

（6）善意取得行为，以取得人对他人财产的善意占有并经过法律规定的期限为取得财产所有权的特别生效条件。

（三）法律行为的成立与生效的关系

1. 法律行为的成立与法律行为的生效有着密切关系。在法律行为的逻辑结构上，法律行为的成立是法律行为生效的前提条件和基础，只有在某项法律行为成立之后，才可以谈及法律行为生效问题。在一般情况下，大多数法律行为的成立和生效在时间上是一致的，即依法成立的法律行为，对当事人即具有法律约束力，故我国不少民法学者把这两者概念混为一谈。但是在特定情况下，许多法律行为的成立与生效在时间上并不一致，上面所述法律行为生效的特别条件中，就有不少条件使法律行为生效与成立在时间上不一致。

2. 法律行为的成立与法律行为的生效存在有明显的区别。

（1）判断角度不同。法律行为的成立，主要判断法律行为是否符合法律规定的构成要素，并不苛求其性质如何，在法律上被看作是一种客观存在，故应属于事实判断问题；法律行为的生效，则主要判断成立的法律行为是否符合法律规定，是否具有合法、真实、确定、可能等特性，故应属于价值判断问题。

（2）构成要件不同。法律行为的成立要求该行为具有民事主体、意思表示和内容、标的等构成要件即可；法律行为的生效则需要民事主体具有相应的行为能力、意思表示真实、内容和标的符合法律要求等更严格、更具体的生效要件。

（3）发生时间不同。在特定情况下，许多法律行为成立与生效在时间上不一致，只有法律行为成立之后才可能生效，法律行为成立在前，法律行为生效在后。即使是在一般情况下出现法律行为的成立与生效在同一时间里完成，我们仔细地从逻辑关系上考察，仍然可发现其前后顺序。

（4）产生效力不同。法律行为虽成立但未生效、或被认定无效、或被撤销，有过错一方应承担缔约过失责任。法律行为已成立并生效的，当事人受意思表示的约束，如果当事人违反了约定的义务，应承担的是违约责任。法律行为缺少成立要件，该法律行为则根本不成立、不存在；若法律行为缺少生效条件，法律允许当事人通过弥补行为而使法律行为产生法律效力。

二、法律行为的有效条件

法律行为的有效，是指法律行为符合法律的要求，能够得到法律的认可和保护，并产生预期的法律后果。而法律行为能够产生法律效力，必须具备一定的条件。《民法通则》第55条规定，民事法律行为应当具备下列条件：行为人具有相应的民事行为能力；意思表示真实；不违反法律或者社会公共利益。理论上表述为法律行为主体合格、意思表示真实、内容形式合法。

（一）法律行为的主体合格

这是民事主体资格要件，也是法律行为的有效条件之一。合格的主体必须具有民事权利能力和行为能力。只有具备行为能力的人，才能够以自己的行为来取得和行使民事权利，才能成为合格法律行为主体；如果没有行为能力，就不能独立地实施法律行为。所以，行为人具有行为能力是进行法律行为的重要条件。具体表现以下几个方面：

1. 自然人（公民）应具有相应的民事行为能力。即必须达到法定年龄（18周岁），精神状态正常，具有完全行为能力；16周岁以上不满18周岁的公民，以自己的劳动收入为主要生活来源的，视为完全民事行为能力人，可以独立进行法律允许的民事活动；限制行为能力人可以进行与其年龄、智力相当的民事活动；无行为能力人则不能独立进行民事活动，应由他的法定代理人代理。

2. 法人或其他组织进行法律行为，也必须具有相应的民事行为能力，而且要与法人的权利能力相一致，不得与成立的条件、章程以及批准时的业务范围相违背。法定代表人或负责人行使职权，亦必须符合法律和法人或其他组织章程的规定。

3. 代理人进行法律行为应有代理权。无论自然人、法人或其他组织须在法定代理或委托代理权限内进行法律行为。代理人必须具有代理权，而且必须在代理权范围内进行法律行为。

4. 处分财产法律行为须具有处分权。无论是哪一类民事主体，在进行处分财产的法律行为时，应当具有财产所有权或经营管理权，而且要在所有权或经营管理权限内处分财产，无处分权人不得处分他人的财产。

（二）法律行为的意思表示真实

意思表示要件，是进行法律行为最基本的实质性条件。所谓真实，指行为人的意思表示与其内心意志一致，主观要求与客观事实相统一。意思表示真实，即行为人做到自主、自愿、表里一致地实施某种法律行为，而不是在被欺诈、胁迫、误解、强制之下所进行的法律行为。在现实生活中，如果行为人的意思表示与其内心意思不一致，就要根据行为人的真实意思，而不是行为人所表示的意思来确认这种民事行为的合法性和有效性。然而，这并不是说行为人可以任意否定某种行为的法律效力，以此为借口逃避法律责任，这是法律所不允许的。凡是行为人在正常情况下进行与其行为能力相适应的民事活动，都应当承担民事责任。所以，要求行为人意思表示真实，严格遵守诚实信用的原则。这是实施法律行为的重要要件。

关于认定行为人的意思表示与其内心意思是否一致的问题，民法学中有"意思说"、"表示说"、"折衷说"、"辩证说"等主张。前两种说法有其片面性，第三种没有说明主观与客观原因的辩证统一，只有第四种"辩证说"，将认识论与方法论的原理，用于分析行为人的意思表示与内心意思，使二者辩证地有机地结合起来，反映了意思表示的主观和客观的规律性，符合民法学的理论。

（三）法律行为的内容和形式合法

法律行为本身就决定了要求行为人必须在法律规定的范围内进行民事活动，要把遵守法律和维护社会公共利益作为行为的准则，不这样，就不能称之为法律行为，不能受到国家法律的认可和保护。所以，行为内容合法与维护社会公共利益，是法律行为有效条件之一。

法律行为内容合法性，主要指行为人的动机、目的和权利义务关系，以及标的物都要合法。要求行为人进行民事活动时，切实遵守《民法通则》规定的各项基本原则，遵守宪法和有关法律、政策，尊重社会公德，不得损害社会公共利益，扰乱社会经济秩序。如商品交换不得买卖禁止流通物，出售物品不得违反物价政策，出租房屋不得收取高额租金，立遗嘱不得取消无劳动能力、无生活来源的法定继承人的继承权等。

社会公共利益，受社会主义法律的保护，任何人进行法律行为不得违背，否则，该行为不能产生法律效力。

法律行为的有效，不仅要求内容合法，同时，也要求表现的形式合法，有时，一定的形式可能增强行为内容的法律效力。所以，法律规定的形式，是构成法律行为的有效条件之一。有人认为，形式不是法律行为的有效要件。其实不然，《民法通则》第56条对此已作原则性规定：一种是当事人自选项形式，如书面、口头或其他形式；一种是法律规定的特定形式。不论何种法律行为产生法律后果都具有一定的形式，而且法律规定的形式带有强制性，当事人如不遵守，法律行为就不能生效。如私有房屋买卖中的办理过户登记手续，是取得房屋所有权的法律行为法定形式的例证。

此外，还有的学者主张，法律行为的有效条件还应包括法律行为的标的确定和可能这一条件，认为合同标的决定着合同权利义务的质和量，没有它，合同就失去目的，失去积极的意义，应归于无效。可见合同标的确定和可能的重要性。[1]

以上各点都是法律行为成立、生效的基本条件，除此之外，不同性质的法律行为，其成立、生效还须具备特殊的条件。如实践性法律行为须以交付标的物为法律行为生效条件；要式的法律行为须要求当事人办理了法定的手续或形式才能生效；附条件、附期限法律行为，在所附生效条件成就时或所附期限到来时，该法律行为才发生效力。以上其他条件，也是法律行为生效的重要要素。

三、法律行为的效力瑕疵的表现形态

法律行为的效力，依照《民法通则》的规定，民事法律行为从成立时起具有法律约束力。但是，法律行为的效力要求当事人所实施的法律行为必须具备法律规定的有效条件，如果当事人实施了不具备法律行为的有效条件的行为，就构成法律行为效力瑕疵的问题，不能产生法律行为所预期要达到的法律效果，相反的则产生其他的法律效果，即《民法通则》所规定的无效民事行为、可变更和可撤销民事行为及效力待定民事行为等法律行为效力瑕疵的各种表现形态，《民法通则》、《合同法》对其效力又分别作了差异性的规定，使之更适应市场经济发展的要求。

（一）无效的民事行为

这是当事人实施了不具备法律行为的有效条件，因此不能产生法律行为预期的法律后果，而根据法律规定产生无效的民事行为法律后果。1986年我国《民法通则》第58条规定了民事行为无效的七项情形：①无民事行为能力人实施的；②限制民事行为能力人依法不能独立实施的；③一方以欺诈、胁迫的手段或者乘人之危，使对方在违背真实意思的情况下所为的；④恶意串通，损害国家、集体或者第三人利益的；⑤违反法律或者社会公共利益的；⑥经济合同违反国家指令

---

〔1〕 崔建远：《合同法》，法律出版社1998年版，第80页。

性计划的；⑦以合法形式掩盖非法目的的。以上七项，第1、2项应属法律行为因主体不合格无效，第3项应属法律行为因意思表示不真实无效，第4～7项应属法律行为因内容违法而无效。

1999年我国《合同法》第52条，根据市场经济对交易的要求，规定合同无效的五种情形：①一方以欺诈、胁迫手段订立合同，损害国家利益；②恶意串通，损害国家、集体或者第三人利益；③以合法形式掩盖非法目的；④损害社会公共利益；⑤违反法律、行政法规的强制性规定。

从以上两法对无效民事行为、无效合同条件的规定，可以看出明显的差异：①《合同法》对无效合同条件比《民法通则》对无效民事行为的条件规定更为严格，删去违反国家指令计划无效条款，以适应市场交易发展的需要；②改变主体不合格无效的规定，以合同效力待定规则代替；③将意思表示不真实无效，加上"损害国家利益"前提才无效，否则应属于可撤销合同范围；④总体上看，民事行为无效包括主体不合格、意思表示不真实、内容不合法三个要件，而合同无效主要还是以合同内容不合法为要件，集中体现了合同法立法为实现"促进合同成立"的立法精神。

（二）可变更、可撤销民事行为

这是当事人在实施民事行为中，违反了意思表示真实的法律行为有效条件，受损害一方可以请求人民法院或者仲裁机构予以变更或者撤销的民事行为。在民法理论上，可变更、可撤销民事行为应属于相对无效、以后无效的民事行为。而我国《民法通则》第58条规定为经撤销无效、自始无效，其原因主要有显失公平、重大误解两种。但《合同法》第54条除规定了与《民法通则》两项相同原因外，又增加规定了第三项原因，即当事人采取欺诈、胁迫手段或乘人之危订立合同，违背当事人真实意愿，受损害一方有权请求人民法院或仲裁机构予以变更、撤销。这一规定表明了《合同法》立法者为促进合同成立，尽量减少无效合同的范围，把《民法通则》第58条第1款第3项规定的当事人采取欺诈、胁迫手段或者乘人之危所为的民事行为无效"一分为二"，把这一行为造成损害国家利益的规定为无效民事行为，把损害当事人利益的规定为可变更、可撤销民事行为，使这一规则更符合市场交易经济活动的要求。

（三）效力待定民事行为

这是指当事人实施了不具备法律行为有效条件的民事行为，特别是因法律行为主体的瑕疵而使其所进行的民事行为效力处于不确定状态，如有第三人介入，予以追认，该合同有效，否则该合同不生效力。由此确立了效力待定民事行为制度，也称为效力未确定民事行为制度。我国《民法通则》第58条第1、2项规定无民事行为能力人实施的和限制民事行为能力人依法不能独立实施的民事行为无效，未确立其为效力待定民事行为制度。同法第 66 条规定，没有代理权、超越代理权或者代理权终止后的行为，只有经过被代理人的追认，被代理人才承担民事责任。未经追认的行为，由行为人承担民事责任。这一规定确立了无权代理行为的效力待定规则。我国《合同法》明确规定了效力待定合同制度。但学界有"三效力说"和"四效力说"两种不同主张。"三效力说"认为，《合同法》第 47 条规定的限制民事行为能力人订立了不能独立订立的合同；第 48 条规定的无权代理人代订的合同；第 51 条规定的无处分权人处分他人财产的合同均属效力待定合同，只有经第三人（法定代理人、被代理人、权利人）追认，其合同成立，否则合同不成立。"四效力说"主张，在同意"三效力说"主张的基础上，认为《合同法》第 50 条规定法人或者其他组织的法定代理人、负责人超越权限订立的合同，也应属效力待定民事行为，由此效力待定民事行为概念应作适当修改，即效力待定民事行为，是指当事人实施了不具备法律行为有效条件的民事行为，如主体存在瑕疵，得到第三人的追认，或者相对人无主观恶意，该民事行为发生效力，否则，该民事行为不生效力。"四效力说"更符合《合同法》的立法精神。

第五节 附条件、附期限的民事法律行为

一、附条件和附期限法律行为的意义

通常情况下，当事人都是根据自己的意思表示进行法律行为，为自己设定民事权利，履行民事义务，实现法律行为在私法上的效果，法律行为都是自成立时发生效力。但社会生活错综复杂，为了满足人们在多变的社会生活中的某种特殊的合理要求，法律允许人们在进行法律行为时，把一定条件的成就或不成就或者期限是否到来，作为当事人确定民事权利和义务发生法律效力或者失去法律效力的根据。例如，某甲有房屋一套，同意出租给某乙暂住，但同时又约定，如儿子调回身边工作后，原租赁合同立即解除。甲把"儿子调回"的事实作为条件附在租赁合同之中，这是一种附条件的法律行为。又如，甲、乙合同约定，10 月 1 日甲向乙交付约定的所有货物，10 月 5 日乙应向甲支付约定的全部货款。这里，10 月 1 日、10 月 5 日的到来，就是乙、甲履行交货、付款的始期。这是一种附期限的法律行为。所以，在民法中设立附条件、附期限法律行为的规则，其意义在于促进行为人的动机、目的都具有法律意识，增强法制观念，加速民事流转，提高经济效益，维护合同当事人的合法权益。

《民法通则》第 62 条规定，民事法律行为可以附条件，这里的条件是否包括期限在内，也就是说，期限到来，是否可作为民事权利和民事义务发生和终止的

前提？我们认为，法律行为中，条件和期限虽有区别，但都可以作为法律行为的附款。故此，《民法通则》第62条的规定应作扩大解释，既指条件，又包含期限在内。为此，附期限的法律行为，可以按照附条件的民事法律行为的有关规定处理。

二、附条件的法律行为

（一）附条件法律行为的含义

在法律行为中，特别规定一定的条件，并且把这种条件的成就或不成就作为法律行为发生法律效力的依据。这样的法律行为，就叫附条件的法律行为。所谓条件，就是指某种特定的事实，也就是决定法律行为效力的、将来发生的、不确定的客观事实。它可以是某种自然现象，也可以是人的行为，还可以是某种特定的事件。

作为条件的事实，必须同时具备以下要件：

（1）条件必须是将来发生的，进行法律行为时尚未发生。如已发生的事实，就不能作为条件。

（2）条件必须是可能发生的或可能不会发生的，将来根本不能发生的事实不能作为条件。

（3）条件必须是当事人选定的，法定的事实及法律行为本身所要求的事实都不能作为条件。

（4）条件必须是合法的事实。

（二）条件的种类

1. 延缓条件和解除条件。这是根据条件对法律行为的效力所产生的作用不同进行划分的类型。

（1）延缓条件。这是指法律行为中所确定的权利义务关系，应在条件成就时生效，所以，又称为生效条件。例如，某甲想借某乙的房子结婚，某乙同意借给，但约定须在他儿子考上大学之后才能出借。这样，"儿子考上大学"条件，就成为该借用合同生效条件。在"儿子考上大学"之前，该借用合同已经成立，双方权利义务已经确定，但其效力处于停止状态，权利人尚不能行使请求权，义务人也不需要履行义务。实际上，条件起着延缓生效的作用。

（2）解除条件。这是指法律行为中所确定的权利义务关系，应在条件成就时失去法律效力，因此，又称消灭条件。如上例所举的房屋租赁合同，双方约定附有"儿子调回后即解除合同"的条件，在这一条件成就前，双方的房屋租赁合同成立并已发生效力，但条件一旦成就，租赁合同关系解除。显然，这个条件起着解除法律行为的作用。

2. 积极条件和消极条件。这是根据条件对法律行为是表现为作为还是不作为为标准进行划分的类型。

（1）积极条件，又称肯定条件。这是把某种事实的发生作为法律行为生效或解除的条件。例如，前例所举"儿子考上大学"、"儿子调回城市"等，都是以积极行为作为条件，而成为积极的延缓条件和积极的解除条件。

（2）消极条件，又称否定条件。这是指把某种事实的不发生作为法律行为的延缓或解除的条件。例如，甲旅馆与乙单位约定，如果下月份上级主管部门不在我旅馆召开会议，就把房间租给乙举办会议。约定的这个"上级不开会"就是消极的延缓条件。

（三）附条件法律行为的后果

附条件的法律行为，自成立后就产生相应的法律效力。当事人均应受到约束，无论是延缓条件还是解除条件，其生效或终止的效力应根据条件是否成就的情况来确定。然而，当事人不得为谋求私利而恶意促使条件成就或不成就。为了保护权利人的合法权益，保障社会经济流转秩序，法律上规定，凡当事人采取恶意行为促使条件成就的，应视为条件不成就；如果是恶意阻碍致使条件不能成就的，应视为条件成就。这样，才能达到设定附条件法律行为制度的目的。

三、附期限的法律行为

（一）附期限的法律行为的含义

法律行为中指明一定期限，把期限的到来作为其行为发生或丧失效力（即权利义务的发生或消灭）的前提，这种法律行为就是附期限的法律行为。

这里的期限并不是法律规定的法定期间，它是当事人之间约定的期间，是限制法律行为效力的一种方式。

（二）期限的种类

1. 延缓期限与解除期限。这是根据法律行为所附的期限，按照期限对法律行为所起的作用，可分为延缓期限和解除期限。

（1）延缓期限，又称为"始期"。这是指在法律行为中，其效力从期限到来时发生。例如，约定期限一年以后，甲借款 1000 元给乙，双方将发生借贷关系，当约定的期限到来时，债的关系才开始发生，甲负有给付 1000 元借款给乙的义务。

（2）解除期限，又称为"终期"。这是指在法律行为中，其效力从期限届满时解除。例如，定有租期的租赁合同，租期届满，其租赁合同关系解除。

2. 确定期限与不确定期限。这是根据当事人以对期限的确定程度作为标准所进行的分类。

（1）确定期限，是指不仅事实的发生已经确定，而且事实发生的时间也已确定，法律行为只能按已确定的时间发生和变动。如当事人明确约定，该承包合同自 10 月 1 日起生效，10 月 1 日就是确定期限。

（2）不确定期限，是指事实的发生虽已确定，但事实发生的时间并未确定。这种不确定期限，使当事人的法律行为效力在约定的事实发生时才能确定。如某甲与某乙约定，在他儿子考上省外大学时，某甲将房屋租给某乙。这里，某甲儿子考上省外大学的期限是不确定的，因此，租赁法律行为的效力也处于不确定状态。

（三）期限与条件的区别

期限与条件的区别主要有以下两点：

（1）是否确定情况不同。期限是确定要到来的事实，而条件成就与否难以确定。但在有些时间要根据具体情况进行判断，如"下次刮台风时"这一事件，若在福建、广东等东南沿海各省就是期限，如在北方和中部各省则属条件。

（2）是否必然情况不同。作为法律行为的期限，未来事实的发生是必然的，期限的到来与否，当事人无法促成和阻碍；作为法律行为的条件，未来事实的发生是或然的，当事人还可能不当地促成或阻碍。

四、不得附条件、附期限的法律行为

（一）不得附条件的法律行为

（1）有关身份的法律行为不得附条件。如婚姻、收养等身份关系的法律行为都不得附条件，以免影响其稳定性、确定性。

（2）有关形成权不得附条件。追认、解除、撤销以及权利的抛弃等民事形成权必须确定效力，亦不得附条件。

（3）有关登记行为不得附条件。如房屋所有权登记、不动产和动产抵押物登记、权利质权登记等，其权利登记事项应当真实、确定，当然也不得附条件。

（4）有关特别法规定不得附条件情形。如票据法上明确禁止票据行为附条件，继承法上也明确规定，继承的接受或放弃、遗赠的接受或放弃、担任遗嘱执行人的接受或拒绝，无论是明示还是默示，均不能附条件。

（二）不得附期限的法律行为

在一般情况下，不得附条件的法律行为，同时也不得附期限。但也有例外的情形，如在形成权行使中，关于终止某种法律关系的行为允许附期限，这样做在于考虑到另一方的利益，使他们由此对终止后引起的法律状态有所准备。[1] 这甚至被有些学者当作规则来适用。

---

〔1〕［德］卡尔·拉伦茨：《德国民法通论》（下册），王晓晔等译，法律出版社 2003 年版，第 690 页。

第六节　无效以及可变更、可撤销
民事行为的认定及其后果

无效的民事行为和可变更、可撤销的民事行为是法律行为效力瑕疵最重要的表现形态。我国《民法通则》和《合同法》对这两类的民事行为都作了明确、且有差异性的规定。由于这两部法律分别在 1986 年和 1999 年由全国人大代表大会制定，《合同法》更贴近、体现市场经济和社会生活要求，据此，本节将选择以《合同法》作为认定和处理这两类合同（民事法律行为和民事行为）的法律依据。

一、无效合同的认定

（一）一方以欺诈、胁迫手段订立合同，损害国家利益的无效

采取欺诈、胁迫手段订立合同都是当事人意思表示不真实的民事行为，《合同法》不是简单地确定其为无效合同的条件，而是规定一个附加条件，即损害国家利益时才构成无效。由此确定其构成条件应是：

（1）须有一方当事人实施了欺诈、胁迫行为。

（2）欺诈人、胁迫人存在主观故意。

（3）受欺诈人因欺诈而陷入错误认识，或受胁迫人因受胁迫而陷于恐惧或无法反抗，并由此作出非真实的意思表示，二者之间存在有因果关系。

（4）使国家利益遭受损害。《民法通则》对采取欺诈、胁迫手段或乘人之危所为的违反真实意思表示的民事行为，都规定为无效的民事行为，《合同法》为了实现促进合同成立的立法精神，将非真实意思表示的民事行为"一分为二"，如具备损害国家利益条件的，构成违法行为，应认定为无效合同，如损害对方当事人权益的，构成可变更可撤销合同，由受损害人确定处理方法。

（二）恶意串通，损害国家、集体或者第三人利益的合同无效

恶意串通损害他人利益的合同，是指合同的双方当事人故意合谋勾结、私下串通一气，共同实施或订立损害国家、集体或第三人利益的合同。这类合同主要特点在于当事人之间恶意通谋，共同实施损害国家、集体或他人利益的违法行为，具有严重的社会危害性，据此国家必须加以干涉和规制，把这类合同确定为无效的合同，有利于规范市场交易秩序、保障国家、集体或第三人的合法权益。这类合同，最典型是在建筑市场里，建设方主办人员与施工人恶意串通，使施工合同得不到认真履行，而直接损害国家和业主的利益。还有医药市场中，医药商与医药销售商或医院药品采购部门恶意串通，故意抬高药价或购销价高质次的药品，直接损害患者的权益和医院声誉。这两种都是当前社会广大群众深恶痛绝的恶意串通中最常见的范例。

恶意串通的合同无效的构成要件主要是：

（1）当事人对恶意串通存在有主观上的恶意。当事人明知其行为将会直接损害国家、集体或第三人利益，仍公然实施，应属明知故犯、恶意行为。一般情况下，恶意串通行为往往具有谋取私利动机，即使是某些行为没有为自己谋取私利的目的，但只要构成损害国家、集体或第三人利益的结果，仍应认定为无效的合同。

（2）当事人客观上实施了相互串通、勾结一气的行为。无论是当事人采取明示行为还是默示行为，只要构成双方恶意通谋，就可以成立恶意串通民事行为。如一方提出建议或合同文本，他方依据该建议共同策划并订立合同或虽未订立合同，但事实上按建议或合同文本实施了损害国家、集体或他人利益的行为，同样应认定恶意串通民事行为。

（3）直接损害了国家、集体或第三人的利益。当事人恶意串通的合同直接造成国家、集体或第三人利益的损害，行为与损害结果之间存在有因果关系。即使这一损害不一定是当事人实施恶意串通行为的目的，但损害后果却因为该行为而发生，应当认定为无效的合同。

（三）以合法形式掩盖非法目的的合同无效

以合法形式掩盖非法目的的合同，也称为规避法律的民事行为，是指行为人采用合法行为的形式，以达到掩盖和实现违法行为目的的合同。这种合同，表现为虚假的民事行为或者伪装的民事行为等形式，但它们都是不反映行为人真实意思的民事行为，不发生法律效力，不能得到法律的保护。如，某甲走私行为严重，被法院判决没收他非法所得的财物，他为了逃避执行法院的判决，暗中把非法所得的财物赠送给他人，表面上这种赠送行为合法，但实际上是以赠送形式掩盖他非法财产的转移，以达到逃避执行法院判决的目的。对于这种行为，不仅应认定赠送合同无效，而且还要予以相应的法律制裁。

构成规避法律的合同的主要要件应是：

（1）行为人双方均有虚假意思表示或进行虚假意思表示的故意。

（2）行为人双方均作出了意思表示。

（3）行为人虚假的意思表示的故意，或伪装的意思表示的故意与外部虚构的民事行为具有因果关系。

（4）规避法律的民事行为实质上已构成违法行为。以合法形式掩盖非法目的的民事行为，只要掀开合法形式的面纱，就会原形毕露，真切看到其合同的非法目的和违法表现，所以，认定其无效是正确的，是符合立法精神的。

（四）损害社会公共利益的合同无效

损害社会公共利益的合同，是指合同的标的、内容，即当事人欲实现的民事行为目的在客观上损害社会公共利益或违背了社会生活的共同准则，因而所订立的合同当然无效。这种合同，虽然与直接违法行为有所区别，但从社会主义法律的实质来看，违反社会主义公共利益与违反法律的目的是一致的。由于社会生活多种多样，法律不可能一一作出规定，对于那些法律没有明文规定而损害社会公共利益的民事行为，应当确认其为无效。这样，有利于制裁违法行为，保护社会公共利益。

损害社会公共利益的合同，有的表现在合同本身内容、标的损害社会公共利益，如某公司大量进口洋垃圾危害社会公共环境，在禽流感疫情暴发期某甲到疫区大量采购家禽等行为，虽然法律、法规尚未对其作出规定，但其行为直接损害社会公众的共同生活利益，当然应予以制裁；有的则表现为合同所附条件损害社会公共利益或社会生活共同准则，如当事人在结婚协议书上明确约定限制对方当事人结婚自由或婚后家庭生活自由为附款，也明显违背了社会生活的共同准则，该附款自应认定为无效。

（五）违反法律、行政法规的强制性规定的合同无效

《民法通则》规定，违反法律的民事行为无效，是指当事人实施了违反法律规定的行为。这里的法律包括全国人大及其常委会制定的法律或国务院颁行的行政法规、地方人大及其常委会依法制定的地方性法规以及有权制定规章的政府部门制定的各种规章等内容。但法律有禁止性、强制性规定（范）或任意性规范之分。民事法律有很多任意性规定，当事人不执行该规定并不违法，因此，笼统表述存在有不确切或难以准确适用的问题。所以，《合同法》明确规定，违反法律、行政法规的强制性规定的合同无效。这一规定较《民法通则》的规定更加符合法律精神，体现了合同行为的私法自治原则，对任意性规则可以由当事人自主作出选择。但对禁止性规范、强制性规范要求当事人必须严格遵守，否则即构成合同无效，甚至受到法律的制裁。

二、可变更、可撤销合同的认定

（一）因重大误解而订立的合同

指当事人因自身过错对合同的性质、对方当事人、标的物的质量、规格等内容产生了错误认识，因而订立了与自己的真实意思不相一致并遭受较大损失的合同。因重大误解订立的合同，使合同的双方当事人权利义务内容产生不平衡的变化，使一方获得不当利益，另一方遭受较大损失，因此法律允许受损失一方通过诉讼程序变更、撤销合同。

因重大误解订立的合同，当事人主张变更、撤销应具备以下条件：

（1）当事人一方对合同的主要内容有根本性的错误认识，而且这种误解并不是对方当事人过错引起。

（2）表意人基于误解而作出意思表示；表意人的重大误解与其意思表示之间存在有因果关系。

（3）因当事人的重大误解订立的合同使其遭受较大损失。

（4）当事人主张因重大误解订立的合同在获得变更、撤销之前，该合同仍然有效。

（二）因显失公平而订立的合同

因显失公平订立的合同，是指一方当事人利用自身的优势或者利用对方缺乏经验，致使双方在确定权利义务关系时明显违反公平、等价有偿原则而订立的合同。如古董收购商下乡以极不合理的价格收购古董的行为就属此类民事行为。依照《合同法》第54条规定的精神，显失公平的合同是发生在合同订立过程中，当事人利用自身的优势或对方没有经验订立了对另一方当事人明显有重大不利的合同，但在订立时当事人在法律允许范围内，自愿接受不等价的条件，则不构成显失公平。又如订立合同时权义对等、利益公平，而在合同履行中因经济形势变化而使双方利益失衡，这种情形也不能构成显失公平的合同，应适用"情势变更原则"予以处理。

认定显失公平的合同应具备以下条件：

（1）显失公平的合同应当是有偿性民事行为，无偿性合同不发生显失公平行为。

（2）合同内容所表现的双方当事人之间的利益关系严重违反公平原则，对一方重大不利，另一方获得超出正常的利益。

（3）造成显失公平的原因是在订立合同时，一方当事人利用自己的优势或者利用对方没有经验，而不是处于危难境地。

（4）利益受损的当事人接受不利条件并非真正自愿，而且这种不公平的利益关系是法律所不允许的。

（三）因欺诈、胁迫或乘人之危而订立的合同

1.因欺诈、胁迫而订立的合同。这是指当事人一方受到对方当事人的欺诈而陷于错误，或当事人一方因受他人以直接施加现实危害行为或以将来实施危害行为相威胁而陷于恐惧，从而订立了违反自己真实意思的合同。前者称为受欺诈而为的合同，后者称为受胁迫而为的合同。《民法通则》对两者行为及乘人之危行为均规定为无效的民事行为。《合同法》从促进合同成立的立法精神出发，把这三者规定为可变更、可撤销合同。因此，构成因欺诈、胁迫所为的民事行为构成要件与无效民事行为基本一样，只是把损害国家利益行为规定为无效合同条件，而把损害当事人利益行为规定为当事人可以主张变更或撤销的条件。这里不再赘述。

2．因乘人之危而订立的合同。这是指一方当事人利用对方陷于危难困境，有所急需，为牟取不正当利益，迫使或诱使对方在违背真实意愿情况下所订立的合同。乘人之危行为因违背了当事人意思表示真实要件，而且使危难方遭受经济上严重的损失，根据《合同法》第54条第2款的规定，应认定为可变更、可撤销的合同。

构成因乘人之危的合同应具备以下条件：

（1）行为人具有乘人之危的故意。

（2）表意人客观上陷入危难紧迫状态。这是乘人之危与显失公平的主要区别。

（3）表意人陷入危难紧迫状态是行为人之外的其他原因所造成，如天灾人祸、意外事故以及第三人的行为造成，而非行为人直接造成，如由行为人直接造成的，应构成胁迫行为而非乘人之危行为。

（4）表意人的意思表示与行为人的乘人之危行为之间存在有因果关系。行为人乘人之危行为是造成表意人作出违背真实意愿表示的直接原因，是行为人利用表意人处于危难状态的特定条件，达到获取非法利益之目的，不管是公开的还是隐蔽的，但必须通过作为方式来实施，不作为方式不构成乘人之危民事行为。

3．乘人之危与显失公平的区别。乘人之危与显失公平都具备违背意思表示真实要件，都是违反公平原则的民事行为。这两点是两者的共同特征。但两者也存在一定区别：

（1）构成原因不同。乘人之危行为是行为人利用表意人处于危难紧急状态；而显失公平则是优势方利用弱势方没经验、轻率情形实施民事行为。

（2）处理方式不同。因乘人之危订立的合同，应按可变更、可撤销合同处理，而因乘人之危实施的单方民事行为，如立遗嘱，应按无效的民事行为处理。而因显失公平而为的民事行为或合同，均按可变更、可撤销民事行为或合同处理。

三、无效、可撤销的合同的法律后果

（一）合同无效、被撤销的一般效力

合同被确认无效或被撤销的一股效力表现在：

（1）合同被确认无效，应属绝对无效、当然无效、自始无效；合同被依法撤销，应属相对无效、主张无效、以后无效，但我国《民法通则》也规定为自始无效，而不是以后无效。

（2）在合同被确认无效或被撤销后，如果所产生的合同效力是部分无效、而且不影响其他部分效力的，其他部分仍然有效。

（3）合同被确认无效或被撤销后，依照我国《合同法》规定，合同中某些

条款仍然有效。如该法第 57 条规定，合同无效、被撤销或者终止的，不影响合同中独立存在的有关解决争议方法的条款的效力。第 98 条还规定，合同的权利义务终止，不影响合同中结算和清理条款的效力。

（4）可变更、可撤销合同的撤销权的行使。撤销权，是指权利人以单方的意思表示变更或撤销已成立的合同的权利。撤销权属于形成权，是单方法律行为，撤销权人是可变更、可撤销民事行为的受害人，是享有变更、撤销民事行为的请求权人。撤销权包括变更、撤销两个方面内容，当事人请求变更的，人民法院或者仲裁机构不得撤销。撤销权行使要符合一定期限要求，最高人民法院《关于贯彻执行〈中华人民共和国民法通则〉若干问题的意见（试行）》（以下简称《民通意见》）第 73 条规定："可变更或者可撤销的民事行为，自行为成立时起超过 1 年当事人才请求变更或撤销的，人民法院不予保护。"根据《合同法》第 55 条第 1 项规定，具有撤销权的当事人自知道或者应当知道撤销事由之日起 1 年内没有行使撤销权的，撤销权消灭。以上两法对撤销权期限的起始点规定不一，在撤销权行使中应加以特别注意。

（二）合同无效、被撤销的处理方式

合同被确认无效或被撤销，虽然不能产生当事人预期的法律效果，但依照《民法通则》和《合同法》规定，产生其他的法律后果，即法律确立对其处理的具体办法和方式。

1. 返还财产。合同被确定无效或被撤销后，依法产生自始无效的效力。因此，未履行的，不得再履行，已经履行的，应当返还财产，恢复到未进行民事行为时的状态。返还财产包括单方返还和双方返还两种：前者是取得财产的一方应当将所取得的财产全部返还给对方；后者是双方都已取得财产，应该各方将所取得的财产如数返还给对方。在处理返还财产中，有几个问题应该注意。

（1）返还财产中是否包括利息、违约金或定金。原则上不应包括这些财产利益，因为合同被确认无效或被撤销，该合同自始无效，因此原则上不能再计算和返还利息、违约金，至于定金，收取定金一方应如数返还定金，但不适用双倍返还。

（2）涉及有关劳务或其他利益的"返还"问题。对于已部分或全部履行的以提供劳务及转移使用权（包括智力成果的使用权）的行为，客观上无法采用一般的返还财产的方法，只能进行利益上的补偿，即按国家规定的或市场价格折算成货币返还。[1]

---

〔1〕　尹田：《民法教程》，法律出版社 2006 年版，第 78 页。

(3) 善意第三人取得的财产返还问题。合同在被确认无效或被撤销之前，一方已将从对方取得的财产转让给善意第三人，根据保护善意第三人的规则，一般情况下，善意第三人不负返还财产的责任。可根据具体情况分别处理：如法律有特别规定，某些民事行为被确认无效或被撤销，其法律效果不得影响善意第三人已获得的利益，则善意第三人无返还财产的义务；如标的物为动产，善意第三人受让并取得该动产，有权不予返还财产；如果标的物为不动产，善意第三人取得不动产并已经在有关部门进行登记，根据"不动产登记具有公信力"原则，第三人依法取得该不动产所有权，原所有人无权要求第三人返还财产。[1]

2. 赔偿损失。合同被确认无效或被撤销，因此给对方造成利益上的损害，有过错方应当承担损害赔偿责任。赔偿损失包括单方赔偿或双方赔偿两类：前者是一方有过错造成对方的经济利益上的损失，过错方应当赔偿对方所受的损失；后者是双方都有过错，应当根据过错的程度，确定各方赔偿份额，实行双方互相赔偿。

3. 追缴非法利益归国家所有或返还集体、第三人。对于严重违法，损害国家或社会公共利益的合同被确认无效后，应当对行为人一方或双方取得的非法利益追缴收归国库。如走私物品、贩卖毒品或枪支，一经发现，除依法作行政、刑事处理外，还要将非法物品或所得全部追缴国库。但一般当事人恶意串通损害国家、集体或第三人利益的合同，应当按不同侵害情况，作收归国家，或返还集体、第三人利益处理。

【思考与练习】

◎问答题

1. 简答法律行为与事实行为的异同。
2. 简答法律行为成立与生效的区别。
3. 简答无效法律行为的法律效果。
4. 试述法律行为在民法中的地位。
5. 论述私法自治与法律行为。

◎选择题

1. 甲为一乘客（老烟民，熟知烟的价格），乙为一小贩。乙在火车车厢叫卖："熊猫牌香烟，10 元钱一条。"甲欣然买之。经查，该烟为假烟，甲与乙之间的行为性质应当认定为（　　）。

---

〔1〕 尹田：《民法教程》，法律出版社 2006 年版，第 78 页。

A．无效民事行为，理由为欺诈

B．可撤销民事行为，理由为欺诈

C．无效民事行为，理由是违反法律规定

D．有效民事行为，理由是双方达成合意

2．甲 15 周岁，智力超常，已是大学一年级学生。甲有某项发明，与刘某达成转让该发明的协议，请问以下说法正确的是（　　）。

A．该转让协议有效

B．该转让协议效力未定

C．该转让协议无效

D．该转让协议可撤销

3．某公司下属的一家分公司以自己名义对外签订的合同，其效力应当认定为（　　）。

A．无效

B．有效，其责任由分公司独立承担

C．有效，其责任由总公司承担

D．有效，其责任由分公司独立承担，总公司负连带责任

4．甲向乙借款 20 万元做生意，由丙提供价值 25 万元的房屋抵押，并订立了抵押合同。甲因办理登记手续费过高，经乙同意未办理登记手续。甲又以自己的一辆价值 10 万元的"现代"车质押给乙，双方订立了质押合同。乙认为将车放在自家附近不安全，决定仍放在甲处。一年后，甲因亏损无力还债，乙诉至法院要求行使抵押权、质权。本案中抵押、质押的效力应当认定为（　　）。

A．抵押、质押均有效

B．抵押、质押均无效

C．抵押有效、质押无效

D．质押有效、抵押无效

5．下列情形构成意思表示的是（　　）。

A．甲对乙说：我儿子如果考上重点大学，我一定请你喝酒

B．潘某在寻物启事中称，愿向送还失物者付酬金 500 元

C．孙某临终前在日记中写道：若离人世，愿将个人藏书赠与好友汪某

D．何某向一台自动售货机投币购买饮料

6．甲和乙订立一份卖牛合同。合同约定甲向乙交付两头牛，分别是牛 1、牛 2，总价款为 5000 元；乙向甲交付定金 3000 元。余款由乙在半年内付清。双方还约定，在乙向甲交清牛款之前，甲保留该两头牛的所有权。甲向乙交付了该两头牛，请回答下列问题：

（1）假设在牛款交清之前，乙和丁达成一项转让牛 1 的合同，在向丁交付牛 1 之前，关于该合同效力的表述不正确的是（　　）。

A. 合同效力未定　　　　　B. 合同无效

C. 合同有效　　　　　　　D. 合同可撤销

（2）甲和乙合同中所约定的定金条款的效力，表述不正确的是（　　）。

A. 定金条款无效　　　　　B. 定金条款有效

C. 定金条款效力待定　　　D. 定金条款可撤销

◎案例分析题

某木制家具公司承接了一日本家具订单，需要某种稀有木材作为原材料。但是在收购该稀有木材时，迟迟没能找到合适的供应商。随着交货期临近，面临可能的高额违约金，家具公司领导焦头烂额。此时，本地另一木材公司上门提出可以向家具公司提供相当数量的木材，但是要求家具公司支付市场平均价 4 倍的价格。家具公司再三权衡，无奈之下只好同其签订合同。合同签订后，家具公司依约支付了 4 倍价款，木材公司按照合同履行了义务。但时隔一年半，家具公司新的经理提出该合同是无效合同。双方发生了争议。问：

（1）经理提出这一合同无效是否正确？为什么？

（2）如果家具公司要求变更该合同的内容，司法机关能否撤销该合同？为什么？

（3）如果本案中合同标的稀有木材属国家保护物种，严禁采伐，本合同是否有效？为什么？

（4）如果发生第（3）问的情况，本案应如何处理？为什么？

第十三章

代理制度

◆　【案例导入】
本案的各种代理是否都有效?

14 岁的甲是位少年作家，稿酬颇丰，其父负责为其理财。某日其父欲用其稿酬为其购买房产一处，遂来到乙房地产公司，在乙公司销售员丙介绍了楼盘情况后，甲父与丙以甲、乙名义签订了房屋买卖合同。同时因甲的叔父家比较困难，甲父又以甲的名义，赠与甲的叔父现金 5000 元。

☞　【分析提要】
1. 甲父以上行为属于什么代理?
2. 以上代理，其效力如何? 简述其原理及法律依据。

第一节　代理概述

一、代理的概念
（一）代理的含义及意义
1. 代理的含义。代理是指代理人在代理权范围内，以被代理人的名义同第三人独立为法律行为，由此产生的法律效果直接归属于被代理人的一种法律制度。在这里，代理他人实施法律行为的人称为代理人，由他人代理为自己实施法律行为的人称为被代理人或本人，与代理人进行法律行为的人称为第三人或相对人。（见图示）

被代理人

（本人、委托人）

（委托合同关系）／　　　＼（代理）

（委托授权）／　　　　　＼（后果关系）

代理人　　　　←- -→　　　第三人

（受托人）　　　法律行为　　（相对人）

就上引例而言，丙以乙的名义出售房屋，甲父以甲的名义购买房屋，甲父以甲的名义赠送甲叔5000元，而使甲与乙公司之间、甲与甲叔之间可能分别成立房屋买卖合同关系和赠与关系。

代理有狭义、广义之分。狭义代理仅指代理人以被代理人的名义进行的代理，即直接代理。广义的代理，还包括间接代理，即代理人以自己的名义实施法律行为，尔后将该行为效果间接归于被代理人的代理。我国现行的民事立法上，明确规定了代理制度，并将代理区分为直接代理和间接代理。其中，《民法通则》第4章第2节为关于代理制度的一般规定以及关于直接代理制度的规定；《合同法》第21章则设有两个条文，即第402条和第403条，规定了间接代理关系。

在代理制度中，存在着三个基本的概念，即代理关系、代理行为、代理权。代理关系包含涉及三方当事人的三方面法律关系：①代理人与被代理人之间的关系（法定监护关系或委托关系），这是代理的基础关系；②代理人与相对人之间的关系（法律行为产生各种民事法律关系），这是代理人与相对人做出意思表示与受领意思表示的关系；③被代理人与相对人之间的关系（代理后果关系），这是因代理人与相对人实施民事法律行为所形成的法律关系即代理发生的法律后果。代理权是代理人可以以本人名义独立进行意思表示，并使其法律效果归属于本人的一种法律地位。这意味着，任何人只有凭借代理权这样一种法律地位，才可以代理他人事务，以他人名义进行法律行为且自己不承担责任。代理行为是代理人依据代理权，以被代理人的名义独立作出意思表示，并使其法律效果归属于被代理人的行为。代理行为必须是能够产生一定法律后果的法律行为或其他具有法律意义的行为，并且必须是代理人在代理权限内独立进行意思表示作出的行为。

2. 代理的意义。在各个国家和地区的民事立法上，代理制度之所以得到广泛承认，原因在于代理具有以下功能：

（1）延伸功能。代理制度能够使民事主体不仅可以利用自己的能力和知识参加民事活动，而且可以利用他人的能力和专门知识进行民事活动，从而扩张了民事主体从事民事活动的范围，有效降低了交易成本，为民事主体更好地实现自己的权利、参与社会经济活动提供了极大的便利。如本章开头引例中，乙公司可借助销售员丙为其进行销售工作，订立房屋买卖合同，从而扩张了乙的私法自治范围，增强了其民事活动的能力，满足社会经济发展的需要。

（2）辅助功能。无民事行为能力人或限制民事行为能力人可以借助代理制度参加各种社会活动，补足了此类民事主体由于意思能力的欠缺所可能带来的各种不便。如引例中甲本无订立房屋买卖合同的民事行为能力，甲父为其子购买房屋进行理财，使得甲能够参与其本来无法参与的社会活动。甲父代甲为意思表示，并代甲接受意思表示，最终的法律后果由甲承担，使得甲的权利能力得以实现。

（二）代理的特征

因间接代理与直接代理不同，这里概括的代理特征主要按照《民法通则》对直接代理的规定加以说明。

1．代理人以被代理人的名义进行民事活动。代理人为被代理人实施民事法律行为，是以被代理人的名义而不是以自己的名义。这是代理行为与代表关系的重要区别。代理人与被代理人是不同的主体，而代表人对于其所代表的组织来说并不是独立的主体，代表人的行为就是其所代表的组织的行为。如，甲为公司的董事长，甲以该公司的名义与乙公司签订合同的行为就是代表行为。代理与行纪不同。行纪是指由特定的行纪机构接受客户的委托，以自己的名义与第三人订立合同，并独立承担法律后果的行为。如，甲为贸易货栈，将乙委托给自己出卖的钢琴以自己的名义出卖给丙的行为就是行纪。行纪与代理有一定的相似之处，行纪需要客户的委托，并且也涉及三方法律关系。但是二者存在下列区别：①行纪人以自己名义进行民事活动，而代理人以被代理人名义进行民事活动；②行纪人必须取得特定资格才能从事行纪活动，但是代理人没有此种限制。大陆法系往往把间接代理作为行纪的一种。但是在我国，行纪与间接代理不同，合同法对间接代理与行纪作出了不同的规定，进行了区别。虽然行纪人与间接代理人都是以自己名义从事民事活动，但是间接代理人并不需要取得特定资格，并且有关行纪与间接代理的法律后果，我国《合同法》也作了不同的规定。

2．代理人进行代理活动时独立地进行意思表示。代理人须独立于被代理人作出意思表示或者受领意思表示，因此代理人必须具有相应的民事行为能力。代理人并不是单纯地传达被代理人的意思，而是独立为意思表示，因此代理与传达行为和居间行为不同。传达人称为使者，是受他人委托将他人的意思表示转达给第三人，传达人不能独立为意思表示，只能传达委托人的意思。如，甲将邮局转来的给乙董事长的信件送给乙董事长的行为就是传达。根据我国《合同法》第424条规定，居间合同是居间人向委托人报告订立合同的机会或者提供订立合同的媒介服务，委托人支付报酬的合同。居间人并不作出或者接受意思表示，而只是委托人与相对人之间的媒介与桥梁。因为居间人只是提供服务，不能决定是否订立合同，因此居间行为本身不能使委托人承受法律后果。如甲欲出售房屋一套，与乙房产中介订立居间合同，由乙为其作宣传，寻找购房者，但是乙并不代其签订房屋买卖合同，此即为居间。

3．代理行为必须是有法律效果的行为。代理中，代理人实施代理行为的法律后果由被代理人承担，代理人所进行的代理活动，能够在被代理人和第三人之间设立、变更或终止某种民事法律关系。如果不产生法律后果，即使在形式上是受人委托进行某项活动，也不是民法上规定的代理。如甲有朋友来甲所在城市旅游，甲不在，乙代甲招待甲的客人的行为。代理人实施的代理行为主要是法律行为，但是不限于民事法律行为，如办理产权登记等行为也可以代理。

4. 代理人须有代理权。代理人在代理权限内实施代理行为才能对被代理人发生效力。代理人超越代理权限所为的代理行为，属于无权代理，不能当然地发生代理的法律后果。如甲经营一家服装店，因有急事让其朋友乙代看一会，并说自己一会儿就回来，有顾客来就请其等一会。后乙擅自将一件衣服卖给顾客丙。乙的行为就是无权代理，该买卖合同的权利、义务并不能当然地由甲承担。

5. 代理行为所产生的法律效果直接由被代理人承担。代理人所为的代理行为直接对被代理人发生效力。因此代理人实施的代理行为，所产生的权利义务，不是由代理人承受，也不是由代理人承受以后再转给被代理人，而是直接由被代理人承受。正是因为代理行为的法律后果要由被代理人承受，所以，代理人须在代理权限范围内实施代理行为。

二、代理的适用范围

（一）代理可适用的范围

《民法通则》第 63 条第 1 款规定："公民、法人可以通过代理人实施民事法律行为。"依此规定，民事法律行为可由代理人代理。但是，代理行为不限于法律行为，当然也并不是所有的民事活动都适用代理。法律行为以外的变动或者救济民事权利的行为，也可以准用代理，如办理登记事项等具有法律意义的行为及诉讼等活动均可以适用代理。

（二）不适用代理的范围

根据法律的有关规定，下列民事活动不得代理：

1. 依行为的性质不得代理。主要是身份行为以及其他具有人身专属性的法律行为。如甲书画装裱店与某美术学院著名画家乙签订了一份合同，约定甲委托乙创作一幅牡丹图。双方约定，乙交付装裱店牡丹图，装裱店支付乙 50 万元报酬。乙因车祸受伤，不能创作，于是便委托自己的学生代为作画，以此交付装裱店，装裱店支付了全部报酬。但是不久装裱店请专家作鉴定，结果发现属他人作品。此例中，乙不得委托其学生代其作画，因为甲与乙的合同具有人身专属性，乙必须亲自履行合同，否则合同目的无法达到。

2. 依法律规定或者依双方的约定必须由本人亲自实施的法律行为，不得代理，本人未亲自实施的应当认定为无效。如我国《婚姻法》规定，结婚行为必须结婚双方当事人亲自到场，不得由他人代理。

3. 违法行为不得代理。《民法通则》第 67 条规定："代理人知道被委托代理的事项违法仍然进行代理活动的，或者被代理人知道代理人的代理行为违法不表示反对的，由被代理人和代理人负连带责任。"因此，代理实施违法行为的，不发生代理的法律后果，而由被代理人和代理人就该违法行为承担连带责任。

4. 事实行为不能适用代理，如拾得遗失物等。事实行为无需向他人为意思表示，而代理行为须有相对人，所以事实行为不适用代理。

第二节　代理的类型

代理可以从不同角度，按照不同标准进行各种分类，其目的是使我们更深刻认识不同代理的性质、特征及效力，以更好地运用代理制度。

一、法定代理、委托代理与指定代理

代理依其发生原因不同，可分为法定代理、委托代理与指定代理。

（一）法定代理

法定代理，是指按照法律的直接规定而发生的代理。法定代理人的代理权由法律根据代理人与被代理人的特定关系直接规定。《民法通则》第 14 条规定："无民事行为能力人、限制民事行为能力人的监护人是他的法定代理人。"法定代理人依照法律规定行使代理权。例如，甲是一名 15 岁的中学生，其祖父去世时，曾在遗嘱中指明给甲 30 万元购买一处房产。甲的父亲以甲的名义用该款与房地产公司签订房屋买卖合同，并办理了房屋登记手续。甲的父亲作为甲的法定代理人，有权以甲的名义从事该民事活动，并由甲享有房屋的所有权。

（二）委托代理

委托代理，是指按照委托人的委托授权而发生的代理。受托人按照委托人的授权行使代理权。因此，应属于意定代理。委托代理产生的基础是委托授权，除了委托合同之外，合伙合同、雇佣合同与劳动合同等基础关系也能产生委托代理。如法人或其他组织的工作人员因担任一定的职务而获得一定授权，该工作人员在其职务范围内所为的行为，就是代理其所在单位实施的，该行为的法律后果就应当由其单位承担。这一代理实质上是一种职务代理。

（三）指定代理

指定代理，是指根据人民法院或者其他指定单位的指定行为而发生的代理。指定代理主要包括两大类：

1. 未成年人或无民事行为能力人和限制民事行为能力的精神病人没有监护人的，或者数个监护人就监护发生争议，由特定机关进行指定。如《民法通则》第 16、17 条规定，对担任的监护人有争议的，由未成年人的父母所在单位，或未成年人所在地的居委会、村委会在近亲属中指定，或由精神病人的所在单位或者住所地的居民委员会、村民委员会指定，对指定不服提起诉讼的，由人民法院裁决。

2．为失踪人指定财产代管人。失踪人的代管人具有指定代理人的身份，可以代理失踪人从事一定的法律行为。指定代理从本质上来讲也是一种法定代理，因为有关机关的指定也是根据法律的相关规定做出的。

二、直接代理与间接代理

这是按照代理人以谁的名义为代理的标准所作的分类。

直接代理，是指代理人以被代理人的名义对外从事代理行为，因此代理的效果直接由被代理人承担。间接代理，是指代理人以自己的名义从事法律行为，并符合《合同法》关于间接代理构成要件的行为。在间接代理的情况下，由于代理人是以自己的名义对外行为的，从行为外观看是代理人和第三人发生的合同关系，所以只有在符合合同法规定的间接代理的条件的情况下，因本人行使介入权或第三人行使选择权，才可能由被代理人承担代理的法律后果。这是直接代理与间接代理最关键的区别。

大陆法系国家受《德国民法典》显名主义的影响，大多数在原则上不承认所谓的间接代理。但是，《欧洲合同法原则》第三章把代理区分为直接代理和间接代理，反映了英美法系代理法对大陆法系代理法的渗透与融合。我国《合同法》第402、403条的规定也承认了间接代理。具体规定是：受托人以自己的名义，在委托人的授权范围内与第三人订立的合同，第三人在订立合同时知道受托人与委托人之间的代理关系的，该合同直接约束委托人和第三人，但有确切证据证明该合同只约束受托人和第三人的除外。第403条还规定，受托人以自己的名义与第三人订立合同时，第三人不知道受托人与委托人之间的代理关系的，受托人因第三人的原因对委托人不履行义务，受托人应当向委托人披露第三人，委托人因此可以行使受托人对第三人的权利，但第三人与受托人订立合同时如果知道该委托人就不会订立合同的除外。受托人因委托人的原因对第三人不履行义务，受托人应当向第三人披露委托人，第三人因此可以选择受托人或者委托人作为相对人主张其权利，但第三人不得变更选定的相对人。委托人行使受托人对第三人的权利的，第三人可以向委托人主张其对受托人的抗辩。第三人选定委托人作为其相对人的，委托人可以向第三人主张其对受托人的抗辩以及受托人对第三人的抗辩。

根据《合同法》的有关规定，可以将间接代理分为以下两种情况，其法律效果有所不同。

1．第三人知道代理关系的情形。第三人知道代理关系，是指代理人以自己的名义，在被代理人的授权范围内与第三人订立合同，而第三人知道被代理人和代理人之间代理关系的情形。这种间接代理的法律效果是，除有确切证据证明代理人所代订的合同只约束代理人和第三人之外，该合同对被代理人和第三人发生直接约束力，即被代理人和第三人成为代理人代订合同的当然当事人。这种效果也称为被代理人的自动介入。

第三人在订立合同的时候知道存在代理关系是指：其一，从时间上看，第三人必须在订立合同的时候知道被代理人和代理人之间存在代理关系；其二，从内容上看，第三人知道合同相对人具有代理人的身份，是为委托人的利益而订立合同。

2. 第三人不知道代理关系的情形。在第三人不知道代理关系的情形下，代理人应当承担合同权利和义务，代理人和第三人成为合同的当事人。在此引用一个案例，加以说明。甲持丙借据起诉到法院，称丙借其2万元，已归还1万元，要求丙归还仍欠的1万元，该借据为"今借到人民币2万元，丙"。丙辩称，借款2万元是事实，但该款是乙的，借条也是打给乙的，根本不是借甲的。该笔借款已归还乙1万元（提供有乙收据），仍欠1万元未还乙。乙陈述，该2万元是自己作为中间人由甲借给丙的，丙归还的1万元已转交给了甲。借款时是乙亲手将2万元交给被告丙的，丙将借据给了乙后转交给了甲。本案中，甲、乙二人都承认他们之间存在代理关系。而乙与丙的借款行为均是以自己的名义而为，同时没有证据表明丙知道这种代理关系，所以甲、乙之间是一种间接代理关系，并且是第三人不知道代理关系的情形。在这种情况下，乙应当承担合同权利和义务，乙和丙成为借款合同的当事人，甲无法对丙行使债权请求权。但是在一定条件下，间接代理行为对未公开委托关系的被代理人也发生效力。具体而言，这种间接代理的法律效力有：

（1）代理人的披露义务。在间接代理中，代理人有披露被代理人或者第三人的义务，该义务是被代理人行使介入权和第三人行使选择权的前提。按照《合同法》的规定，代理人在以下情况下履行披露义务。①代理人因第三人的原因对被代理人不履行义务，代理人应当向被代理人披露第三人。②代理人因被代理人的原因对第三人不履行义务，代理人应当向第三人披露被代理人。代理人如果不履行披露义务，致使被代理人无法行使介入权或者第三人无法行使选择权，造成损失或者使损失扩大的，代理人应当承担赔偿责任。

（2）被代理人的介入权。在第三人不知道代理关系的情形下，若代理人因第三人不履行合同约定的义务而导致其不能对被代理人履行委托合同，代理人应向被代理人披露第三人，被代理人因此可行使介入权。当然，在第三人订立合同时如果知道该被代理人就不会订立合同的情形除外。被代理人行使介入权后，代理人与第三人所订立合同产生的权利由被代理人享有，代理人不再对第三人主张权利。介入权在性质上属于形成权。上述有关甲乙间接代理、乙丙签订借款合同的案例中，甲是否能够行使介入权值得探讨。如果由于丙原因，乙无法及时将钱还给甲，后乙将丙披露给甲，甲就可以行使介入权。但是，本案中乙丙未约定还款期限，乙也没有催告丙还款。乙并不是因丙不履行合同约定的义务而导致乙不能对甲履行委托合同。因此，甲不能行使介入权。如果后来乙向丙催告要求其还钱，并给丙合理的期限进行准备，那么合理期限之后，丙仍然未偿还借款，导致受托人乙也无法转还给甲，此时，若乙向甲披露第三人丙，甲便可以行使介入权。

（3）第三人的选择权。代理人因被代理人的原因对第三人不履行合同义务，代理人应向第三人披露被代理人，第三人因此可以选择代理人或者被代理人作为相对人主张其权利，但第三人行使选择权以一次为限，选定后不得变更。选择权也是一种形成权。

（4）第三人和被代理人的抗辩权。被代理人行使介入权，行使代理人对第三人的合同权利，第三人可以向被代理人主张其对受托人的抗辩，来对抗被代理人的请求权；第三人在行使选择权选定被代理人作为合同相对人后，被代理人既可以对第三人主张自己对代理人的抗辩，也可以主张代理人对第三人的抗辩。

三、显名代理、隐名代理与不公开被代理人身份的代理

以被代理人的身份公开状况为标准，英美法中将代理划分为三种类型：

（一）显名代理或公开本人姓名的代理

显名代理，是指既明示为本人利益，又明示以本人名义而做出或者接受意思表示的代理。既公开本人的存在，也公开本人的姓名。

（二）隐名代理或不公开本人姓名的代理

隐名代理，是指不明示以本人名义，但明示为本人利益而做出或者接受意思表示的代理。只公开本人的存在，不公开本人的姓名。

（三）不公开本人身份的代理

不公开本人身份的代理，是指既不明示为本人利益，又不明示以本人名义而做出或者接受意思表示的代理，而以代理人的名义做出或者接受意思表示。

四、本代理与复代理

这是按照由谁来选任代理人作为标准所作的区分，本人选任代理人的代理称为本代理。由代理人基于复任权选任代理人的代理称复代理，也称再代理。在复代理中，被代理人身份不变，由原代理人选定的代理人，称为复代理人或再代理人。

（一）复代理的特征

1. 复代理人是由代理人以自己名义选定并授权。正因为复代理人是由代理人以自己名义选定的，因而代理人对复代理人不仅有监督权，而且有解任权。

2. 复代理人的代理权限不得超过原代理人的代理权限。复代理人受委托进行代理行为，其性质不是代理权的让与，而是代理权的派生或延伸。所以复代理人并不是取代代理人的地位，而是在代理人地位不变的情况下，承担一定的代理人职责。因此，他的代理权限不能超过原代理人的代理权限。原代理人也无权授予复代理人享有超过自己的代理权限的代理权。

3. 复代理人代理行为的效果由被代理人承担。复代理人进行代理活动时，是以被代理人的名义进行的，而不是以代理人的名义进行的。因此，复代理人在代理权限内的一切效果，都由被代理人承担。如果复代理成立，则复代理人的代理行为对被代理人发生效力，复代理行为的法律后果由被代理人直接承受；若不成立复代理，则受代理人转托的人所实施的代理行为，对被代理人不发生效力，由代理人承受其所转托的人实施代理行为的法律后果。

（二）代理人的复任权

代理人选定他人担任复代理人的权利，称为复任权。代理具有信赖关系，若无本人授权或事后的追认，代理人转托的人所实施的代理行为对本人不生效力。有无复任权，就是代理人有无权利选任复代理人的问题。代理人是否享有复任权，因代理权发生的根据而有所不同。

1. 委托代理人的复任权。委托代理人原则上没有复任权，因为委托代理发生的基础是特定当事人之间的信任关系。如果允许代理人任意转委托，选任复代理人，就有违代理人与被代理人之间的信任基础，也不符合委托代理权行使应尊重被代理人意思的行为准则。因而，委托代理人接受委托和授权后，应当认真负责地亲自实施代理行为，而不能擅自转托他人代理。通常，委托代理人在不能进行代理行为时，可以辞去委托，由被代理人另行委托他人。但是，在尊重被代理人意思和有利于保护本人利益的前提下，法律也允许委托代理人有条件地享有一定的复任权。《民法通则》第68条规定："委托代理人为被代理人的利益需要转托他人代理的，应当事先取得被代理人的同意。事先没有取得被代理人同意的，应当在事后及时告诉被代理人，如果被代理人不同意，由代理人对自己所转托的人的行为负民事责任，但在紧急情况下，为了保护被代理人的利益而转托他人代理的除外。"《合同法》第400条规定，受托人应当亲自处理委托事务。经委托人同意，受托人可以转委托。转委托经同意的，委托人可以就委托事务直接指示转委托的第三人，受托人仅就第三人的选任及其对第三人的指示承担责任。转委托未经同意的，受托人应当对转委托的第三人的行为承担责任，但在紧急情况下受托人为维护委托人的利益需要转委托的除外。因此，在以下情况下，委托代理人有复任权。

（1）被代理人事先授权可以转委托的。如甲委托乙回老家过春节时为其购买特等茶叶一箱，但春节期间乙未购到茶叶，乙将此情况告知甲，甲让乙转托一人在新茶产出后购买。乙遂委托其弟代购并将茶叶款交给其弟。

（2）转委托前征得被代理人同意的。上例中，设乙未购到茶叶时并未与甲沟通，但在转托其弟之前征得甲的同意。

（3）转委托后得到被代理人追认的。上例中，设乙未买到茶叶便自作主张转托其弟购买，在自己无功而返后，一直未与甲联络，其弟购得茶叶后，乙将茶叶运至甲处，并将转托情形告知了甲，甲表示同意。

（4）在紧急情况下，受托人为维护委托人的利益需要转委托。什么是"紧急情况"？《民通意见》第80条规定："由于急病、通讯联络中断等特殊原因，委托代理人自己不能办理代理事项，又不能与被代理人及时取得联系，如不及时转托他人代理，会给被代理人的利益造成损失或者扩大损失的，属于民法通则第68条中的'紧急情况'。"

除此以外，《民通意见》第81条规定："委托代理人转托他人代理的，应当比照民法通则第65条规定的条件办理转托手续。因委托代理人转托不明，给第三人造成损失的，第三人可以直接要求被代理人赔偿损失；被代理人承担民事责任后，可以要求委托代理人赔偿损失，转托代理人有过错的，应当负连带责任。"

2. 法定代理人的复任权。法定代理人无条件地享有复任权。这是因为法定代理发生的基础不是特定当事人间的信任关系，而是法律的直接规定，同时法定代理的权限范围比较广泛，又不允许代理人任意辞任，而且被代理人往往缺乏进行同意表示的能力，所以，应当认为法定代理人当然地享有复任权。

法定代理人对复代理人的选任、监督，应给予高度的注意。如果复代理人的行为致使被代理人受到损害，代理人应按《民法通则》第18条第3款的规定，对被代理人负损害赔偿责任。

五、单独代理与共同代理

按照代理人是一人还是数人为标准，将代理划分为单独代理和共同代理。

单独代理，是指代理权属于一人的代理。共同代理，是指代理权属于两人以上代理人的代理。共同代理人如果共同实施代理，可以各自行使代理权，也可以依多数决原则行使代理权。《民通意见》第79条第1款规定："数个委托代理人共同行使代理权的，如果其中一人或者数人未与其他委托代理人协商，所实施的行为侵害被代理人权益的，由实施行为的委托代理人承担民事责任。被代理人为数人时，其中一人或者数人未经其他被代理人同意而提出解除代理关系，因此造成损害的，由提出解除代理关系的被代理人承担。"如甲和乙受丙公司委托，去外地采购蜜糖，甲与丁蜜糖厂勾结，购进一批劣质蜜糖，乙并不知情。甲得了好处后也给乙送了一些礼品，乙也未多问过。因此给丙公司造成的损失，应当由甲与丁蜜糖公司承担连带责任。因甲未与乙协商而实施的侵害丙公司代理行为，应由实施行为的甲承担民事责任。又因甲与丁蜜糖厂恶意串通，因此甲、丁承担连带责任。

第三节　代理权

一、代理权的含义

代理权，是指能够据之进行代理并使行为的效力直接归属于被代理人的权限。关于代理权的性质，有不同的观点：否定说认为，代理是一种法律关系，不承认代理权的存在；权力说认为，代理权为权力，是法律上之力；权利说认为，代理权是一种权利，是代理人实施代理行为的权利，本质上是代理人为或不为一定行为的自由；资格说认为代理权并不是一种权利，而是一种资格或者说法律地位。资格说是民法理论通说。因为代理权并非为代理人的利益存在，只是意味着代理人有权利也有义务为代理行为。

二、代理权的取得

代理权的取得，依代理发生的原因不同而不同。法定代理权因具备法律规定的法律事实而由代理人取得。根据法律规定，限制民事行为能力人与无民事行为能力人的监护人就是法定代理人。指定代理中的代理权因指定行为而发生，因此代理权是由人民法院或者其他单位指定授予。委托代理权的取得根据是被代理人的委托授权行为。本节重点对委托授权行为进行介绍。

（一）授权行为的性质

关于委托授权行为的性质，通说认为该行为是一种单方法律行为，只要有被代理人一方授予代理权的意思表示，就可以发生授权的法律效力，无需相对人的同意。因此，为了平衡被代理人与代理人之间的利益，代理人也可以辞去委托，而无需经过被代理人的同意。授权行为具有独立性，授权行为可以与基础关系相分离。表现为以下情形：①有授权行为，没有基础关系。例如，本人知道他人以自己名义实施民事行为而不作否认表示的，视为同意。虽然双方没有签订委托合同或者其他的基础关系，由于被代理人的默认而授予了代理人代理权。②有基础关系，但没有授权行为。如甲公司与乙签订了雇佣合同，但是约定乙在一定时间内不能出售商品，只能见习观摩。③先缔结基础关系，再授予代理权。例如，甲雇佣乙，尔后授权乙购买货物。委托授权行为原则上是无因行为，即使授权行为的基础关系无效，也不当然影响代理关系的效力。如甲商场雇佣乙担任销售员，乙为一名17岁的高二学生，乙父不同意乙放弃学业担任销售员，则甲乙之间的雇佣合同无效，但是乙在甲商场工作期间销售货物的行为仍然有效。

（二）授权行为的方式

根据《民法通则》第65条规定，民事法律行为的委托代理，可以用书面形式，也可以用口头形式。法律规定用书面形式的，应当用书面形式。可见，代理权的授予方式必须足以将代理权授予行为的意思向第三人表示清楚。重大事务的授权，以用书面形式为妥。可见当事人应自行决定授权方式。授权的意思表示既可以向代理人做出，也可以向相对人做出。如甲欲购买丙的一幅字画，便委托乙为其代理人，与丙协商购买事宜。甲授权的意思表示既可以向乙作出，也可以向丙作出。

（1）代理证书。用书面形式授权即签署授权委托书。授权委托书应载明代理人的姓名或者名称、代理权限、代理事项及期限，并由委托人签名或盖章。代理证书与委托合同不同，代理证书只需要被代理人签名即可，一旦颁发即发生法律效力，不考虑代理人是否同意。

（2）默示授权。所谓默示授权是指根据被代理人的行为在特殊情况下推定其有授权的意思。如《民法通则》第66条第1款的规定："本人知道他人以自己名义实施民事行为而不作否认表示的，视为同意。"

（三）授权不明及其责任

代理权授予不明，是法律特别规定的事项。《民法通则》第65条第3款规定，委托书授权不明的，被代理人应当向第三人承担民事责任，代理人负连带责任。这里的代理人的连带责任，理论通说认为，因授权行为是单方行为，授权不明的责任在被代理人，并且代理人是为被代理人的利益实施代理行为的，所以，这里的连带责任只能是一种补充责任，并且只有在代理人也存在重大过失的情况下才能发生。[1]

三、代理权的行使

代理权的行使，是指代理人依据代理权赋予的资格，以被代理人的名义独立实施法律行为，以达到被代理人所希望的或者客观上符合被代理人利益的法律效果。代理人在行使代理权时，应做到：

（一）必须在代理权限内行使代理权，不得无权代理

代理人只能在代理权限内行使代理权。只有在代理权限范围内的代理行为才

---

[1]　郭明瑞：《民法·习题集》，高等教育出版社2007年版，第133页。

能当然对被代理人发生法律效力。代理人实施的代理行为如果超出代理权限，则属于无权代理，不能当然对被代理人发生法律效力。代理期限届满，代理人应当停止代理行为。

（二）亲自行使代理权

代理人是基于法律规定或者被代理人的授权才行使代理权的，因此代理人不得擅自将代理权转授予他人。代理人转托他人而不构成再代理的，由代理人自己承担其转托行为的法律后果。

（三）维护被代理人的利益，谨慎、勤勉、忠实地行使代理权义务

（1）代理制度为被代理人的利益而设立，被代理人设立代理的目的，是为了利用代理人的知识和技能为自己服务，代理人的活动是为了实现被代理人的利益。因此，代理人行使代理权，应为被代理人的利益计算，维护被代理人的利益。代理人在代理过程中未尽适当的注意义务，损害被代理人利益的，代理人应当承担民事责任。

（2）代理人应谨慎、勤勉地行使代理权。代理人不履行勤勉义务，疏于处理代理事务，使被代理人设定代理的目的落空，并遭受损失的，根据《民法通则》第66条第2款"代理人不履行职责而给被代理人造成损害的，应当承担民事责任"的规定，由代理人予以赔偿。

（3）代理人应向被代理人忠实报告处理代理事务的一切重要情况，以使被代理人知道事务的进展以及自己利益的损益情况。在代理事务处理完毕后，代理人还应向被代理人报告执行任务的经过和结果，并提交必要的文件材料。

（4）代理人在执行代理事务过程中，应尽保密义务，对于其知晓的被代理人的个人秘密和商业秘密，不得向外界泄露，或利用它们同被代理人进行不正当竞争。

（四）应当在法律规定的范围内依法行使代理权，不得进行违法代理活动

《民法通则》第67条规定，代理人知道被委托代理的事项违法仍然进行代理活动的，或者被代理人知道代理人的代理行为违法不表示反对的，由被代理人和代理人负连带责任。

（五）代理人不得滥用代理权

代理人在从事代理活动时，应当正当行使代理权，不得滥用代理权，从事自己代理、双方代理、恶意串通等行为。

四、滥用代理权之禁止

所谓滥用代理权，是指代理人利用行使代理权之便，违背代理的宗旨而实施有损被代理人利益的行为。滥用代理权是代理人为自己计算或为他人计算，损害被代理人利益而行使代理权，因此被法律所禁止。

（一）滥用代理权的特征

1. 滥用代理权是有权代理。只有有代理权才能够成立代理权的滥用。没有代理权而实施的代理行为，构成无权代理，而不能发生代理权的滥用。

2. 代理人实施代理行为。只有具体实施了代理行为才有可能发生滥用代理权，单纯地不履行代理职责不能构成滥用代理权，而是构成不履行代理职责。

3. 滥用代理权导致本人受损害，而代理人或第三人受益。滥用代理权最重要的一个特点就是损害被代理人的利益，如果不损害被代理人的利益则不构成滥用代理权。业务员甲受乙商场委托购进 100 台洗衣机，每台价格不超过 2000 元。甲的弟弟丙在丁家电厂工作，甲遂与丙协商签订洗衣机买卖合同。合同约定，乙商场向丁家电厂购买 100 台洗衣机，每台价格 1900 元。甲以 1900 元的价格购进洗衣机，给被代理人增加了利益，其代理行为不属于代理权的滥用。

（二）滥用代理权的类型

1. 双方代理。这是指代理人既代理本人又代理第三人为同一法律行为的代理。在双方代理的同一法律行为中，代理人既要为本人代理，又要为第三人代理，既要为本人计算，又要为第三人计算，结果很可能损害其中一方特别是被代理人的利益。因此，对于双方代理，除非事先得到过双方当事人的同意或事后得到追认，法律不予承认其代理效力。

2. 自己代理。这是指代理人在代理权限内与自己进行民事行为。代理本以为被代理人计算为宗旨，自己代理的相对人是代理人，就难以为本人计算。因此，自己代理除非符合交易习惯或者得到被代理人的同意或追认，法律不予承认。如证券交易中证券公司自己代理可以有效，因为按照交易习惯，证券价格由交易所竞价系统确定，而非由证券公司确定。

3. 恶意串通。这是指代理人和第三人私下串通损害被代理人利益的行为。即代理人与第三人实施法律行为时进行意思联络，故意损害被代理人的利益。《民法通则》第 66 条第 3 款规定，代理人和第三人串通，损害被代理人的利益的，由代理人和第三人负连带责任。依此规定，代理人与第三人串通的民事行为，不能发生代理的法律后果，而且对被代理人所遭受的损失，由代理人与第三人承担连带赔偿责任。

第四节 无权代理

代理人必须有代理权才符合代理的构成要件，否则构成无权代理。因此真正的代理仅指有权代理，如果是无权代理，应当明确表明。

无权代理有广义与狭义之分。广义的无权代理包括狭义无权代理与表见代理。本文中将狭义无权代理简称为无权代理。

一、狭义无权代理

（一）狭义无权代理的构成要件

狭义无权代理，是指没有代理权，也没有使第三人信其有代理权的表征，而以本人的名义所为的代理，即无权代理人以被代理人的名义实施的旨在将效果归属于本人的代理。狭义无权代理并不是代理的一种形式，而是具备代理行为的表象但是欠缺代理权的民事行为。其构成要件为：

1. 无权代理人实施的是有效的民事行为。如果无权代理人与第三人实施的行为是无效的，则不涉及法律后果效力是否由被代理人承担的问题，因此，不能属于无权代理。

2. 无权代理人以被代理人的名义实施行为。狭义无权代理不属于代理，但是无权代理人以被代理人的名义实施民事行为，符合代理的表征，所以才将无权代理现象放入代理制度中加以规定。如甲委托同村的乙代其购买一匹良马。但乙在集市未遇上良马，就未买，而是自己买回一头驴。回家后，乙向甲说明情况后表示，甲可以选择牵走驴，或者等自己下次赶集再为甲选购。甲因急需将驴领回，并付给乙相应款项。甲的领驴行为是基于与乙的买卖关系，而不是无权代理。

3. 欠缺代理权。狭义无权代理成立的重要前提是无权代理人无代理权。代理权的欠缺原因包括以下几种：①未经授予代理权。指没有经过委托授权，又没有法律上的根据，也没有人民法院或者主管机关的指定，而以他人名义实施民事行为。②授权行为无效或者被撤销。指本来有代理权，后因授权行为无效或者被撤销而使得授权行为自始无效，从而不具备代理权。③超越代理权。无权代理人具有一定的代理权，但是无权代理人实施的民事行为超出了代理权限的范围，如甲要出差到新疆，乙委托其代买一块美玉，甲见当地美玉物美价廉，就以乙的名义多买了一块。④代理权消灭。这种情况指无权代理人本来具备代理权，后因代理关系终止，丧失代理权后而继续实施代理行为。

（二）狭义无权代理的法律效果

狭义无权代理人以代理人的名义而为的代理行为，因欠缺代理权而效力待定。为了使这种效力待定的民事行为发生效力或者不发生效力，民法确定被代理人有追认权，相对人有撤销权。《民法通则》第66条第1款规定，没有代理权、超越代理权或者代理权终止后的行为，只有经过被代理人的追认，被代理人才承担民事责任。未经追认的行为，由行为人承担民事责任。本人知道他人以本人名义实施民事行为而不作否认表示的，视为同意。

1. 本人与相对人之间的法律关系。

（1）本人的追认权和拒绝权。所谓追认，是指本人对无权代理行为在事后予以承认的一种单方意思表示。追认是一种单方意思表示，无须相对人的同意即可发生法律效力。一旦被代理人作出追认，就使得无权代理具有与有权代理一样的法律效力，因无权代理所订立的合同从成立之时即产生法律效力。无权代理人以代理人的名义所为的民事行为，非经被代理人追认，对被代理人不发生效力。被代理人既可以追认，也可以拒绝承认。本人拒绝追认的，无权代理的民事行为确定不发生效力。

（2）视为本人同意。被代理人在得知他人以本人名义实施民事行为后，应在一个合理期限内作出追认或否认的表示，此合理期间届满而未作否认表示的，即视为同意。如甲商场业务员乙到丙公司采购彩电，见丙公司生产的空调质量不错，遂自行决定购买一批该公司生产的空调。货运到后，甲商场一直未表示是否同意签订该空调买卖合同。3个月后，甲商场主张乙为无权代理，其所订合同为效力未定的合同，现甲拒绝追认并拒付货款。此案中，甲商场得知乙以其名义签订空调买卖合同后，在3个月的时间内没有做出追认或者否认的表示，按照法律规定，应视为甲商场同意签订该合同。因此，甲商场应支付货款，并不得主张无权代理。

（3）相对人的催告权与撤销权。无权代理的行为如果被本人追认，则发生法律效力，但是在被代理人追认之前，民事行为的效力不能确定，对相对人来讲不利，为平衡当事人之间的利益，民法赋予相对人两项权利：①催告权。相对人有权催告被代理人在一定期限内追认，如果本人在该期限内未追认的，视为拒绝追认。《合同法》第48条第2款规定，相对人可以催告被代理人在一个月内予以追认。被代理人未作表示的，视为拒绝追认。②撤销权。相对人在被代理人行使追认权之前撤销其对无权代理人已经做出的意思表示的权利，为撤销权。相对人可以在被代理人追认之前撤销自己与无权代理人的民事行为，阻止被代理人的追认。相对人行使撤销权后，无权代理行为自始无效。《合同法》第48条第2款规定：合同被追认之前，善意相对人有撤销的权利。撤销应当以通知的方式作出。

2. 无权代理人与第三人之间的法律关系。无权代理人与第三人之间的法律关系，主要是指无权代理人与第三人的损害赔偿责任。《民法通则》第66条第4款规定，第三人知道行为人没有代理权、超越代理权或者代理权已终止还与行为人实施民事行为给他人造成损害的，由第三人和行为人负连带责任。

3. 无权代理人与被代理人之间的关系。行为人无权代理的行为如果符合无因管理法律要件，在被代理人与无权代理人之间构成无因管理之债；反之，如果造成被代理人损害的，在被代理人与无权代理人之间产生损害赔偿之债。

二、表见代理

表见代理，是指行为人虽无代理权但以被代理人名义实施民事法律行为，表面上有足以使第三人相信行为人有代理权的事实和理由，善意第三人与行为人实施的民事法律行为，由被代理人承担法律后果的代理。《合同法》第49条规定，行为人没有代理权、超越代理权或者代理权终止后以被代理人名义订立合同，相对人有理由相信行为人有代理权的，该代理行为有效。

（一）表见代理的构成要件

表见代理的构成要件包括：

（1）以被代理人名义为代理行为。行为人虽无代理权，但须以被代理人的名义实施法律行为，才会发生表见代理。若行为人以自己的名义实施该行为，则不能发生表见代理，因此，表见代理只适用于直接代理场合。

（2）行为人无代理权。表见代理属于广义的无权代理，因此，构成表见代理的一个前提便是行为人没有代理权。

（3）须有使相对人相信其有代理权的表征。所谓信其有代理权，是基于被代理人有作为或者不作为实施某种意思表示，使相对人足以相信行为人有代理权。

（4）相对人为善意。所谓相对人为善意，是指与行为人实施民事行为的第三人不知道也不应知道行为人无代理权。如果相对人知道行为人没有代理权而仍与之进行民事活动，就不能够成立表见代理。相对人应当知道行为人无代理权，但因相对人主观上有过错而不知道的，也不能构成表见代理。

（二）表见代理的表现形式

表见代理的表现形式主要有以下几种：

1. 被代理人有授权的表示，但实际上并未授权。如某公司经理甲宴请其客户乙时曾表示要授权给丙代理其公司与乙签订货物买卖合同，而其后并未授予丙代理权。乙基于甲原有表示而与丙签订货物买卖合同，则构成表见代理。

2. 被代理人交付文件给行为人。如被代理人将盖有公章的空白合同、介绍信给行为人，行为人自行填写相关内容，第三人基于此文件而与行为人实施民事行为。

3. 被代理人未及时收回文件。代理关系终止以后，被代理人未收回盖有公章的空白合同、介绍信或代理证书，第三人基于此文件而与行为人实施民事行为。这里需要注意的是，下列情况不能够成立表见代理：其一，无权代理人私刻公章或伪造他人的营业执照或合同书等，假冒他人名义与第三人签约，而被假冒者毫不知情。其二，偷盗他人印章、营业执照、加盖公章的空白合同书，失主已经在指定的报刊上以合理的方式做出了公告，但是无权代理人仍然以上述文件与第三人签订合同，第三人因未见到这些公告而相信代理人有代理权。上述情况之所以不能构成表见代理，主要原因是本人的行为与代理权外观的形成不具有牵连性。在上述情况下，代理权外观的形成与本人的意志没有关联，本人无法控制无权代理行为的发生，也无法防范这些行为的发生。要本人在上述情况下承担表见代理的法律后果不合情理。

（三）表见代理的效力

表见代理发生与有效代理相同的效力，即该代理行为对被代理人发生效力，被代理人承受该代理行为所设定的权利义务。相对人既可以主张表见代理，即由被代理人承受代理行为的法律后果，也可以主张撤销该代理行为，向无权代理人追究责任，但应在被代理人承认该行为之前行使撤销权。

三、狭义无权代理与表见代理的区别

表见代理是在无权代理情况下产生的，表见代理与无权代理之间是有密切联系的，但狭义无权代理与表见代理还是存在有明显的区别，主要表现在：

1. 构成要件不同。狭义无权代理的代理人根本没有代理权而且其无权代理行为也不可能使相对人信赖其有代理权。表见代理中的无权代理人所从事的无权代理行为，使善意相对人有理由相信其具有代理权，即具有享有代理权外观。

2. 法律效果不同。狭义无权代理行为是效力待定的民事行为，须经过本人的追认，才能对本人产生效力；如果本人未追认，本人对该无权代理行为不承担法律后果。因此，无权代理行为是否能够发生效力取决于本人的追认。而在表见代理情况下，无权代理行为无需经过本人的同意即可发生法律效力。一旦无权代理行为符合表见代理的构成要件，即便该无权代理行为违反了本人的意志或者利益，本人也必须承担该无权代理行为的法律后果。如甲委托乙采购大米，并给了乙一份授权委托书。一月份，甲通知乙取消委托，并要求乙交回授权委托书，乙因故未交；二月份，乙以甲的名义与丙订立了一份大米买卖合同。则如果丙能提供甲的授权委托书，则乙的行为构成表见代理，乙的代理行为有效，甲应履行与丙的合同。若丙明知乙的代理权已终止而仍与之订立该合同，由此给甲造成损失，则乙的行为属于无权代理，乙、丙对甲承担连带责任。

第五节　代理权的终止

代理权的终止，又称为代理权的消灭，是指代理人与被代理人之间代理关系的消灭。我国法律对委托代理、法定代理、指定代理的终止都分别作有明确规定。

一、代理关系终止的原因

（一）委托代理关系终止的原因

1. 根据《民法通则》第69条规定，委托代理关系终止的一般原因如下：

（1）代理期限届满或代理事务完成。代理如果设定期限，则代理人只能在该期限内享有代理权。超过该期限，代理人即不能继续行使代理权，进行代理活动。在代理事务完成后，代理关系不具有继续存在的理由，代理人应停止以本人名义从事代理行为。期限届满或事务完成的时间，以代理证书的记载为准。记载不明的，被代理人有权随时以单方面的意思表示加以确定。

（2）被代理人取消委托或代理人辞去委托。代理关系以人身信任为存在基础，一旦这一基础丧失，在被代理人方面，可以取消委托；在代理人方面，可以辞去委托。取消委托和辞去委托，在性质上都是一种单方民事法律行为。代理人和被代理人都能够通过自己的单方意思表示解除代理关系，但是单方解约构成违约的，应当对对方承担违约责任。代理人辞去委托时，应履行善后义务，于新的代理人继任前，继续处理代理事务。

（3）代理人死亡。代理关系是一种民事法律关系，它是以民事主体作为基本要素，基于一定的社会关系而成立。被代理人或代理人死亡，致使代理关系的一方失去了主体，这一特定的社会关系不再存在，代理权便终止。法律规定代理人死亡，委托代理关系终止。如乙为某个体小超市老板，甲炊具厂委其为代理人，在其店出售无烟炒锅。乙设立甲炊具厂无烟炒锅销售处。后乙死亡，其子丙将剩余的无烟炒锅继续以甲炊具厂的名义出售。此例中，代理人乙死亡，代理关系消灭，丙出售无烟炒锅的行为是无权代理，甲可以选择承受丙出售行为的后果，也可以不承受其行为的后果。但是，被代理人的死亡并不当然引起代理关系的终止。《民通意见》第82条规定，被代理人死亡后有下列情况之一的，委托代理人实施的代理行为有效：代理人不知道被代理人死亡的；被代理人的继承人均予承认的；被代理人与代理人约定到代理事项完成时代理权终止的；在被代理人死亡前已经进行，而在被代理人死亡后为了被代理人的继承人的利益继续完成的。

（4）代理人失去行为能力。代理人的活动条件为其行为能力，被代理人所要借助的，也是这种能力。代理人一旦失去行为能力，代理人关系当然消灭。

（5）被代理人或代理人为法人时，因法人消灭而使代理关系消灭。法人消灭，其民事主体资格也即消灭，代理关系因缺乏一方主体，也不应继续存在。

2. 间接委托代理关系终止的特别原因。

（1）委托人的自动介入。受托人作为代理人以自己的名义，在委托人的授权范围内与第三人订立合同，第三人在订立合同时，知道受托人与委托人之间的代理关系的，该合同直接约束委托人和第三人，此时代理关系消灭。但有确切证据证明该合同只约束委托人和第三人的除外。

（2）委托人行使介入权或者第三人行使选择权。间接代理制度中，第三人在与受托人订立合同的当时，不知道受托人与委托人之间的代理关系的，一旦受托人因第三人的原因对委托人不履行义务，受托人应当向委托人披露第三人，一旦委托人选择行使受托人对第三人的权利的，代理关系消灭。但此时应注意，如果第三人与受托人订立合同时，知道该委托人就不会订立合同的，代理关系例外不消灭；受托人因委托人的原因对第三人不履行义务的，受托人应当向第三人披露委托人，第三人一旦选择委托人作为相对人主张权利，代理关系就消灭。

（二）法定代理和指定代理关系的终止原因

根据《民法通则》第 70 条的规定，法定代理与指定代理因下列原因终止：

（1）被代理人取得或者恢复完全民事行为能力的。法定代理与指定代理产生的原因是被代理人不具有完全的民事行为能力。法律设定法定代理与指定代理制度来辅助无民事行为能力人与限制民事行为能力人进行民事活动。但是如果被代理人取得或者恢复民事行为能力，法定代理与指定代理则无存在的理由，因此代理关系终止。

（2）被代理人或者代理人死亡的。被代理人或者代理人一方或者双方死亡，则代理的当事人欠缺，代理关系即告终止。

（3）代理人丧失民事行为能力。代理是由代理人独立进行法律行为的，如果代理人丧失民事行为能力，不能继续起到辅助被代理人的作用。因此，为了被代理人的利益，应当终止代理关系。

（4）指定代理的人民法院或者指定单位取消指定。指定代理的代理权是依照法院等特定机关指定行为而产生的。如果指定机关基于正当理由取消指定，则代理关系终止。

（5）由其他原因引起的被代理人和代理人之间的监护关系消灭的。例如，收养关系终止，收养人与被收养人之间的代理关系也因监护关系的消灭而终止。夫妻离婚，夫妻关系终止，夫妻之间的互相代理关系也因此终止。

二、代理关系终止的效果

代理关系终止后的效果表现在：

（1）代理关系消灭后，代理权归于终止，代理人不得再以代理人的身份进行活动，否则构成无权代理。

（2）代理关系消灭后，代理人在必要和可能的情况下，应向被代理人或其继承人、遗嘱执行人、清算人、新代理人等，就其代理事务及有关财产事宜作出报告和移交。

（3）委托代理人应向被代理人交回代理证书及其他证明代理权的凭证。

（4）代理人应履行忠实、保密等附随义务。代理人应依照诚实信用原则履行忠实、保密等义务，不得向他人披露有关被代理人的秘密，也不得利用被代理人的有关信息从事不正当的行为。

【思考与练习】

◎问答题

1. 在代理关系中都发生有哪些法律关系?

2. 简述直接代理与间接代理、行纪之间的关系。

3. 简述代理与委托、授权之间的关系。

4. 《民法通则》规定了哪些代理中的连带责任关系?

5. 简述表见代理与无权代理的关系。

◎选择题

1. 甲、乙系朋友。一日,甲受乙之托,到丙商店告知店主,乙欲购丙店电料若干,请店主准备。甲的行为属于( )。

A. 代理　　　　　　　　B. 代表

C. 传达　　　　　　　　D. 行纪

2. 张某是某企业的销售人员,随身携带盖有该企业公章的空白合同书,便于对外签约。后张某因收取回扣被企业除名,但空白合同书未被该企业收回。张某以此合同书与他人签订购销协议,该购销协议的性质应如何认定?( )

A. 不成立

B. 无效

C. 可撤销

D. 成立并生效

3. 甲公司经常派业务员乙与丙公司订立合同。乙调离后,又持盖有甲公司公章的合同书与尚不知其已调离的丙公司订立一份合同,并按照通常做法提走货款,后逃匿。对此甲公司并不知情。丙公司要求甲公司履行合同,甲公司认为该合同与己无关,予以拒绝。下列选项哪一个是正确的?( )

A. 甲公司不承担责任

B. 甲公司应与丙公司分担损失

C. 甲公司应负主要责任

D. 甲公司应当承担签约后果

4. 甲、乙双方协商同意离婚,乙委托丙去婚姻登记机关办理离婚登记手续,依法丙( )。

A. 可以代理

B. 在取得委托授权时可以代理

C．经甲、乙双方均同意方可代理

D．不能代理

5．下列行为中，属于代理行为的是（　　）。

A．甲代替乙招待乙的朋友的行为

B．传达室的张大爷将甲寄给乙的信送给乙的行为

C．公司董事长以公司名义对外签约的行为

D．公司的售票员向旅客卖票的行为

◎案例分析题

1．甲原籍是山区茶乡。春节期间，甲回原籍探亲，同事乙委托甲买上等茶叶 10 斤，并付款 1000 元。春节期间因无茶叶出卖，甲将情况告乙，乙说你转托一人在春天三月再买吧。在甲回城前的一天晚上，丙正好前来探望甲，于是甲便委托丙代乙买 10 斤上等茶叶，丙应允。甲将 1000 元放在信封里交付给丙。丙在当晚回家途中，1000 元被人所抢，抢劫案未侦破。甲回城后将此事告知乙，为此引起纠纷。乙起诉到法院。问：

（1）本案中，丙与乙是否为代理关系？为什么？

（2）本案中，1000 元损失应由谁承担？为什么？

2．甲某为采购员，经常在全国各地出差。乙某是其邻居，平时以采撷山药为生。乙某在山中挖到一名贵草药，正好甲某要到上海出差，于是乙某就委托甲某将草药带去卖掉。甲某却将草药带到邻村朋友家。朋友父亲丁某是老中医，他看了之后请甲某将草药卖于他，并表示愿给甲某 200 元的好处费。结果甲某以低于上海市场将近 500 元的价格把草药卖给丁某。双方约定，如果事后乙某来此处打听这种草药价格，丁某就说此草药现在已经大跌价，在上海也不值钱了。不想此事被正要到丁某家来看病的乙某的一个远房亲戚听见，不久就告诉了乙某。乙某遂要求甲某和丁某赔偿自己的损失。问：

（1）甲某的代理行为是一种什么性质的行为？

（2）乙某是否有权要求甲某和丁某两人赔偿？为什么？

第十四章

时 效 制 度

◆ 【案例导入】
张某向胡某讨债应得到支持吗?
1997 年 12 月,胡某欲出国学习两年,因办理出国手续一时钱不够用,遂向朋友张某借款 3 万元,并立字据约定胡某在出国前将钱还清。但胡某直到 1998 年 7 月 27 日出国,都一直没有还钱,此前张某虽然经常来看望胡某,但也对钱的事只字未提。胡某在国外两年与张某也有过联系,但都没有说钱的事。2000 年 8 月,胡某回国。2000 年 10 月 5 日张某因买房急需钱,找到胡某,胡某当即表示,全部钱款月底还清,朋友文某在场见证,11 月 5 日,当张某再次来找胡某要钱时,胡某却称,他的一个律师朋友说他们之间的债务已超过 2 年的诉讼时效,可以不用还了! 张某听后气愤不已,第 2 天就向法院提起了诉讼,要求胡某偿还 3 万元的本金和利息。

☞ 【分析提要】
1. 胡某对张某债务的诉讼时效实际上是否已经届满?
2. 胡某在 2000 年 10 月底还款的承诺有何种效力?
3. 张某能否通过诉讼取回胡某欠他的钱?

第一节　时效概述

一、时效的概念与特点
时效是一种重要的法律制度。民法上所讲的时效,是指当事人对财产的占有或不行使权利的行为,经过一定的时间,发生当事人取得权利或权利效力减损法律效果的制度。

时效是以一定时间的经过导致民事法律关系发生、变更和消灭的法律事实。当事人如果在一定时间内为一定行为或不为一定行为,依照诉讼时效制度就会发生当事人取得权利或权利效力减损的法律效果。

时效制度具有以下特点:
(1) 时效是一种具有民事性质的民事法律事实,它是以一定期间经过的时效事件，由此引起民事法律关系的产生或消灭的法律后果。

（2）时效期间的经过是一种自然状态，它引起权利取得或权利效力减损法律后果非基于当事人的自由意志，而是基于法律的直接规定。

（3）时效制度的设立，属于强行性规定，当事人不得约定不受时效限制或变更法定的时效期间，更不能依当事人自由意志排除或抛弃。

二、时效的种类

根据引起时效发生的事实状态的不同以及由此导致的法律效果的不同，将时效区分为取得时效和诉讼时效（即消灭时效）。

取得时效是指持续占有他人财产达到法定期限，即可依法取得该项财产权的时效。取得时效的事实状态为占有他人财产，法律效果为占有人取得财产所有权，故又称为占有时效。其构成要件有：以所有的意思进行占有；占有必须是善意的、公开的；占有必须是持续占有达到法定期间。

诉讼时效是指因不行使权利的事实状态持续经过法定期间，即发生权利不受法律保护的效果的制度。诉讼时效的事实状态为权利人不行使权利，法律效果为权利效力减损或消灭（不受法律保护），故又称为消灭时效。

近代各国民法典都确立了时效制度，但立法体例上不尽相同：①统一立法主义。《法国民法典》、《日本民法典》等采用，将取得时效和消灭时效统一规定。②个别主义。《德国民法典》和我国台湾地区"民法"采取取得时效与消灭时效分别规定的立法体例，将取得时效规定于物权篇，将消灭时效规定于总则篇。我国《民法通则》仅规定了诉讼时效，而未规定取得时效。

第二节　取得时效制度

一、取得时效概述

（一）取得时效的概念、特征

取得时效，是指非权利人以自主、和平、公然的方式占有或者准占有他人的财产，持续经过法律规定的期间，即依法取得该项财产所有权或其他财产权的时效制度，亦称占有时效。取得时效制度是具有悠久历史的十分古老法律制度，从古罗马的《十二铜表法》开始就确立了取得时效制度，后来为大陆法系各国所沿袭。但在立法上分别采取"统一制"和"分别制"不同的立法体例。"分别制"以德国民法为代表，意大利、荷兰、俄罗斯等国民法仿之，把消灭时效规定在总则篇中，而把取得时效规定在物权篇中。"统一制"以法国民法为代表，《法国民法典》第 2219 条规定："时效，为在法律规定的条件下，经过一定的时间，取得财产所有权或者免除义务的方法"。由此可见，前者规定的是取得时效，后者规定的是消灭时效。另外，日本民法也采取"统一制"。

取得时效作为时效制度的一个独立方式，与诉讼时效不同，具有自身的突出特点：

（1）取得时效发生的事实状态是非权利人自主、和平、公然地占有或准占有他人的财产。这使取得时效与权利人不行使权利的事实状态的诉讼时效存在明显区别。

（2）取得时效经过的法定期间较长。如《日本民法典》不分动产和不动产，取得时效期间都规定为 20 年。我国台湾地区"民法"规定动产取得时效为 5 年，不动产取得时效为 20 年。而诉讼时效期间各国规定都比较短，一般为 2 年。

（3）取得时效的法律后果是占有人取得占有物的财产所有权或其他财产权，而诉讼时效的法律后果是权利人因权利不行使而丧失胜诉权。

（二）取得时效的适用范围

这是指取得时效制度可适用于取得何种权利及在何种物上取得何种权利。以此确定取得时效的适用范围及限制范围。

1. 取得时效的适用范围。对此，各国民法规定有一定的差异。罗马法规定取得时效仅限于取得所有权。《德国民法典》规定取得时效可取得所有权和所有权以外的限制物权。《日本民法典》规定对一般财产均可适用。我国台湾地区"民法"也有相同的规定。但各国和地区在扩大适用权利的范围的同时，也都有一些限制性的规定：①依法律规定或依权利性质不得适用的，则不能适用；②不表现或不继续之地役权，不适用取得时效；③依照权利的性质，如留置权作为法定物权，不以当事人意思表示为成立要件，不适用取得时效；④一次性行使即归消灭的权利，如撤销权、解除权、买回权等形成权不适用取得时效；⑤以身份为前提的权利不适用取得时效；⑥以主权利为前提的从权利不适用取得时效。此外，对于债权，有学者认为，除以继续行使之事实状态为前提的债权外，不适用取得时效。[1]

2. 取得权利的物的范围。①世界各国民法都以规定取得时效适用于动产为通例，而对于不动产则规定不一：《德国民法典》对不动产规定有登记取得时效和未登记取得时效两类；我国台湾地区"民法"对不动产取得时效仅限于未经登记的不动产，经登记的不动产不得适用。②占有人有权利能力的物，可以适用取得时效，占有人不能依法成功占有权利的客体的物，如私人占有专属国家或集体所有的物，不适用取得时效。③占有人占有流通物适用取得时效，占有人占有

---

〔1〕 江平主编：《民法学》，中国政法大学出版社 2003 年版，第 227 页。

禁止流通物，不适用取得时效。④占有人占有他人财产适用取得时效，而自主财产、无主财产均不适用取得时效。⑤遗失物、盗窃物，各国规定不妨碍适用取得时效，而我国法律对之有特别的规定，应不适用取得时效。⑥遗产在继承人继承权回复请求权之前，不得以遗产占有人利益适用取得时效，继承权人请求权之实体诉权消灭后，则可以适用取得时效。

二、取得时效的要件

取得时效的要件，各国立法作有不同的规定。以《日本民法典》和我国台湾地区"民法"为代表，对普通取得时效和特别取得时效分别规定了不同的要件。

（一）普通取得时效的要件

普通取得时效的要件包括：

（1）占有人的占有须为自主、和平和公然地占有。这是要求占有人的占有是以所有的意思进行占有，是以非暴力的方式、和平地占有，是以公开，而不是隐秘地占有，所有这些均表明了占有人的占有完全是一种善意的占有，而不是恶意占有，始发生占有取得的法律后果。

（2）须有一定法定期间的经过。这是指占有人的善意占有达到法律规定的一定期限，而且这种期间是持续经过，而不是间断合算。如我国台湾地区"民法"规定，动产的取得时效期间为 5 年，不动产为 20 年。

（二）特别取得时效的要件

这是针对未登记的不动产的取得时效设定的构成要件，包括：

（1）须为善意并无过失的占有。特别取得时效除占有人须为自主、和平、公然地占有条件外，还须具备善意、无过失占有。所谓善意占有，是指占有人在占有开始时不知其为无权利占有，而误信其为有权利的占有。所谓无过失占有，是指占有人以善意管理人之注意管理其不得知其无权利而信其有权利的占有。善意占有人对其是否为一贯善意不负举证责任，而无过失占有人则要求负举证责任。

（2）须经过法定期间。特别取得时效的占有要件要求更为严格。因此，对取得时效的法定期间规定比普通时效要短。以我国台湾地区"民法"为例，其规定法定期间为 10 年。

三、我国取得时效制度的立法情况

（一）我国对取得时效的立法态度

长期以来，我国民事立法受前苏联民法立法的模式、体制影响很深，加上传统的道德观念束缚，认为非所有人占有他人财产就能取得财产所有权是荒唐的事情、不道德的行为，因此，摒弃了取得时效制度，结果在 1986 年《民法通则》

立法中只确立诉讼时效制度，而没有规定取得时效制度。而在 2007 年《物权法》立法中也回避了这个问题。事实上民法学者对取得时效的立法讨论十分热烈。持肯定说者认为，取得时效制度是随着商品经济的产生、发展而产生、发展，对调整商品经济关系具有积极意义；取得时效与诉讼时效各有不同作用，是不可或缺的两项时效制度；善意取得制度根本不同于取得时效，不能代替取得时效的作用；取得时效有利于稳定既成的经济关系，维护社会经济秩序。因此，他们主张建立统一的时效制度。[1] 持否定论者认为：①古罗马时代产生取得时效的社会条件已不复存在，不动产登记制度和动产即时取得制度的相继问世，使取得时效制度在现代社会已失去存在价值。[2] ②两种时效并存必然会出现一方丧失权利，对方却不能同时取得权利的弊端。因为消灭时效与取得时效的期间不可能完全一致。[3]

（二）我国《民法（草案）》的立法设计

2002 年 12 月 23 日，九届全国人大常委会法制委员会向全国人大常委会第三十一次会议提出《中华人民共和国民法（草案）》审议稿中，第一编总则，第八章时效，第二节取得时效，共规定 3 条，第一次从立法草案中确立取得时效制度，虽然该总则编及取得时效制度离审议通过还有十分漫长的路要走，但这却是迈出取得时效制度立法的可喜一步，必将对建立和完善社会主义市场经济法律制度和稳定社会经济生活秩序产生积极的影响。

从该草案对取得时效的立法情况来看，主要是规定不动产和动产取得时效两大规则。

1. 根据草案第 105 条，不动产取得时效的规则规定为："权利人不行使权利，致使诉讼时效期间届满，占有人以所有的意思，公开、持续占有他人不动产经过 5 年的，取得该不动产的所有权。占有人取得不动产用益物权，参照前款规定。"

2. 草案第 106 条将动产取得时效的规则规定为："权利人不主张权利，致使诉讼时效期间届满，占有人以所有为意思，公开、持续占有他人动产经过 2 年的，取得该动产的所有权。占有人取得船舶、航空器、汽车等动产的所有权，适用本法第 105 条第 1 款的规定。"

此外，还规定取得时效的实施必须符合法律规定要求，明确"法律禁止转让的动产和不动产，不适用有关取得时效的规定"。

---

〔1〕 江平主编：《民法学》，中国政法大学出版社 2003 年版，第 229 页。

〔2〕 张玉敏："论我国民法时效制度"，载《西北政法大学学报》1986 年第 2 期。

〔3〕 佟柔主编：《民法总则》，中国人民公安大学出版社 1990 年版，第 312 页。

从以上法条可以看出，草案的设计主要着眼于解决动产或不动产的取得时效的法律适用规定，虽然法条很简单，但却第一次明确确立了我国的取得时效制度，使现实社会生活中发生的这类财产关系的处理有了法律依据。这将对社会主义市场经济的完善、社会经济秩序的维护都产生一定积极的意义。

四、取得时效的效力

（一）取得时效的一般效力

指取得时效符合构成要件成立，占有人依法取得所占有的动产或不动产的权利，使其事实占有成为有权占有，取得与其占有意思相应的权利，也使原权利人的相应权利归于消灭。

（二）取得时效中断的效力

1. 取得时效中断的含义。这是指因一定事由出现，使已经经过的取得时效期间归于无效，待中断事由消除后，取得时效重新起算。这是法律对取得时效期间变动的规定，也成为取得时效效力的内容。

2. 取得时效中断的事由。引起取得时效中断事由或原因包括法定中断事由和自然中断事由两类。前者是指因法律规定而引起取得时效中断的事由，如权利人起诉，或向占有人请求，或占有人承认权利人的权利等；后者是指依占有人占有之丧失而引起取得时效中断的事由，如占有人的占有意思改变、占有人自行中止占有、占有为他人侵害或占有物偶然丧失而未在法定期间回复其占有、占有的性质改变等，这些事由都会引起取得时效期间的中断。

3. 取得时效中断的效力。指取得时效的中断具有使已经经过的时效期间统归为无效的效力。但因不同的中断事由，引发取得时效中断的不同效力。如中断系由自然事由引起的，中断效力是绝对的，对于一切人皆有效力；当中断为法定事由引起的，中断效力是相对的，仅在当事人、继承人、受让人间发生中断效力。

第三节　诉讼时效制度

一、诉讼时效的概念及意义

（一）诉讼时效的概念

诉讼时效，又称消灭时效，是指不行使权利的事实状态经过法定的时间，即依法产生该项权利不再受法律保护的制度。在我国，根据《民法通则》的规定，诉讼时效是指权利人在法定期间内不行使权利，即丧失在诉讼中胜诉权的法律制度。

诉讼时效的构成应具备下列要素：①权利人不行使权利的事实状态存在，如财产被他人非法占有而不要求对方返还；②权利人不行使权利的状态持续达到了法定的期间，如身体受到伤害在 1 年内未要求对方赔偿；③权利人不行使权利的状态引起了其丧失胜诉权这一法律后果的产生，时效届满后，权利人虽然可以向人民法院起诉，但却不能胜诉。

（二）诉讼时效制度的意义

诉讼时效作为重要的民事法律制度，在民法上具有十分重要的意义。

1. 维护社会经济关系的稳定。按照一般的理论，权利应当具有排除一切侵害的效力。但是，诉讼时效制度的立法价值取向认为，历经持久的事实状态已为人们所接受和信赖，并在此基础上又产生一系列其他的社会关系，从而成为现实社会经济秩序的一部分，因而应当被认为已优于权利的效力。否则，若允许已长期停滞了的权利仍得到法律强制性的实现，将破坏既存的已接受的财产关系，从而影响社会经济关系的稳定。

2. 督促当事人及时行使权利，以促进社会经济的发展。诉讼时效制度的设立，一方面，确认为对于长期不行使的权利就没有必要予以强制保护的法律精神，权利人要求其权利得到实现，就应当积极、主动地行使请求权；另一方面，借助于权利人及时行使权利，加快民事流转的速度，最大限度地发挥财产的效用，从而最终促进社会经济的向前发展。

3. 有利于法院及时处理纠纷，体现民事审判的效益原则。人民法院在审理民事纠纷中，当事人就自己的主张有提供证据的责任，人民法院应当对当事人提供的证据进行认定。如果权利人被侵权后长期不行使权利，相关证据将因为年深日久而难以收集、提供，人民法院也因此难以查证或认定，使案件久悬不决。诉讼时效制度的设立，无疑是确立了一项与证据相配套的权利保护规则，有利于人民法院及时、正确地处理民事纠纷，提高民事审判的效率。

（三）诉讼时效与除斥期间

从以上诉讼时效的概念及意义可以看出，诉讼时效作为民法上的一项重要制度，其与除斥期间这另一民法制度有明显的区别。所谓除斥期间，又称为预定期间，是指法律规定某种权利的存续期间，法律规定的存续期间届满，则该权利归于消灭。例如，我国《继承法》第 25 条第 2 款规定："受遗赠人应当在知道受遗赠后两个月内，作出接受或者放弃受遗赠的表示。到期没有表示的，视为放弃受遗赠。"《合同法》第 75 条规定："撤销权自债权人知道或者应当知道撤销事由之日起 1 年内行使。自债务人的行为发生之日起 5 年内没有行使撤销权的，该撤销权消灭。"这些都是除斥期间制度的典型法律规定范例。

表面上看来，诉讼时效与除斥期间都是关于权利期限的规定，但两者却有本质上的区别。

（1）性质表现不同。诉讼时效是权利人请求人民法院保护其民事权利的期限，性质上属于法律规定的民事权利的保护期；除斥期间则是权利人可以行使权利的期限，性质上属于民事权利法定存续期间。

（2）起算时间不同。诉讼时效期间以权利人不行使权利的事实状态的发生为起算点；除斥期间是以法律规定权利人取得该权利之时起为起算点。

（3）适用对象不同。诉讼时效主要适用于债权，除斥期间则适用于形成权。

（4）法律后果不同。诉讼时效期间完成，权利人丧失胜诉权，但实体权利本身并不消灭；除斥期间完成，则该权利本身归于消灭。

（5）适用情形不同。诉讼时效期间是可变期间，可以中止、中断和延长；除斥期间为法律事先设定的权利存续期间，不受当事人主观意志及行为的影响，因而除斥期间是固定不变的。

二、诉讼时效的适用范围

诉讼时效的适用范围，也称诉讼时效的客体。诉讼时效的客体，是指诉讼时效制度所适用的权利类型。关于诉讼时效的客体，依诉讼时效制度的立法目的，应解释为仅适用于请求权。

诉讼时效的客体为请求权，但并非一切请求权均适用诉讼时效。一般认为债权请求权以及物上请求权中的返还财产请求权、恢复原状请求权可以适用诉讼时效。物上请求权中的排除妨害请求权、消除危险请求权、所有权确认请求权、基于身份关系的请求权以及基于相邻关系的请求权等，一般不发生诉讼时效制度的适用。未授权给公民、法人经营、管理的国家财产受到侵害的，不受诉讼时效期间的限制。

三、诉讼时效的种类

依适用范围和时间长短的不同，诉讼时效可分为普通诉讼时效、特殊诉讼时效以及权利的最长保护期限。

（一）普通诉讼时效

普通诉讼时效，又称一般诉讼时效，是指由民事基本法规定的，普遍适用于法律未作特殊规定的各种民事法律关系的时效。除法律另有规定外，所有民事法律关系均适用普通诉讼时效。

我国《民法通则》第135条规定："向人民法院请求保护民事权利的诉讼时效期间为2年，法律另有规定的除外。"该条即是关于普通时效的规定。根据这一规定，我国的普通诉讼时效期间为2年。

（二）特殊诉讼时效

特殊诉讼时效，是指由民事基本法或其他法律就某些特殊民事法律关系规定的长于或短于普通诉讼时效期间的时效。考虑到某些民事法律关系的特殊性，要求其适用普通诉讼时效可能会发生困难或有失公平，因此，有必要对一些特定的民事法律关系规定特殊诉讼时效。从我国现有关于特殊诉讼时效的规定来看，主要有下述情形：

1. 《民法通则》规定的特殊诉讼时效。《民法通则》第 136 条规定："下列的诉讼时效期间为 1 年：身体受到伤害要求赔偿的；出售质量不合格的商品未声明的；延付或者拒付租金的；寄存财物被丢失或者损毁的。"

2. 《合同法》规定的特殊诉讼时效。《合同法》第 129 条规定："因国际货物买卖合同和技术进出口合同争议提起诉讼或者申请仲裁的期限为 4 年，自当事人知道或者应当知道其权利受到侵害之日起计算。"

3. 其他法律规定的特殊诉讼时效。如《环境保护法》第 42 条规定："因环境污染损害赔偿提起的时效期间为 3 年，从当事人知道或者应当知道受到污染损害时起计算。"

（三）权利的最长保护期限

权利的最长保护期限，是指自权利人的权利被侵害之日起，法律对该项权利所给予保护的最长时间。为了维护社会经济生活的稳定，防止出现某些权利长期处于不确定的状态，故法律对权利的保护也不是无限期的。我国《民法通则》第 137 条规定："……从权利被侵害之日起超过 20 年的，人民法院不予保护。"根据这一规定，我国民事权利的最长保护期限为 20 年。

权利的最长保护期限与诉讼时效的区别主要在于其起算点不同。诉讼时效的期间是从权利人知道或者应当知道权利被侵害之时起计算，权利的最长保护期限则是从权利被侵害之日起计算。权利的最长保护期限之设立，旨在克服诉讼时效制度可能出现的权利受到无限期保护的缺陷。因为普通诉讼时效和特殊诉讼时效的期间均是从权利人知道或者应当知道权利被侵害之时起计算，如果权利人不知道或者不应当知道自己的权利受到侵害，诉讼时效期间就不能起算，这样的话权利人的权利就一直处于法律的保护之下，长期处于不确定的状态，从而有违设立诉讼时效制度之初衷。

权利的最长保护期限是一个不变的时间，它不存在诉讼时效期间可能出现的中止、中断或延长情形。就这一点而言，权利的最长保护期限与除斥期间类似。

四、诉讼时效的法律效力

（一）诉讼时效的一般效力

诉讼时效的法律效力，即诉讼时效期间完成后的法律效果。就这一问题，各国立法的认识颇不一致。《日本民法典》持"权利消灭说"。《日本民法典》第 167 条规定："债权，因 10 年间不行使而消灭。债权或所有权以外的财产权，因 20 年间不行使而消灭。"依此说，诉讼时效期间的完成，使权利人不及时行使的权利本身消灭，义务人履行而权利人接受履行的，构成不当得利，权利人应予返还。《德国民法典》持"抗辩权发生说"。该法典第222条第1款规定："时效完成后，义务人有权拒绝给付。"依此说，消灭时效的完成，并不使权利人不及时行使的权利归于消灭，但使义务人发生抗辩权，可以时效完成的抗辩对抗权利人的权利主张，而拒绝义务的履行。由于抗辩权同其他权利一样可以抛弃，义务人自愿履行义务的，法律不予置问，认为权利人的接受履行为合法。我国台湾地区"民法"第144条第2项也采同样见解。《法国民法典》持"诉权消灭说"，该法典第2262条规定："一切诉讼，无论是对物诉讼还是对人诉讼，时效期间均为30年……"依此说，消灭时效的完成，并不使权利人不及时行使的权利消灭，而只使附着于权利之上的诉权消灭。时效完成后，权利人向法院起诉要求保护权利的，法院将以丧失诉权为由驳回起诉。由于无诉权的权利为自然权利，诉权消灭后，自然权利依然存在，权利人仍可不通过法院向义务人主张其自然权利，义务人也可自愿履行，法律不加干预。我国时效立法及目前的司法实践主要采诉权消灭说。根据我国《民法通则》的规定，我国诉讼时效完成后的法律效果主要有以下方面：

1. 权利人的诉权消灭。权利为法律的保护对象，权利请求法律保护的途径为附着于权利之上的诉权，诉权即为请求法律保护权利之权，无诉权的权利为自然权利或裸体权利，没有法律的强制力作为后盾。在我国目前，诉讼时效完成后，依据《民法通则》第135条和第138条的规定，可以得出胜诉权消灭的结论。因此权利人起诉后，人民法院经审查认定诉讼时效期间业已完成的，将驳回其诉讼请求。考虑到诉讼时效制度的适用，主要影响当事人的私益，国家无主动干预的必要。我们建议未来民法典的制定，可就诉讼时效完成后的法律效果，采抗辩权发生说。这样未来法院处理类似纠纷，即不必要主动依职权进行审查。

2. 义务人的自愿履行。依《民法通则》第138条的规定，超过诉讼时效期间，当事人自愿履行的，不受诉讼时效限制。法理上称之为自然债务，不受法律强制力的约束。但是于诉讼时效完成后，义务人自愿履行其义务的，权利人可受领其履行而不构成不当得利。义务人于履行后反悔的，不得诉请权利人返还其所得。

（二）诉讼时效变动的效力

1. 诉讼时效期间的起算。诉讼时效的起算，是指确定诉讼时效期间开始的时间点。根据《民法通则》第137条的规定，诉讼时效期间从权利人知道或者应当知道权利被侵害时起计算。权利人知道自己的权利遭到了侵害，这是其请求法院保护其权利的基础，从这一时间点开始计算诉讼时效时间，符合诉讼时效是权利人请求法院保护其权利的法定期间的本旨。知道权利遭受了侵害，是指权利人现实地于主观上已明了自己的权利被侵害之事实的发生；应当知道权利遭受了侵害，是指权利人尽管于主观上不明了其权利已被侵害之事实的发生，但根据他所处的环境，有理由认为他已明了其权利已被侵害的事实，他对权利被侵害的不知情，出于对自己的权利未尽必要注意或将之作为推延诉讼时效期间起算点的借口的情况。对于不尽必要注意照料自己的权利的人，当然要使其承受消灭时效的不利后果；对于以不知权利被侵害为借口使诉讼时效期间起算点后推者，出于维护社会关系确定性的考虑，当然使其借口不成立。明确诉讼时效期间的起算点，不仅有利于正确地把握、适用各类诉讼时效制度，而且有助于正确确认、处理诉讼时效变动的效力问题。

2. 诉讼时效中止的效力。诉讼时效期间的中止，又称诉讼时效期间不完成，是指在诉讼时效期间进行中，因发生一定的法定事由使权利人不能行使请求权，暂时停止计算诉讼时效期间，待阻碍时效期间进行的法定事由消除后，继续进行诉讼时效期间的计算。诉讼时效制度的目的，在于使怠于行使权利者承担不利后果。但当权利人不行使权利，并非出于怠惰，而是因为不得已的事由时，使权利人承担与怠于行使权利者同样的不利后果，未免失之公平。因此时效立法中有中止制度之设，以求衡平。

中止的法定事由。依《民法通则》第139条的规定，不可抗力和其他障碍为使诉讼时效中止的法定事由。不可抗力为不能预见、不能避免和不能克服的客观情况。发生不可抗力时，权利人主观上要求行使权利，但客观上无法行使，法律予之以中止的救济手段。其他障碍为概括性规定，根据学说的解释，主要包括如下情况：①权利人为无行为能力人、限制行为能力人而无法定代理人或法定代理人已死亡或丧失行为能力；②继承开始后，没有确定继承人或遗产管理人；③其他构成行使权利之障碍的事由，由法官以自由裁量权决定之。

诉讼时效期间可以中止的时间。依《民法通则》第139条的规定，诉讼时效期间可以中止的时间，为诉讼时效期间的最后6个月内。在时效期间最后6个月前的期间发生法定中止事由的，并不能使诉讼时效期间中止，因为权利人还有足够的时间行使权利。只有中止事由发生于期间的最后6个月内时，才可使诉讼时效期间中止。因为此时发生中止事由，可能导致权利人无足够的时间行使权利。

诉讼时效期间中止的法律效果。诉讼时效期间中止后，中止的期间不计入时效期间内。待中止事由消除后，时效期间继续进行，与中止前已经过的时效期间合并计入总的时效期间。

3. 诉讼时效中断的效力。诉讼时效期间中断，是指在诉讼时效进行期间，因发生一定的法定事由，使已经经过的时效期间统归无效，待时效期间中断的事由消除后，诉讼时效期间重新计算。

（1）中断的法定事由。依《民法通则》第 140 条的规定，可使诉讼时效期间中断的法定事由包括权利人提起诉讼、当事人一方提出要求或者同意履行义务。具体表现在：①提起诉讼。起诉的性质为权利人主张权利的保护。基于这一性质，应对提起诉讼作扩张解释，使其不仅包括权利人向法院起诉的行为，而且包括权利人具有同样性质的其他行为，如向有关行政机关提出保护权利的请求，向法院申请强制执行，依督促程序向法院申请支付令，向仲裁机构申请仲裁，向人民调解委员会请求调解等。但权利人起诉后又自行撤诉，或因起诉不合法被法院驳回的，不构成提起诉讼，不能使诉讼时效期间中断。起诉表明权利人正在积极地行使自己的权利，使诉讼时效失去适用理由，因而使诉讼时效期间中断。②权利人主张权利。指权利人向义务人、保证人、义务人的代理人或财产代管人主张权利或向清算人申报破产债权等。权利人主张权利是其行使权利的行为，不合诉讼时效制度制裁怠于行使权利者的本旨，因而使诉讼时效期间中断。③义务人认诺。即义务人对权利人表示承认其权利的存在，愿意履行义务。义务人对权利人的认诺表示，可以各种方式作出。以口头或书面方式对权利人或其代理人作出通知、请求延期给付、提供担保、支付利息或租金、清偿部分债务等义务人的行为，在法律上都构成认诺。

（2）诉讼时效中断与诉讼时效中止的区别。从以上叙述可见，诉讼时效中断与诉讼时效中止，都有使诉讼时效不能按期完成的作用，亦即都为诉讼时效完成的障碍。此为二者的相同之处，但二者更具有以下不同：①发生的时间不同。诉讼时效中断可发生在时效开始后的任一时间，而诉讼时效中止只能发生在诉讼时效期间的最后 6 个月内。②发生的原因不同。诉讼时效中断的法定事由是可由当事人的主观意志决定的情况，而诉讼时效中止的法定事由是不由当事人主观意志决定的客观情况。③发生的后果不同。诉讼时效中断使已经过的时效期间全归无效，重新开始计算诉讼时效期间，而诉讼时效中止只使时效期间暂停计算，于中止事由消除后需继续计算时效期间，即中止不算，两头合算。

4. 诉讼时效延长的效力。通常情况下，权利人在诉讼时效期间内不行使权利，于时效期间届满后，向法院要求保护权利的，法院不予支持。但有的权利人在诉讼时效期间内未能行使权利确有正当原因，其原因不包括在使时效期间中止、中断的法定事由内，严格适用诉讼时效将造成不公。针对这种情况，依据《民法通则》第 137 条规定，有特殊情况的，法院可以延长时效期间，以便保护特殊情况下权利人由于特殊原因未能及时行使的权利，避免造成不公平的结果。

诉讼时效期间的延长，是对诉讼时效期间的中止和中断的补充。由于中止和中断的事由倾向于采取法定主义，不可能包罗诸多使权利人不能及时行使权利，但有正当理由的情况，法律特别设立诉讼时效期间的延长制度予以衡平，由法官行使自由裁量权弥补立法列举式规定的不足。

第四节　期　限

一、期限的概念和意义

（一）期限的概念

期日和期间，统称为期限。所谓期日，是指不可分的一定时间，如某年、某月、某日、某时。所谓期间，是指从某一时刻到另一时刻的一段时间。如实例中所说的 1 个月。

（二）期限的意义

期日和期间在民法上具有重要意义：

（1）期限决定民事主体的民事能力。如出生的时间为自然人取得民事权利能力的时间，成年时间为自然人取得民事行为能力时间，法人的成立时间是法人民事能力产生的时间。

（2）期限决定着某些事实的推定。如自然人下落不明满一定期间可推定其失踪或死亡。

（3）期限可决定民事权利义务的取得或丧失。如所有权转移的时间，除斥期间，时效期间。

（4）期限决定权利的行使和义务的履行。如债务的履行期限，保证期限。

（5）期限可决定民事法律关系的效力。如合同的有效期限，附期限法律行为中所附的期限。

二、期限的确定和计算

（一）期限的确定

期限的确定方式大致有四种：

（1）规定日历上的某一时间，如 1999 年 3 月 1 日。

（2）规定一定期间，如 1 个月、1 年。

（3）规定某一必然到来的特定时刻，如死亡之日。

（4）规定以当事人提出的时间为准，如约定于债权人通知发货之日发货。

（二）期限的计算

《民法通则》第 154 条第 2 款规定："规定按照小时计算期间的，从规定时开始计算。规定按照日、月、年计算期间的，开始的当天不算入，从下一天开始计算。"期间的最后一天是星期日或者其他法定休假日的，以休假日的次日为期间的最后一天。期间的最后一天的截止时间为 24 点；有业务活动时间的，到停止业务活动的时间截止。

依《民法通则》第 155 条规定，民法所称的"以上"、"以下"、"以内"、"届满"，包括本数；所称的"不满"、"以外"，不包括本数。

【思考与练习】

◎问答题

1. 时效是一种什么样的民事法律制度？其意义是什么？
2. 取得时效在我国有没有立法的必要？
3. 试析诉讼时效制度与除斥期间制度的区别。
4. 简述诉讼时效期间中止与中断的关系。
5. 简述诉讼时效期间届满的法律效果。

◎选择题

1. 2001 年 3 月 2 日，甲向乙借款 1 万元。双方约定借期 1 年。此后，甲乙再没有联系。2005 年 10 月 3 日，甲因在逛街时遇乙，就将所欠 1 万元还给乙。后甲听说借款已过诉讼时效，可以不用还，便要求乙退还 1 万元，并提出诉讼。对甲的诉讼请求，法院应当（　　　）。

A. 予以支持

B. 不予支持

C. 不予立案

D. 适当支持

2. 甲乙约定，如果甲的儿子调到外地工作，则甲房以 15 万元的价格卖给乙，并于其子实际赴外地工作之日起 60 天内交房。但甲的儿子调到外地工作后，甲并未履行承诺。该纠纷的诉讼时效期间应当自（　　　）时起算。

A. 甲乙约定成立

B. 甲子赴外地工作

C. 甲子赴外地工作 60 天后

D. 甲子实际在外地工作 60 天内

3. 根据担保法的规定，保证合同没有约定保证期间或者保证期间约定不明的，保证期间为主债务履行期届满之日起 6 个月。该 6 个月的性质是（　　　）。

A. 取得时效

B. 诉讼时效

C. 除斥期间

D. 除斥期间或者诉讼时效

4. 根据我国《民法通则》规定，诉讼时效期间为 1 年的有（　　　）。

A. 身体受伤害要求赔偿的

B. 因受害死亡要求赔偿的

C. 因寄存的物品丢失要求赔偿的

D. 因衣物被偷要求赔偿的

5. 根据我国法律规定，诉讼时效适用于（　　　　）。

A. 抗辩权

B. 债权请求权

C. 物上请求权

D. 支配权

◎案例分析题

2003 年 10 月 9 日，甲向乙借款 5 万元，双方约定借期 1 年。2007 年 12 月 3 日，乙才想起甲拖欠 5 万元，便向甲讨要，但甲以超过诉讼时效为由拒绝还款。乙便找好友丙，让丙作为甲的保证人，并与乙签订保证合同。丙于是将 5 万元交给乙，而后向甲进行追偿。问：

1. 已超过诉讼时效的债务能否设立担保？

2. 本案中乙和丙的行为能否成立？

第四编

民事法律责任论

第十五章

民事法律责任概述

◆　【案例导入】

法院以公告判决书代为强制执行被告赔礼道歉是否适法?

2006 年 5 月 22 日, 北京市高级人民法院对"庄羽诉郭敬明抄袭案"作出终审判决。认定被告郭敬明《梦里落花知多少》作品抄袭原告《圈里圈外》一书的事实成立, 由被告郭敬明和出版社共同赔偿原告经济损失 20 万元及精神损害赔偿金 1 万元, 停止《梦里落花知多少》一书的出版发行并通过《中国青年报》公开向原告赔礼道歉。被告如期交付了 21 万元的赔偿金, 但却没有履行赔礼道歉的判决。对此, 原告"很在乎他是否赔礼道歉", 因为"在诉讼主张里, 停止侵权是第一位的, 其次是道歉, 然后才是赔偿"。可被告郭敬明于 2006 年 6 月 5 日在个人博客中表明: 会执行法院的赔偿判决和停止销售, 但"不会道歉", "哪怕只是简简单单的一句话"。2006 年 12 月 13 日, 法院把判决书的部分内容在《中国青年报》上进行了公告, 视为强制执行了赔礼道歉的判决。

☞　【分析提要】

1. 什么是民事责任? 法律对民事责任规定了哪些基本要求?

2. 本案原告请求被告承担侵权责任是否符合法律规定? 被告履行赔偿责任但拒绝赔礼道歉是否有法律依据?

3. 法院以公告判决书内容代替强制执行被告赔礼道歉是否适法? 阐述其法理。

第一节　民事法律责任的意义

一、民事责任的含义

（一）民事责任的概念和特征

所谓民事责任, 即民事法律责任, 在大陆法系的民法理论中有两个含义: 一是义务不履行的法律后果, 如债务人不按照合同的约定履行合同的, 要承担违约责任, 侵犯他人人身、财产的合法权益的, 要承担侵权责任; 二是义务履行的担保, 主要适用于债法。

在我国，通常意义上的民事责任是指民事主体违反民事义务所应承担的民法上的不利后果。民事责任具有以下特征：

（1）民事责任是民事主体违反民事义务的法律后果。责任的承担以义务的不履行为前提，没有民事义务的违反也就不存在民事责任。

（2）民事责任是以补偿性为目的的责任。与行政责任和刑事责任的惩罚性不同，民事责任以补偿性为目的。

（3）民事责任具有可协商性。受害人与加害人、违约人可以在不违反法律规定的范围内协商解决民事纠纷，处理民事责任。

（4）民事责任以财产性责任为主，非财产性责任为辅。

（二）民事责任与民事义务的关系

1. 民事责任与民事义务的联系。

（1）民事责任是履行民事义务的法律保障。民事责任作为法律对违反民事义务者的制裁手段，是督促民事主体认真履行义务的一种强制力，能保证义务得到履行，权利得以实现。

（2）民事责任与民事义务中的责任主体或义务主体都要对权利人为一定给付行为，给付形式是相同的。基于此给付形式相同，有学者主张民事责任本质上是一种特殊的债务，其特殊性就表现在民事责任之债，是以义务的违反为生效条件。

2. 民事责任与民事义务的区别。

（1）法律性质不同。民事义务基于法律的直接规定或当事人的合法意思表示约定而发生，当民事主体负担某种民事义务时，处于民事合法者的法律地位。而民事责任，作为民事违法行为的法律效果，当民事主体承担某种民事责任时，即意味着他已处于民事违法者的法律地位。

（2）产生的原因不同。民事义务可以因民事合法行为和某种适法的事实状态而产生。而民事责任则因民事主体违反其依法负担的民事义务的民事违法行为而产生。

（3）拘束力表现不同。民事义务的法律的拘束力是潜在的，如果民事主体不履行其义务，将要受法律的强制制裁，如果民事主体自觉履行其义务，则可避免强制和制裁的发生；而民事责任是违法行为的法律后果，法律的强制和制裁是现实发生的。

（4）负担的内容不同。民事义务的负担对负担者而言并非不利益，如父母对子女的抚养义务，不能说是对父母的惩罚，即使债务之负担也是作为从对方获得利益的对价，也并非真正不利益。而民事责任则是对民事违法者的法律制裁，其所负担内容则为真正的不利益，包括财产上的不利益和人身的不利益。

（三）民事责任与行政责任、刑事责任的区别

民事责任与行政责任、刑事责任的区别表现在：

1. 强制程度不同。刑事责任和行政责任通常由国家有关机关追究，直接体现了国家的强制力。民事责任主要体现在两个方面：①当事人自己可以主动承担民事责任，无须强制机构的介入；②当事人可以就民事责任的内容、承担方式进行协商、调解和和解。而行政责任与刑事责任，则不允许协商，是一种公法上的责任。

2. 责任性质不同。刑事责任和行政责任体现了国家对某种行为的否定性评价，以惩罚犯罪和行政违法行为为目标，属于惩罚性责任；民事责任以弥补受害人所受损失为目标，属于补偿性责任。

3. 承担方式不同。刑事责任的承担方式为刑罚，如死刑、无期徒刑、有期徒刑、罚金、剥夺政治权利等；行政责任的承担方式主要表现为行政拘留、罚款等。而民事责任的承担方式为停止侵害，排除妨碍，消除危险，返还财产，恢复原状，修理、重作、更换，赔偿损失，支付违约金，消除影响、恢复名誉，赔礼道歉等。

二、民事责任的类型

（一）债务不履行的民事责任、侵权民事责任和缔约过失责任

这是根据民事责任发生的原因不同为标准，把民事责任分为债务不履行的民事责任、侵权的民事责任和缔约过失责任。债务不履行的民事责任，是指因债务人不履行已存在的债务而发生的民事责任。最常见的是违约责任，当然还有无因管理与不当得利所产生的责任。

1. 违约责任，即违反合同的民事责任，这是指合同当事人因违反合同义务所承担的责任。违约责任的产生是以合同的有效存在为前提的，是违反有效合同所规定的义务的后果。《合同法》第 107 条规定，当事人一方不履行合同义务或者履行合同义务不符合约定的，应当承担继续履行、采取补救措施或者赔偿损失等违约责任。违约责任具有以下特点：

（1）违约责任的产生是以合同当事人不履行合同义务为条件的。

（2）违约责任具有相对性，它只能在特定的当事人之间即合同关系的当事人之间发生。

（3）违约责任主要具有补偿性，旨在弥补因违约行为造成的损害后果。

（4）违约责任可以由当事人约定。

2. 侵权责任。指侵权的民事责任或侵权行为的民事责任的简称，是指侵权行为人所依法应当承担的法律后果。侵权责任具有以下特征：

（1）侵权责任是违反法定义务所产生的责任。

（2）侵权责任是以侵权行为为事实根据而产生的责任。

（3）侵权责任的形式不限于财产责任，还可以包括非财产责任。

（4）侵权责任具有法定性。

3. 缔约过失责任。这是指当事人在订立合同过程中，因过错违反依诚实信用原则负有的先合同义务，导致合同不成立，或者合同虽然成立，但不符合法定的生效条件而被确认无效、被变更或被撤销，给对方造成损失时所应承担的民事责任。所谓先合同义务，又称先契约义务或缔约过程中的附随义务，是指自缔约当事人因签订合同而相互接触磋商，至合同有效成立之前，双方当事人依诚实信用原则负有协助、通知、告知、保护、照管、保密、忠实等义务。我国《合同法》第42条确立了缔约过失责任制度，该条规定："当事人在订立合同过程中有下列情形之一，给对方造成损失的，应当承担损害赔偿责任：假借订立合同，恶意进行磋商；故意隐瞒与订立合同有关的重要事实或者提供虚假情况；有其他违背诚实信用原则的行为。"可见缔约过失责任实质上是诚实信用原则在缔约过程中的体现。

（二）双方责任和单方责任

根据承担责任者是否仅为一方当事人的标准，把民事责任分为双方责任和单方责任。

双方责任，是指民事法律关系的当事人双方对损害后果均有过错，各自依其过错程度承担民事责任。如《民法通则》第113条规定："当事人双方都违反合同的，应当分别承担各自应负的民事责任。"

单方责任，是指民事法律关系的一方当事人向对方承担的民事责任。

（三）共同责任和单独责任

根据承担责任者是一人还是多人的标准，把民事责任分为共同责任和单独责任。

单独责任，是指责任人仅有一人的民事责任。

共同责任，是指责任人为两人或者两人以上的民事责任。如合伙人对合伙组织经营债务负的民事责任。根据共同责任人是否按一定的份额承担责任，共同责任又可以分为按份责任和连带责任。按份责任，是指依据法律规定或者当事人的约定，共同责任人按照特定的份额各自承担责任。连带责任，是指按照法律规定或者当事人约定，共同责任人不分份额地共同向权利人或者受害人承担民事责任。

（四）财产责任和非财产责任

根据责任的内容是否为财产的标准，把民事责任分为财产责任和非财产责任。

财产责任，是指以支付金钱、移转财产权利为内容的民事责任。如赔偿损失、返还财产、支付违约金等。

非财产责任，是指以不作为、精神抚慰等非以财产为内容的民事责任。如消除影响、停止侵害、赔礼道歉、恢复名誉等。非财产责任主要适用于精神损害。

（五）有限责任和无限责任

以责任人承担责任是否有财产限制作为标准，把民事责任分为有限责任和无限责任。

有限责任，是指责任人以其某部分财产承担民事责任。如抵押人仅以抵押财产对所担保的债权承担的责任，有限责任公司的股东仅以其出资为限对公司债务所承担的责任。

无限责任，是指责任人以其所有的全部财产承担民事责任。如保证人的保证责任，个人合伙的合伙人对合伙组织债务所承担的责任。

（六）过错责任、无过错责任与公平责任

以责任人承担责任是否以过错为要件作为标准，把民事责任分为过错责任、无过错责任与公平责任。

过错责任，是指因为行为人主观上存在过错，而且事实上也给他人造成了损害而应承担的责任。

无过错责任，是指即使行为人主观上没有过错，只要事实上给他人造成了损害就依照法律规定应该承担的民事责任。

公平责任，是指在不能适用过错责任，也不能适用无过错责任的情形下，根据社会公平观念所判定的当事人应该承担的责任。

第二节　民事法律责任的归责原则

一、民事责任归责原则的含义

民事责任的归责原则，是指据以确定违反民事义务的人承担民事责任的原则。归责原则对于民事责任而言，具有重要的法律意义，表现在：

1. 归责原则不同决定了民事责任的不同构成要件。违约责任的构成以无过错责任为一般归责原则，那么行为人主观上是否对违约事实的发生有过错，就不再是归责的考虑因素。而侵权责任的构成主要实行过错责任，与无过错责任归责原则有很大差别。

2. 归责原则对于民事责任的赔偿范围有着重要的影响。过错责任原则的情况，一般为赔偿全部损失，甚至超过实际损失。而实行无过错责任原则，一般为适当补偿，不超过实际损失。

3. 归责原则决定着民事责任的适用范围。过错责任原则适用于一般的民事责任。而无过错责任原则只有在法律明确规定的情况下适用于特殊的民事责任。

二、民事责任归责原则的体系

民事责任的归责原则体系，通说认为由过错责任原则、无过错责任原则和公平责任原则构成。其中以过错责任原则为主，而无过错责任原则则起一种衡平的作用，公平责任原则处于补充地位。

（一）过错责任原则

1. 过错责任原则的确立。过错责任原则也叫过失责任原则，它是以行为人主观上的过错为承担民事责任的基本条件的准则。行为人只有在有过错的情况下，才承担民事责任，没有过错，就不承担民事责任。即无过错就无责任。过错责任原则是对古代结果责任主义的彻底否定，是人类文明的一大进步，反映了人类能够理性地处理侵权损害事件。近代资产阶级继承了罗马法上最有价值的法律遗产——过错责任原则，在法律上加以明确规定，并将其作为侵权行为法的一般归责原则。过错责任原则"充分体现了处于上升时期的资产阶级在事业上生机勃勃的进取精神和竞争中优胜劣汰（即合法的损人利己）的价值观念"。我国《民法通则》第106条第2款规定："公民、法人由于过错侵害国家的、集体的财产，侵害他人财产、人身的，应当承担民事责任。"这表明我国法律也将过错责任确立为侵权责任的一般归责原则。

2. 过错责任原则的适用。过错责任原则适用于一般的侵权行为。此外，在合同法中，法律有规定的情况下也适用过错责任原则。如根据我国《合同法》第303条的规定，对旅客随身携带的行李的损失，承运人在有过错的情况下才承担损害赔偿责任。

所谓民法上的过错，是指违法行为人对自己的行为及其后果的一种心理状态，它分为故意和过失两种。故意是指行为人明知自己行为的不良后果，而希望或放任其发生的心理。而过失则指行为人没有尽到应尽的注意义务造成损害结果的产生。

由于过错本身是一个不断发展的概念，随着政治、经济、科学技术及人们知识水平的不断变化而变化。在许多情况下，由于现有科技水平和知识水平的限制，很难确定行为人是否具有过错，且在一些特殊领域，要探究行为人主观上具有故意或过失几乎不可能，为了保护相对人的合法权益，相应而生了过错责任原则的特殊适用方法——过错推定责任。

过错推定，是指法律规定行为人只有在证明自己没有过错的情况下，行为人才可以不承担责任。过错推定原则是过错责任原则的特殊形式，系采用举证责任倒置来完成的，让本来由受害人承担的举证责任转由行为人来承担，从而更好地保护受害人的权益。

侵权责任是传统民法中主要的民事责任的一种，是适用过错责任原则的典型，一般情况下，按"谁主张谁举证"原则确定侵权人的过错。在特殊情况下，为了更有利于保护受害人权益，适用过错推定原则，采用"举证责任倒置"来确定侵害人的过错，《民法通则》第 121、125、126 条关于职务侵权行为、地面施工致人损害、建筑物致人损害就是采用过错推定原则来追究侵权人的民事责任的。另外，最高人民法院《关于民事诉讼证据的若干规定》（以下简称《民事证据规定》）第 7 条规定："在法律没有具体规定，依本规定及其他司法解释无法确定举证责任承担时，人民法院可以根据公平原则和诚实信用原则，综合当事人举证能力等因素确定举证责任的承担。"这意味着法官在审理案件时，可根据具体案件的具体情况决定适用举证责任倒置，即实行过错推定原则来确定侵权人的主观过错而要求其承担民事责任。

（二）无过错责任原则

1. 无过错责任原则的确立。无过错责任原则，是指不问行为人主观上是否有过错，只要行为与损害后果之间存在因果关系，就应承担民事责任的归责原则，也叫严格责任原则。

无过错责任原则是在 19 世纪伴随着现代化工业大生产而发展起来的。现代工业社会是事故频发的时代，这种事故多是在合法而必要的活动中由难以发现的工业技术缺陷引起的，具有频发性特点，它所造成的损害又极为巨大，受害者众多，如果要求受害人举证证明加害人主观上有过错，则是非常困难的，如果坚持过错责任，受害人利益将得不到有力保护。因此，各国先后通过立法和判例，逐步确立了无过错责任原则。

2. 无过错责任原则的适用。我国《民法通则》第 106 条第 3 款规定："没有过错，但法律规定应当承担民事责任的，应当承担民事责任。"这是适用无过错责任原则的原则性法律规定，具体的适用范围由法律作出特别规定。如高度危险作业、动物致人损害、环境污染等，是我国《民法通则》规定的适用无过错责任原则的几类特殊的侵权责任。

适用无过错责任原则，受害人不必举证证明行为人主观上有过错来支持自己的主张，行为人也不能以自己主观上没有过错来抗辩。法院在处理案件时也不必考虑行为人主观上是否具有过错，无疑更有利于受害人获得司法保护。

无过错责任原则是在侵权领域产生的，但随着契约、贸易关系的增多和发展，适用最广泛的还是在合同违约责任的领域。如下面两则案例：一是乙客运公司的客车在路上行驶时与丙车发生交通事故，丙车负此次事故的全部责任（有公安交警部门的责任认定书），造成乙公司客车上乘客甲受伤，甲选择了对乙公司客运合同关系的合同之诉要求乙公司赔偿（当然，甲可选择与丙车方对侵权之诉主张权利），毫无疑问，乙公司应予赔偿甲的损失，而不考虑丙车方的责任。二是 A 公司与 B 公司订有买卖合同，A 公司向 B 公司购买 5 吨货物，但 B 公司不生产此货物，而是由 C 公司生产，B 公司与 C 公司又是一层买卖关系，由 C 公司生产此 5 吨货物卖于 B 公司，由于 C 公司不能按时完成生产，致使 B 公司不能按期向 A 公司供货。本案中 A、B、C 三公司，因 C 公司不能按时完成生产，造成 B 与 C、A 与 B 三公司之间两层买卖合同出现违约而不能履行。合同责任是 B 向 A、C 向 B 承担民事责任，B 公司不能以 C 公司违约而对 A 公司抗辩免除责任。

依据合同责任相对性的理论和《合同法》的有关规定，上述两个案例表面上是因第三人的过错造成合同不能履行的问题。实际处理中，一般不会出现不同结论，均由合同相对当事人之间承担责任，为什么不考虑第三人过错等其他因素呢？因为在合同领域以无过错责任原则为主要的归责原则。我国《合同法》第107 条规定："当事人一方不履行合同义务或者履行合同义务不符合约定的，应当承担继续履行、采取补救措施或者赔偿损失等违约责任。"该法第 121 条对此类情形作出了进一步明确规定，"当事人一方因第三人的原因造成违约的，应当向对方承担违约责任。当事人一方和第三人之间的纠纷，依照法律规定或者按照约定解决。"可见，我国《合同法》规定，违约责任的构成是不以违约方主观上有过错为构成要件的。也就是说，在合同法领域，没有特别规定，一般的归责原则是无过错责任原则，而在合同法有特别规定的情况下才适用过错责任原则。

（三）公平责任原则

1. 公平责任原则的确立。公平责任原则，又称衡平责任原则，是指在当事人双方对损害的发生均无过错，法律又无特别规定适用无过错责任原则的情况下，由法院根据公平观念，责令行为人对受害人的损害给予适当的补偿，由当事人合理地分担损失的一种归责原则。公平责任原则是道德观念与法律意识结合的产物，它的确立体现了社会的公正合理性和在更高的水准上要求人们承担互济互助的社会责任。比如甲有旧疾，10 年不曾发作，一日骑自行车时忽然发作，车倒人摔，砸伤路旁玩的小女孩，对小女孩遭受的损伤，甲与小女孩本身均无过错，就应该根据公平原则由两者分摊。

2. 公平责任原则的适用。我国《民法通则》第 132 条规定："当事人对造成损害都没有过错的，可以根据实际情况，由当事人分担民事责任。"由此确定了公平责任的适用原则。《民通意见》第 155 条规定："因堆放物品倒塌造成他人损害的，如果当事人均无过错，应当根据公平原则酌情处理。"第 157 条还规定："当事人对造成损害均无过错，但一方是在为对方的利益或者共同的利益进行活动的过程中受到损害的，可以责令对方或者受益人给予一定的经济补偿。"

这些规定都是对公平责任原则的具体适用。

第三节　民事法律责任的构成要件与免责事由

一、民事责任的构成要件

民事责任的构成要件是指成立和承担民事责任所必须具备的条件。它取决于民事责任的归责原则，也取决于民事责任的种类和性质。

（一）一般民事责任的构成要件

一般民事责任是指按照过错责任原则确定的构成民事责任所应具备的条件。它包括以下内容：

1. 须有行为的违法性。判断侵权行为的违法性，一定要以法律、法规为依据。只有行为人实施的行为违反了法律的禁止性规定或强制性规定，行为人才承担民事责任。违法行为包括作为违法行为即不应为而为的违法行为，和不作为违法行为，即应为而不为的违法行为等两种表现。一般地说，行为人只对其违反法律的行为承担民事责任，如果行为人实施的是合法行为，即使造成损害也不承担民事责任。如现实生活中，行为人为履行法定义务或依法执行公务而损害他人权利的行为、正当防卫行为、紧急避险行为、经许可而实施的不违反法律或道德的损害行为，均不承担民事责任。

2. 须有损害事实的客观存在。损害事实，既包括对公共财产的损害，也包括对私人财产的损害；既包括对财产的损害，也包括对非财产性权利的损害。无论损害后果能否以货币加以衡量，只要对他人人身或财产利益造成了受损的事实，均构成损害事实。损害事实必须具备客观性、确定性与可补救性。

3. 须违法行为与损害事实之间有因果关系。也就是说损害事实必须是侵权行为造成的，否则，行为人不承担民事责任。就因果关系而言有多种学说，主要有条件说、原因说和相当因果关系说。条件说主张凡属发生结果的条件都是原因，凡是原因对结果都具有同等效力。按原因说，在引起结果发生的诸因素中应区别原因与条件，其中之一是原因，其余则为条件，原因和结果之间有因果关系，条件和原因之间没有因果关系。相当因果关系说认为，"无此行为，虽不必生此损害，有此行为，通常即足生此种损害者，是为有因果关系。无此行为，必不生此种损害，有此行为，通常亦不生此种损害者，即无因果关系"。

4. 须行为人主观上有过错。以上三个要件都是行为人造成一般民事责任的必备的客观表现，而这些表现在行为人主观上的心理状态则表现为明显有过错，无论是故意还是过失，只要具备有过错要件，行为人都必须承担民事责任。

（二）特殊民事责任的构成要件

特殊民事责任，是指按照无过错责任原则确定的构成民事责任所应具备的条件。包括以下内容：

（1）须有损害事实的客观存在。

（2）须违法行为与损害事实之间存在因果关系。

（3）须不存在法定的免责事由。

（三）公平责任的构成要件

按照公平责任原则确定构成民事责任所应具备的条件包括：

（1）须有损害事实的发生。

（2）既不能适用过错责任又不能适用无过错责任。

（3）如果不对受害人的损失加以补偿则有失公平。

二、民事责任的免责事由

民事责任的免责事由又叫民事责任的免责条件，是指法律规定的或当事人约定的免除当事人承担责任的情况。侵权责任的免责事由只能基于法律的规定。违约责任的免责事由分为两类：一是法律规定的免除当事人承担违约责任的条件，即法定免责条件；二是合同当事人在合同中约定的违约方虽然违约但不承担违约责任的情况，即约定的免责条件，也就是免责条款。以下综合介绍常见的免责事由：

（一）不可抗力

不可抗力是指不能预见、不能避免并不能克服的客观情况。不可抗力既是侵权责任也是违约责任的免责事由。不可抗力包括自然灾害、政府行为、社会事件（如罢工）等。

（二）意外事件

意外事件是出乎行为人的意料而发生的损害，说明行为人主观上对损害的发生没有过错。所以意外事故也是过错责任的免责事由。

（三）受害人的过错

受害人的过错是指受害人对于损害的发生或扩大具有过错。根据行为人对自己过错行为负责的原则，因受害人的过错而造成其自身损害的，应由其自负其责。受害人的过错表现在合同领域，又叫做过失相抵，是指在受害人对损害的发生与扩大也有责任的情况下可以相应地减轻违约方的责任。而在侵权责任领域，受害人的过错同样也是免责的事由之一。如在饲养的动物致人损害的情况下，如果是因受害人的挑逗引起的动物攻击，则动物的饲养人和管理人不承担责任。

（四）第三人的过错

第三人的过错是指第三人对损害的发生或扩大具有故意或过失。当损害的发生完全是因为第三人的行为而造成时，则应由第三人来承担责任，而免除行为人的责任。第三人的过错只能作为侵权责任的免责事由。

（五）合法的私力救济

正当防卫，是指为了使国家、公共利益、本人或他人的人身、财产和其他权利免受正在进行的不法侵害，而采取的旨在制止不法侵害，对不法行为人本人造成损害的行为。

紧急避险，是指为了使国家、公共利益、本人或他人的人身、财产和其他权利免受正在发生的危险，不得已采取的侵害他人较小合法权益的行为。

自助行为，是指权利人为保护自身的人身和财产权利，在情形紧迫而又来不及请求国家机关予以救助的情况下，对他人的财产或人身自由施加扣押、拘束或其他相应措施的行为。自助的具体行为在一般情形下是具有违法性的，但当行为人在来不及请求国家机关救助，若不施行一定的措施将会使其发生的利益损害无法或难以补救的情形下而施行，则不作侵权论。但在采取自助行为措施后，应当及时请求有关机关处理，否则会构成民事责任。

（六）依法执行职务的行为

执行职务行为，是指依照法律的授权及有关规定而损害他人人身或财产的行为。因授权行为的本身是经法律授权的，其行为本来就合法，因此并不存在违法性。比如警察依法对死刑犯执行死刑。

（七）受害人同意

受害人同意，是指受害人同意加害人对其实施加害行为或者自愿承担危险及相应后果。其包含有两个方面的内容：受害人同意他人对自己实施侵害行为和受害人同意对侵权人责任的免除。

第四节　民事法律责任的形式

一、民事责任形式的含义

民事责任形式，又称民事责任的承担方式，它是指国家针对违反民事义务、需要承担民事责任的情形所规定的对受侵害权利的补救方法。目的是救济被害人的损失和制止侵权行为。

二、民事责任形式的种类

我国《民法通则》规定的民事责任形式主要有以下十类：

（1）停止侵害。主要适用于侵权行为，特别是侵害人身权、物权、知识产权等绝对权的行为。其特点是针对正在进行的侵害行为，目的是制止行为人的违法行为，防止损害的发生或者继续扩大。适用这一方式不受诉讼时效的限制。

（2）排除妨碍。即排除对他人权利的非法妨碍。经常适用于对相邻权的保护。

（3）消除危险。即消除可能造成他人财产或人身损害的危险隐患。这种方式主要适用于对相邻权的侵害。

（4）返还原物。返还原物是指责令非法占有人将非法占有的财产返还给所有人。适用返还原物的要求：①提出返还请求的只能是财产所有人（或经营管理人），被追究责任的只能是财产的非法占有人；②原物存在，要求返还的只能是原物；③应保护善意的第三人，如原物由合法占有人有偿转让给了第三人，则不应让善意第三人返还；④关于时效问题，我国目前虽尚未规定，但从学理上说，由于国家财产的特殊地位，要求返还国家财产，不受善意取得的限制，也不受时效的限制。但是，如果原、被告都是国营企事业单位，要求返还经营管理的财产，则应受时效的限制。

（5）恢复原状。当财产被不法行为侵害，如果可以修复的话，权利人可以请求责令加害人恢复原状。一般适用于侵权责任。

（6）修理、重作、更换。这是一种违约责任，主要适用于买卖合同和承揽加工合同。

（7）赔偿损失。这是最重要的民事责任方式，既可以适用于侵权责任，也可以适用于违约责任。

（8）支付违约金。只能适用于违约责任。

（9）消除影响、恢复名誉。主要适用于侵害人身权的行为。

（10）赔礼道歉。主要适用于侵害精神性人格权的行为。

三、民事责任形式的适用原则

为了充分发挥民事责任制度的作用，依法正确处理民事纠纷，应在适用民事责任形式的过程中，注意以下问题：

（1）区分民事责任与其他法律责任的界限。

（2）区分每一种民事责任形式的特点、适用范围和条件。

（3）区分同一性质的民事违法行为适用民事责任形式的顺序。

（4）对同一民事违法行为适用几种民事责任形式的限制。

第五节　民事法律责任的竞合

一、民事责任竞合的含义

民事责任竞合，是指同一违反民事义务的行为符合两个以上不同的法律规定，从而引起两种以上不同性质的民事责任并存和相互冲突的现象。它具有以下特点：

(1) 当事人之间存在有法定和约定的双重权利义务。

(2) 行为人侵犯的是复杂客体。如一方当事人违反合同义务的行为不仅侵害了另一方当事人的合同债权，同时也侵犯了其合同债权以外的其他财产权或人身权。

(3) 同一行为涉及多重民事责任规范调整范围。如一方当事人的行为同时涉及违约责任规范与侵权责任规范的适用问题。

二、民事责任竞合的形态

(一) 侵权损害赔偿的民事责任与不当得利返还责任的竞合

在这类民事责任竞合中，最多表现为侵犯知识产权而发生民事责任竞合。例如非法使用他人注册商标致使商标所有人的商品年销售利润减少 15 万元，而非法使用者从中获得非法收入 30 万元。上述非法使用他人注册商标这一违反民事义务的行为既符合侵权行为法的规定，造成他人 15 万元的利润损失，又符合不当得利的规定，没有合同或法律上的根据使他人受损害而获得利益 30 万元。是适用侵权行为法规定还是适用不当得利有关法律规定抑或两者同时适用，这正是民事责任竞合应解决的问题。

侵权赔偿的民事责任与不当得利返还责任的竞合除上述侵犯知识产权而获取利益外，还有非法使用他人之物并获取收益，非法处分、出租他人财产而获利，侵害他人人身权而获利等。

(二) 侵权责任与违约责任的竞合

在合同中，因故意为加害给付或因重大过失所为给付造成相对人财产或人身损害时，发生两种民事责任的竞合。同一违反义务的行为既符合《合同法》规定的违约责任构成，又符合侵权行为法规定的侵权损害赔偿责任的构成。是适用违约责任还是适用侵权责任，对受害人而言会有很大的不同。例如，在旅客运输合同中，因运输方的过错致使旅客身体受到伤害，受害者在事故发生 1 年之后未满 2 年的期间内提起诉讼。如适用我国《合同法》中的 2 年诉讼时效期间，受害者应当得到保护；若适用我国《民法通则》关于身体受到伤害而要求赔偿的 1 年的诉讼时效期间，受害者的诉讼请求将被驳回而得不到保护。因此二者发生竞合，对当事人行使民事责任请求权具有意义。

三、民事责任竞合的处理方式

(一) 民事责任竞合责任形式的比较

发生民事责任竞合时，当事人依何种规范提起诉讼，对于当事人的利益保护会有很大的不同。比如在违约责任与侵权责任竞合的情形，依侵权法规范还是依合同法规范提起诉讼，法律效果差别很大：

1. 举证责任不同。按《民法通则》第 106 条的规定和一般举证法则，主张侵权责任的受害人在通常情况下，应当承担证明侵权行为人主观有过错的举证责任，否则除非法律有免除过错举证责任的特别规定，侵权责任则不能成立。而主张违约责任的债权人在通常情况下，不承担证明违约方主观有过错的举证责任，只要违约方不能证明违约是由于不可归责于自己的原因造成的，便推定其有过错，实行举证责任倒置规则。

2. 责任形式不同。违约责任以交付违约金为主要形式，同时包括赔偿损失、修理、重作、更换等。而侵权责任则以赔偿损失为主要形式，同时包括停止侵害、排除妨碍、消除危险、返还财产、恢复原状、消除影响、恢复名誉、赔礼道歉等。

3. 责任条件不同。侵权责任和违约责任在通常情况下虽然均以过错为构成要件，但这两种责任对过错程度的要求则略有差异。侵权责任的成立通常以行为人仅有抽象轻微过失为满足条件，而违约责任则往往按合同性质放宽对过错程度的要求。如赠与、无偿保管、无偿委托等无偿合同，一般认为赠与人、保管人和受托人仅应对故意和重大过失行为负责。

4. 责任范围不同。根据《民法通则》第 112 条，《合同法》第 113、114 条规定，违约金的数额和赔偿额的计算方法，可以由当事人在合同中约定，当事人没有约定的，赔偿责任应相当于另一方因此所受到的损失，但不得超过违反合同一方订立合同时预见到或者应当预见到的因违反合同可能造成的损失。而特别合同法又往往对赔偿范围加以限制，如货物运送合同。对侵权责任赔偿范围的确定则往往比违约责任要宽，尤其是在侵害人身权的情况下，按《民法通则》第 119、120 条的规定，赔偿范围大为扩张。

5. 免责条款的效力不同。当事人在合同中约定有免责条款的，如果债务人仅有轻微过失，可以不负责任。但侵权责任，特别是侵犯人身权的责任，即使是轻微过失，一般也认为不得预先免除，否则约定无效。

6. 共同责任的承担不同。在债务人一方有多数并均不履行债务时，除法律有特别规定或当事人有特别约定外，其赔偿责任应按份承担，即共同债务人间一般仅成立按份债务。但如果依照侵权法构成共同侵权行为时，则应当承担连带赔偿责任，即共同债务人间当然承担连带债务。

（二）民事责任竞合的责任形式的选择

民事责任竞合，是仅允许当事人自由选择其中的一种规范作为依据提出请求，还是两种都可以，就成为立法者的选择。我国《合同法》第 122 条规定："因当事人一方的违约行为，侵害对方人身、财产权益的，受损害方有权选择依照本法要求其承担违约责任或者依照其他法律要求其承担侵权责任。"这是我国首次以法律的形式对违约责任和侵权责任的竞合制度作出规定，可见我国法律允许当事人选择其中一种规范作为其起诉的依据。构成民事责任竞合是由民事行为的竞合引起的，同时与民事规范竞合也有密切关系。从下面民事责任竞合的图示足见一斑。

（引起）		（适用）	
民事行为竞合	⟶　民事责任竞合	⟶	民事责任规范
|	|		|
违约行为	违约责任		合同法规定
|	|		|
侵权行为	侵权责任		侵权法规定

【思考与练习】

◎问答题

1. 简述民事责任的特征。

2. 简述民事责任的归责原则。

3. 简述民事责任的一般构成要件。

4. 试述民事责任的承担方式。

5. 比较违约责任与侵权责任的区别。

◎选择题

1. 按照《民法通则》的规定，下列各种特殊侵权行为中的哪一种不适用无过错责任？（　　）

   A. 产品责任

   B. 污染环境致人损害的民事责任

   C. 建筑物致人损害的民事责任

   D. 高度危险作业民事责任

2. 甲邀请远在外地的乙前来洽谈生意，并许诺会以优惠条件成交。待乙乘飞机到达后，却发现甲手中无货，且在谈判中毫无诚意，乙愤然离去（　　）。

   A. 甲对此应承担违约责任

   B. 乙可追究甲的侵权责任

   C. 乙可追究甲的缔约过失责任

   D. 甲无须承担任何责任

3. 依据《民法通则》第132条，当事人对造成损害均无过错的，可以根据实际情况（　　）。

A. 由受害人自行承担

B. 由双方分担民事责任

C. 加害人酌情适当赔偿

D. 双方互不承担责任

4. 甲公司在与乙公司协商购买某种零件时提出,由于该零件的工艺要求高,只有乙公司先行制造出符合要求的样品后,才能考虑批量购买。乙公司完成样品后,甲公司因经营战略发生重大调整,遂通知乙公司:本公司已不需此种零件,终止谈判。下列哪一选项是正确的?(　　)

A. 甲公司构成违约,应当赔偿乙公司的损失

B. 甲公司的行为构成缔约过失,应当赔偿乙公司的损失

C. 甲公司的行为构成侵权行为,应当赔偿乙公司的损失

D. 甲公司不应赔偿乙公司的任何损失

5. 甲、乙签订货物买卖合同,约定由甲代办托运。甲遂与丙签订运输合同,合同中载明乙为收货人。运输途中,因丙的驾驶员丁的重大过失发生交通事故,致货物受损,无法向乙按约交货。下列哪种说法是正确的?(　　)

A. 乙有权请求甲承担违约责任

B. 乙应当向丙要求赔偿损失

C. 乙尚未取得货物所有权

D. 丁应对甲承担责任

◎案例分析题

1. 张某(25岁)与王某(19岁)在路上闲逛,发现一头小牛在路边吃草。张某便对王某说:"这头牛不知道哪里跑来的,去逗逗它。"王某捡起一块石头向小牛扔去。小牛被砸中后受到惊吓顺着路边向前狂奔。此时碰巧李老太太正在街上行走,见小牛向她冲来便急忙躲闪,匆忙中将街边的一个水果摊碰翻,损失价值100元的水果。李老太太由于躲闪不及时被小牛撞倒在地摔伤胳膊,花去医药费、住院费等费用共计1000元。问:

(1)李老太太因躲闪小牛而撞翻水果摊属于什么性质的行为?水果的损失应由谁承担赔偿责任?说明理由。

(2)张某和王某的行为属于什么性质的行为?应如何承担民事责任?说明理由。

2. 甲、乙计划于2008年8月8日结婚,于是两人找到百合婚庆服务公司,并与百合婚庆服务公司签订合同。双方约定百合婚庆公司为甲、乙二人承担其婚礼过程中的一切婚庆服务,具体包括化妆、花车接送、录像、照相、司仪等。2008年8月8日婚庆当天,百合婚服庆公司负责接送的花车司机李某在路上行

人较少，路面宽阔的情况下将载了甲、乙二人的车撞到路边的防护栏上，导致甲、乙二人被送入医院抢救，婚礼无法如期举行。现甲、乙二人起诉百合婚庆服务公司，要求其承担违约责任，并赔偿其精神损失 10 000 元。问：

（1）百合婚庆服务公司是否构成违约责任与侵权责任的竞合，为什么？

（2）对于甲、乙要求百合婚庆服务公司承担违约责任，并且赔偿其精神损失 10 000 元的诉讼请求，法院是否应该予以支持，为什么？

图书在版编目（CIP）数据

民法总则 / 陈训敬主编. —北京：中国政法大学出版社，2010.1
ISBN 978-7-5620-3417-9

Ⅰ.民... Ⅱ.陈... Ⅲ.民法–总则–研究　Ⅳ.D913.04

中国版本图书馆CIP数据核字(2009)第242283号

出版发行　中国政法大学出版社
经　　销　全国各地新华书店
承　　印　固安华明印业有限公司

720mm×960mm　16开本　　19.5印张　　340千字
2010年3月第1版　　2015年7月第2次印刷
ISBN 978-7-5620-3417-9/D · 3377
印　数:4 001-5 500　　定　价:28.00元

社　　址　北京市海淀区西土城路25号
电　　话　(010)58908435(教材编辑部)　58908325(发行部)　58908334(邮购部)
通信地址　北京100088信箱8034分箱　邮政编码 100088
电子信箱　fada.jc@sohu.com(教材编辑部)
网　　址　http://www.cuplpress.com　(网络实名: 中国政法大学出版社)